郑州大学
ZHENGZHOU UNIVERSITY

法律硕士专业学位研究生案例教程系列丛书

主　编◎苗连营
副主编◎王玉辉　李建新

U1076053

# 知识产权法学
# 案例教程

主　编◎张德芬
副主编◎郭雨洒　王基岩

知识产权出版社
全国百佳图书出版单位
—北京—

图书在版编目（CIP）数据

知识产权法学案例教程/张德分主编；郭雨洒，王基岩副主编. —北京：知识产权出版社，2022.10

（法律硕士专业学位研究生案例教程系列丛书/苗连营主编）

ISBN 978-7-5130-8347-8

Ⅰ.①知… Ⅱ.①张… ②郭… ③王… Ⅲ.①知识产权法学—案例—研究生—入学考试—自学参考资料 Ⅳ.①D913.405

中国版本图书馆 CIP 数据核字（2022）第 164294 号

责任编辑：李陵书　　　　责任校对：潘凤越
封面设计：杨杨工作室·张　冀　　　　责任印制：刘译文

法律硕士专业学位研究生案例教程系列丛书
**知识产权法学案例教程**
主　编◎张德芬

出版发行：知识产权出版社有限责任公司　　网　址：http://www.ipph.cn
社　址：北京市海淀区气象路 50 号院　　邮　编：100081
责编电话：010-82000860 转 8165　　责编邮箱：lilingshu1985@163.com
发行电话：010-82000860 转 8101/8102　　发行传真：010-82000893/82005070/82000270
印　刷：三河市国英印务有限公司　　经　销：新华书店、各大网上书店及相关专业书店
开　本：787mm×1092mm 1/16　　印　张：13
版　次：2022 年 10 月第 1 版　　印　次：2022 年 10 月第 1 次印刷
字　数：300 千字　　定　价：68.00 元
ISBN 978-7-5130-8347-8

出版权专有　侵权必究
如有印装质量问题，本社负责调换。

# 总 序

高等院校是培养法治人才的第一阵地，高校法学教育在法治人才的培养中发挥着基础性作用。中共中央印发的《法治中国建设规划（2020—2025年）》明确提出：深化高等法学教育改革，优化法学课程体系，强化法学实践教学，培养信念坚定、德法兼修、明法笃行的高素质法治人才。法学学科是实践性极强的学科，法学实践教学改革是促进法学理论与法学实践有机融合、推动法学高等教育改革的重要路径和抓手。

案例教学是法学实践教学的重要组成部分，以学生为中心，通过典型案例的情境呈现、深度评析，将理论与实践紧密结合，引导学生发现问题、分析问题、解决问题，进而掌握理论、形成观点、提高能力。强化案例教学是培养法律硕士专业学位研究生实践能力的重要方式，也是促进教学与实践有机融合、推动高等院校法学实践教学模式改革、提高法治人才培养质量的重要突破点。《教育部关于加强专业学位研究生案例教学和联合培养基地建设的意见》（教研〔2015〕1号）明确指出，重视案例编写，提高案例质量。通过撰写案例教程，开发和形成一大批基于真实情境、符合案例教学要求、与国际接轨的高质量教学案例，是推进案例教学的重要基础，对法学理论及各部门法的学习与知识创新具有重要意义。

作为国内较早招收法律硕士专业学位研究生的高等院校之一，郑州大学法学院始终致力于培养复合型、应用型专门法律人才，高度重视法律硕士实践教学与案例教学改革，先后组织编写了“卓越法治人才教育培养系列教材”“高等法学教育案例教学系列教材”等系列高水平教材。为进一步深化新时代法律硕士专业学位研究生培养模式改革，培养德法兼修、明法笃行的高素质法治人才，我院组织相关学科骨干教师编写了这套“法律硕士专业学位研究生案例教程系列丛书”。

本套丛书内容全面、体系完备，涵盖了《法理学案例教程》《行政法学案例教程》《刑法学案例教程》《民法学案例教程》《商法学案例教程》《经济法学案例教程》《诉讼法学案例教程》《环境法学案例教程》《国际法学案例教程》《知识产权法学案例教程》《法律职业伦理案例教程》《卫生法学案例教程》等法律硕士专业学位教育教学基础课程教学用书。

丛书具有四个特点：其一，坚持思想引领。各学科团队始终以习近平法治思想为指导，努力推动习近平法治思想进教材、进课堂、进头脑，充分保证系列教材坚持正确的政治方向、学术导向、价值取向。其二，理论与实践紧密结合。各教程所涉案例的编写立足真实案情，关注社会热点、知识重点和理论难点，引导学生运用法学理论，分析现实问题，着力培养和训练学生的法学思维能力。其三，知识讲授与案例评析有机统一。各教程既整体反映了各学科知识体系，又重点解读了相关案例所涉及的理论问题，真正做到以案释法、以案说理，着力实现理论知识与典型案例的有机互动。其四，多元结合的编写团队。案例教程的编写广泛吸纳实务部门专家参与，真正实现高等院校与法律实务部门的深度合作，保证了案例的时效性、针对性、专业性。

衷心希望本套丛书能够切实推进法律硕士专业学位研究生教学模式、培养方式的改革，为培养具有坚定的中国特色社会主义法治理念，以及坚持中国特色社会主义法治道路的复合型、应用型高素质法治人才发挥积极作用。

本套丛书的出版得到了知识产权出版社总编及相关编辑的鼎力支持，在此深表感谢！

郑州大学法学院编委会

2022 年 3 月 9 日

# 前 言

本教材旨在提高法律硕士专业学位研究生知识产权法学课程教学的实效性，强化其运用知识产权法学基本理论分析问题、解决问题的实践应用能力。在案例的选取上，主要以近年来著作权法、专利法、商标法和反不正当竞争法领域发生的真实案件为基础，力求案件的典型性、权威性、创新性和可研讨性。

本教材各部分的撰写分工（以撰写章节先后为顺序）如下：郭雨洒撰写第一章，王基岩撰写第二章，张德芬撰写第三章，咸晨旭撰写第四章。

本教材编写过程中，2020 级知识产权专业研究生王实庆、王光宇、张炎坤、张淑娴、黄晓芮、熊俊雅等同学在资料收集和案例整理方面做了大量的工作，在此一并致谢。

由于编者水平有限，不足之处在所难免，敬请读者批评指正！

编者

2022 年 1 月 10 日

>> CONTENTS 目录

CHAPTER 1 第一章

# 著作权法专题

## 本章知识要点

技术的进步、经济的发展是制度变革的主要驱动力。知识产权法学作为“技术密集型”新兴学科，其产生、变革、完善尤其与科技的进步息息相关。而其中的著作权法则一直围绕着作品的创作、利用、传播和保护等方式的多元化不断发展。近年来，为了完善新技术环境下对著作权人利益的保护，我国理论界和实务界不断探讨关于著作权的客体、著作权的归属、著作权的权利内容、著作权的限制以及著作权的救济等问题，这也推动着我国著作权法律体系的不断完善。理论指导实践、实践反哺理论，著作权制度的革新是理论研究的智慧结晶，也是司法实践助推的结果，通过典型案例分析理论问题、总结理论争议、提出解决方案，是法律硕士专业学位研究生学习研究的重要方法。本章以著作权法的基本体系为主线，选取近年来著作权领域典型案例，通过对案情的介绍、法律问题的聚焦、法律依据的探寻以及理论分析，总结在新的技术环境下著作权制度面临的新问题，结合《中华人民共和国著作权法》（以下简称《著作权法》）第三次修改的情况，对著作权法的理论体系和主要原理进行解读。本章案例主要包括以下理论要点：（1）作品具有“独创性”，是受著作权法保护的前提条件，作品的独创性表达部分，是法院对比、认定“实质性相似”的依据，是著作权侵权判定的基础。所谓作品“具有独创性”，一般是指作品系作者独立完成并能体现作者特有的选择与安排。作品的“独创性”通常应符合以下两个要件：一是作品由作者独立创作完成，即作品由作者独立构思创作，而非抄袭他人作品；二是作品体现了作者的选择、判断，体现了作者的个性烙印。（2）“思想表达二分法”是判定作品受保护范围的重要原则，我国著作权法仅保护思想的外在表达，而不延及思想本身。但并非一切有独创性的表达均受保护，公有领域基本元素、有限表达、特定场景等也不受著作权法保护。（3）信息网络传播权是我国著作财产权中的重要内容，是现代信息技术快速发展的产物。信息网络传播权的最大特点是交互性，在传统传播模式之中，受众只能够在固定的时间、地点被动地接受传播的信息，不能就传播方式、传播内容等作出独立的选择。但信息网络传播活动是高度互动的，传播者与使用者、使用者彼此之间都可以便捷地实现信息互动。此外，用户还可以根据自身的需求自主选择获得作品的时间、地点、方式等。（4）《著作权法》第10条第1款第（17）项规定了“应当由著作权人享有的其他权利”，学术界通常将之称为“兜底权利”或“弹性条款”。“兜底权利”的设定解决了伴随社会发展而产生的新类型作品利用方式难以受权利人控制的问题。（5）电影作品不同于传统的文字作品、音乐作品、摄影作品等，其著作权的归属与行使具有一定特殊性。电影作品的著作权由制片者享有，是否参与了“创作”并非取得电影作品著作权的决定因素，且在意思自治的前提下，电影作品的当事人可以就电影作品的著作权归属作出约定。（6）公民为完成法人或者其他组织工作任务所创作的作品是职务作品。2020年我国《著作权法》修改前，职务新闻作品的著作权由作者享有，作者和单位可通过合同约定著作权归属于单位；修法后，职务新闻作品作为特殊职务作品，其署名权以外的著作权由单位享有。（7）著作权的限制是利益平衡原则的题中之意，我国立法对著作权人权利的限制主要包括合理使用和法定许可。二者均是在特定情形下，作品利用者可以不经授权径行利用作品的制度，区别在于，合理使用的使用者无需支付许可费，而法定许可的被许可人需支付许可费。（8）2020年我国《著作权法》修改增加了惩罚性赔偿条款，对于故意侵犯著作权或者与著作权有关的权利，情节严重的，相关权利人可以请求法院判令被告承担惩罚性赔偿责任。（9）著作权是一种私权，侵犯著作权一般会产生民事责任，但对于一些严重侵犯著作权的行为，我国在民事责任外还规定了针对著作权侵权的刑事责任。即，以营利为目的，实施法律规定的侵犯著作权的行为，违法所得数额较大或有其他严重情节的，侵权人将承担刑事责任。

## 第一节　著作权的客体

著作权的客体是作品，是著作权人权利受保护的基础。我国著作权立法以“要素式”加“列举式”并排除特定对象的模式确定了受著作权法保护的客体范围。某一特定对象是否是作品，是著作权保护中首先要回答的问题，作品是作者思想的外在表达，是具有独创性并能够以一定形式表现的智力成果，但并非所有符合作品构成条件的内容都可以获得著作权法的保护。基于公共利益、社会秩序的考量，我国《著作权法》将一些特定类型的符合作品要素的表达排除在著作权客体之外。对作品的构成条件以及被著作权客体所排除内容的学习具有至关重要的意义。司法实践中，有关上述问题的纠纷也层出不穷，为我们学习研究提供了颇为丰富的素材。

本节主要讨论著作权客体中的两个核心问题：一是作品独创性的认定问题；二是著作权客体的排除范围。通过两个典型案例解读作品独创性与作品长度之关系、著作权保护对象的范畴与边界。

## 案例一　A 公司与 B 公司侵害作品信息网络传播权案[1]

### 【基本案情】

原告 A 公司是抖音平台的运营者，被告 B 公司是伙拍平台的运营者，抖音平台与伙拍平台均是以用户自行上传内容为主的短视频分享平台。“黑脸 V”是抖音平台上知名的“大 V”用户，其以充满想象力、独具设计感的人物形象和视频作品，在抖音平台深受用户喜爱，获得了近 3000 万粉丝关注。2018 年 5 月 12 日，用户“黑脸 V”响应党媒平台和人民网的倡议，使用给定素材，制作并在抖音平台上发布了时长为 13 秒的《5・12 我想对你说》纪念短视频，该短视频是在 13 秒的时长内，通过设计、编排、剪辑、表演等手法综合形成的作品，充分表达了对汶川地震十周年的缅怀。该作品一经发布就受到了网民的广泛赞誉，点赞量达到 280 多万，并被大范围分享转发。抖音平台其他用户分享该短视频，播放页面均有“抖音”和“ID：145651×××”字样的水印。原告 A 公司经“黑脸 V”合法授权，依法对《5・12 我想对你说》短视频在全球范围内享有独家排他的信息网络传播权及以原告名义进行独家维权的权利。

原告 A 公司发现被告 B 公司未经许可在其运营的伙拍平台传播《5・12 我想对你说》短视频并向用户提供下载、分享服务，吸引了大量网络用户在伙拍平台上浏览观看。同时，被控侵权短视频上未显示抖音和用户 ID 的水印。基于此，原告 A 公司以 B 公司侵犯信息网络传播权和破坏技术措施为由诉至法院，请求法院判令被告停止侵权、消除影响并赔偿损失 100 万元。

被告 B 公司认为其不构成侵权、不应当承担民事责任，理由有二。其一，《5・12 我想对你说》短视频不具有独创性，不构成受著作权法保护的作品。该短视频表达的思想与其他模仿手势舞并上传短视频的用户没有差异性，达不到电影作品和以类似摄制电影的方法创作的作品（以下简称类电作品）的独创性要求。该视频时长仅为 13 秒，创作空间小，主要素材均来自于党媒平台的示范视频，独立创作因素少；在素材的拍摄、拍摄画面的选择和编排上，不存在选择或者筛选的情况；使用软件将人物图像进行抠图处理的方式很难构成类电作品的独创性要求；在网络上存在大量的与《5・12 我想对你说》短视频类似或者相同的短视频；参与表演的人物并不是原权利人本人。其二，伙拍小视频手机软件仅提供信息存储空间服务，软件中的短视频都是网民自行上传的，被控侵权短视频是伙拍小视频手机软件的注册用户 ID451×××上传，被告在用户协议中明确提示不得上传侵犯他人知识产权或其他权利的内容，亦告知了权利人投诉方式和渠道，已经依法履行了法律规定的提示和管理义务。此外，被告在收

[1] 参见北京互联网法院（2018）京 0491 民初 1 号民事判决书。

到原告的有效投诉后，已经及时进行了删除处理，不存在过错，不应当承担民事责任。

一审法院审理后认为，该案的主要争议焦点有两个：一是《5·12我想对你说》短视频是否构成类电作品。对于该问题，法院认为视频的长短与独创性的判定没有必然联系，视频时间过短，有可能很难形成独创性表达，但有些视频虽然不长，却能较为完整地表达制作者的思想感情，则具备成为作品的可能性。在此情形下，视频越短，其创作难度越高，具备独创性的可能性越大。此外，《5·12我想对你说》短视频体现出了独创性。该视频的制作者应党媒平台的倡议，在给定主题和素材的情形下，其创作空间受到一定的限制，体现出创作性难度较高。因此，该短视频具备著作权法的独创性要求，构成类电作品。二是被告平台传播、提供《5·12我想对你说》短视频是否构成侵权，是否承担责任。对于该问题，被告B公司作为提供信息存储空间的网络服务提供者，对于伙拍小视频手机软件用户提供被控侵权短视频的行为，不具有主观过错，在履行了"通知—删除"义务后，不构成侵权行为，不应承担相关责任。一审宣判后，双方当事人均表示服从判决。

## 【主要法律问题】

(1)《5·12我想对你说》短视频是否构成著作权法意义上的作品？

(2) 伙拍平台传播、提供《5·12我想对你说》短视频是否构成侵权？

## 【主要法律依据】

### 一、《著作权法》(2020年修正)[1]

第3条　本法所称的作品，是指文学、艺术和科学领域内具有独创性并能以一定形式表现的智力成果，包括：(1) 文字作品；(2) 口述作品；(3) 音乐、戏剧、曲艺、舞蹈、杂技艺术作品；(4) 美术、建筑作品；(5) 摄影作品；(6) 视听作品；(7) 工程设计图、产品设计图、地图、示意图等图形作品和模型作品；(8) 计算机软件；(9) 符合作品特征的其他智力成果。

第10条　著作权包括下列人身权和财产权：……(12) 信息网络传播权，即以有线或者无线方式向公众提供，使公众可以在其选定的时间和地点获得作品的权利……

第51条　未经权利人许可，不得进行下列行为：(1) 故意删除或者改变作品、版式设计、表演、录音录像制品或者广播、电视上的权利管理信息，但由于技术上的原因无法避免的除外；(2) 知道或者应当知道作品、版式设计、表演、录音录像制品或者广播、电视上的权利管理信息未经许可被删除或者改变，仍然向公众提供。

### 二、《信息网络传播权保护条例》

第5条　未经权利人许可，任何组织或者个人不得进行下列行为：(1) 故意删除或者改变通过信息网络向公众提供的作品、表演、录音录像制品的权利管理电子信息，

[1] 本案审理时适用《著作权法》(2010年修正)。

但由于技术上的原因无法避免删除或者改变的除外；（2）通过信息网络向公众提供明知或者应知未经权利人许可被删除或者改变权利管理电子信息的作品、表演、录音录像制品。

第26条　本条例下列用语的含义：信息网络传播权，是指以有线或者无线方式向公众提供作品、表演或者录音录像制品，使公众可以在其个人选定的时间和地点获得作品、表演或者录音录像制品的权利。技术措施，是指用于防止、限制未经权利人许可浏览、欣赏作品、表演、录音录像制品的或者通过信息网络向公众提供作品、表演、录音录像制品的有效技术、装置或者部件。权利管理电子信息，是指说明作品及其作者、表演及其表演者、录音录像制品及其制作者的信息，作品、表演、录音录像制品权利人的信息和使用条件的信息，以及表示上述信息的数字或者代码。

**三、《最高人民法院关于审理侵害信息网络传播权民事纠纷案件适用法律若干问题的规定》**

第9条　人民法院应当根据网络用户侵害信息网络传播权的具体事实是否明显，综合考虑以下因素，认定网络服务提供者是否构成应知：（1）基于网络服务提供者提供服务的性质、方式及其引发侵权的可能性大小，应当具备的管理信息的能力；（2）传播的作品、表演、录音录像制品的类型、知名度及侵权信息的明显程度；（3）网络服务提供者是否主动对作品、表演、录音录像制品进行了选择、编辑、修改、推荐等；（4）网络服务提供者是否积极采取了预防侵权的合理措施；（5）网络服务提供者是否设置便捷程序接收侵权通知并及时对侵权通知作出合理的反应；（6）网络服务提供者是否针对同一网络用户的重复侵权行为采取了相应的合理措施；（7）其他相关因素。

第10条　网络服务提供者在提供网络服务时，对热播影视作品等以设置榜单、目录、索引、描述性段落、内容简介等方式进行推荐，且公众可以在其网页上直接以下载、浏览或者其他方式获得的，人民法院可以认定其应知网络用户侵害信息网络传播权。

**四、《最高人民法院关于审理著作权民事纠纷案件适用法律若干问题的解释》**

第15条　由不同作者就同一题材创作的作品，作品的表达系独立完成并且有创作性的，应当认定作者各自享有独立著作权。

## 【理论分析】

### 一、短视频可版权性的判定

短视频是伴随作品创作与传播技术的发展而产生的新的内容表达形式，其主要特点是视频时间短、内容丰富、创作主体广泛、创意性强、传播速度快。随着抖音、快手、伙拍等短视频平台的崛起，短视频已成为人们日常生活不可缺少的精神食粮，据统计，截至2020年年底，我国短视频平台用户规模已超过8亿。[1] 随着短视频市场不断升温，随之而来的著作权问题也日渐增多，短视频制作者未经许可利用他人作品、短视频受众未经许可传播短视频、其他平台或个人未经许可利用和传播短视频等行为层见叠出，成为著作权理论研究和司法实践关注的焦点问题。短视频能否受到著作权法的保护，其逻辑起点是短视频能否构成著作权法意义上的作品。从作品的构成条件上看，短视频完全符合“文学、艺术和科学领域内能以一定形式表现的智力成果”的特征，但其独创性的有无存在争议。因此，判断短视频能否构成作品，最终落脚点在于判定短视频的独创性。

在本案中，原被告双方对于涉案短视频的独创性存在争议，原告主张《5·12我想对你说》短视频构成类电作品，而被告认为该短视频不具有类电作品所要求的独创性。被告对于涉案短视频独创性否定的主要理由在于，涉案短视频时长过短，主要创作素材来自于党媒平台的示范视频，创作空间小，达不到类电作品的独创性要求。对此，案件审理法院以《最高人民法院关于审理著作权民事纠纷案件适用法律若干问题的解释》第15条“由不同作者就同一题材创作的作品，作品的表达系独立完成并且有创作性的，应当认定作者各自享有独立著作权”的规定为依据作出判决。从涉案短视频是否由作者独立完成、是否具备创作性两个方面综合判断其独创性。首先，涉案短视频制作者响应党媒平台和人民网的倡议，以“铭记劫难，致敬重生，以已之力，勇往直前”为主题，以党媒平台及人民网示范视频中的手势舞、伴音、明暗变化为基本元素，以网络下载图片为基础素材，结合软件技术制作了《5·12我想对你说》短视频。故关于该短视频是否符合“独立完成”的要求，与平台存在的系列短视频主题相同并不影响《5·12我想对你说》短视频系独立完成的认定。其次，关于创作性的标准，“创作性”是指作品要具有一定程度上的“智力创造性”，能够体现作者独特的智力判断与选择，展示作者的个性并达到基本的独创性要求。短视频具有创作门槛低、录制时间短、主题明确、社交性和互动性强、便于传播等特点，是一种新型的视频形式。上述特点一般会使短视频制作过程简化，制作者以个人或小团队居多。基于短视频的创作和传播有助于公众的多元化表达和文化的繁荣，故对短视频是否符合创作性要求进行判断时，对于创作难度不宜苛求，只要能体现出制作者的个性化表达，即可认定其具有创作性。就本案短视频的独创性争议，被告以涉案作品仅仅只有13秒的长度而认为该作品不能达到著作权法“独创性”的要求，这是不能成立的。第一，视频的长短与创作性的判定没有必然联系。客观而言，视频时间过短，有可能很难形成独创性表达，但有些视频虽然不长，却能较为完整地表达制作者的思想感情，则具备成为作品的可能性。在此情形下，视频越短，其创作难度越高，具备创作性的可能性越大。第二，该短视频的制作者响应党媒平台的倡议，在给定主题和素材的情形下，其创作空间受

[1] 《2020中国网络视听发展研究报告》发布：我国网络视听用户破9亿 短视频推动行业变革［EB/OL］.（2020-10-13）［2022-03-18］. http://www.china.com.cn/aboutus/2020-10/13/content_76801067.htm.

到一定的限制，体现出创作性难度较高。该短视频画面为一个蒙面黑脸帽衫男子站在灾后废墟中以手势舞方式进行祈福，手势舞将近结束时呈现生机勃勃景象，光线从阴沉灰暗变为阳光明媚，地面从沟壑不平到平整，电线杆从倾斜到立起，黑脸帽衫男子的衣袖也变为红色，最后做出比心的手势。该短视频构成了一个有机统一的视听整体，其中包含了制作者多方面的智力劳动，具有创作性。虽然该短视频是在已有素材的基础上进行创作，但其编排、选择及呈现给观众的效果，与其他用户的短视频完全不同，体现了制作者的个性化表达。第三，涉案短视频是在汶川地震十周年之际，以公众乐于接受的形式传递出一份重生的安慰、一种温情的祝福、一股向前的力量，回应了公众心中对于汶川地震的缅怀之情，对于灾区人们的致敬之意，对于美好生活的向往之念。其带给观众的精神享受亦是该短视频具有创作性的具体体现，抖音平台上其他用户对该短视频的分享行为，亦可作为该短视频具有创作性的佐证。故法院认定《5・12我想对你说》短视频符合独创性的要求，构成类电作品。[1]

### 二、网络服务提供者版权侵权的认定

根据《信息网络传播权保护条例》的规定，网络服务提供者主要分为提供基础网络传输服务的网络服务提供者、提供空间存储服务的网络服务提供者和提供空间定位服务的网络服务提供者三类。从短视频平台的服务内容来看，其属于提供空间存储服务的网络服务提供者，实践中，提供空间存储服务的短视频平台又分为两种形式：一是 UGC 平台，这类平台自身不制作短视频，其平台展示内容完全由用户自行制作上传；二是 UGC+PUGC 平台，这类短视频平台除为用户分享内容提供空间之外，也会对用户上传的视频进行二次加工制作后推送至平台分享。[2] 伙拍平台作为 UGC+PUGC 网络服务提供商，其可能涉及的著作权侵权情形有两类，一类是其自主提供的作品侵权；另一类是平台用户上传作品侵权。在本案中，《5・12 我想对你说》短视频系由平台用户上传，伙拍平台是作为提供空间存储服务的网络服务提供者，对于该类网络服务提供者的责任承担，应综合考虑几方面的情况：一是由用户上传的视频内容是否侵权；二是平台是否明知或应知侵权行为的发生；三是平台在接到权利人有效通知后是否及时采取了必要措施。

首先，伙拍用户在伙拍平台上传《5・12 我想对你说》短视频构成著作权侵权。抖音平台依据其与用户的授权许可协议获得涉案短视频的相关著作财产权，伙拍用户在伙拍平台上传该视频且去除水印的行为，违反了《著作权法》（2010 年修正）第 10 条、第 51 条的规定，构成对权利人信息网络传播权的侵犯。其次，伙拍平台作为提供空间存储服务的网络服务提供者，是否明知或应知用户上传分享的《5・12 我想对你

[1] 本案法院判决时的依据是《著作权法》（2010 年修正），《著作权法》（2020 年修正）第 17 条用“视听作品”取代了“电影作品和以类似摄制电影的方法创作的作品”，因此，在新《著作权法》语境下，符合作品构成条件的短视频应被称作视听作品。

[2] 徐俊. 产业视角下短视频平台版权侵权判定中的注意义务研究［J］. 知识产权，2021（9）：31-40.

说》短视频侵犯他人著作权。根据被告B公司提供的证据，被告在提供伙拍小视频手机软件服务时，对外公示了其用户协议，该协议显示伙拍小视频手机软件具有供用户发布信息的功能，并对用户上传内容不得侵害他人知识产权进行了告知，公布了联系方式，且其提交的后台记录载明被控侵权短视频上传者的用户名、注册IP地址、注册时间、上传IP地址、上传时间以及联系方式等信息，可以认定被控侵权短视频系案外人上传。判断平台是否明知或应知，并无明确的法律法规规定作指引，实践中法院遵循的仍是“红旗规则”，即当网络平台中存在的侵权内容已经像一面红旗一样公然飘扬，网络平台就不能采取“鸵鸟政策”，以“不知”为由放任侵权。[1] 最高人民法院在司法解释中也明确，认定网络服务提供者是否明知或应知时，应当考虑具体情况，如网络服务提供者是否对平台内容进行加工编辑，是否对热播影视剧等作品以设置榜单、目录等方式进行推荐等”。[2] 本案中，伙拍平台对用户上传的该视频并没有主动采取加工编辑，也无进一步的推荐、引流等行为，可推定伙拍平台对涉案短视频是否侵权无知晓可能性。最后，伙拍平台在接到权利人有效通知后是否及时采取了必要措施。根据原被告双方提供的证据材料可知，被告平台在收到原告纸质版投诉函之后，于三日内删除了平台内《5·12我想对你说》短视频。因此，被告B公司作为提供信息存储空间的网络服务提供者，对于伙拍小视频手机软件用户提供被控侵权短视频的行为，不具有主观过错，在履行了“通知—删除”义务后，不构成侵权行为，不应承担相关责任。

作品的独创性是判断其是否属于著作权法保护客体的前提，也是作者行使著作权的基础。我国《著作权法》规定了诸多作品类型，不同作品独创性的判断方法和判断标准均存在差异。对于视听作品而言，一方面，作品的独创性与作品的长度存在一定的联系，如果一种表达缺乏最起码的长度，难以较为完整地表达作者的思想感情。同时，如果著作权法对过于简短的表达提供保护，可能会影响他人利用这种简短的表达进行创作。另一方面，作品的长度对作品独创性的影响是有限的。只要一种表达具备足够的“创造性”，就可以被认定为作品。实际上，作品独创性的考察需要考虑作品的“量”，但更为重要的是考虑作品的“质”，短视频的时长只是独创性判定中的考量因素，而不能作为决定因素。[3] 当对某一短小作品的“创造性”进行判断时，应当与当时所处的社会环境、行业特点相联系，根据实际的社会环境、各种类型作品本身的特点进行综合判断。

### 【思考题】

（1）作品独创性的判定与作品的“量”是否存在必然关系？

（2）网络服务提供者承担著作权侵权责任的条件是什么？

---

[1] 北京市高级人民法院知识产权庭．网络著作权经典判例（1999—2010）［M］．北京：知识产权出版社，2011：48.

[2] 《最高人民法院关于审理侵害信息网络传播权民事纠纷案件适用法律若干问题的规定》第9条、第10条。

[3] 孙山．短视频的独创性与著作权法保护的路径［J］．知识产权，2019（4）：44-49.

## 案例二　王某与北京某影业公司、林某等侵害著作权纠纷案❶

**【基本案情】**

原告王某是一名编剧，其于2018年在影院观看由北京某影业公司（以下简称影业公司）制作的《西虹市首富》（以下简称涉案电影）时发现，剧中主要人物关系、故事情节等方面与其在2015年7月至9月创作的四版《继承者》剧本大纲（以下简称涉案剧本大纲）存在多处相似，随即向北京市朝阳区人民法院提起诉讼，认为影业公司制作的涉案电影抄袭其剧本，侵犯其著作权。

原告认为，首先，被告有接触涉案剧本大纲的可能性。原告王某称其于2015年年底通过朋友认识被告《西虹市首富》编剧林某，得知其团队正在寻找喜剧剧本。王某便通过网页版微信将自己创作的剧本大纲发给林某，林某在收到上述剧本大纲不久后便将王某微信删除，由于王某电脑及手机都曾维修过，双方微信聊天记录已找不到。但王某于2015年还曾通过搜狐邮箱向其友人发送过涉案剧本大纲。该友人系演员，与林某创作团队的演员、经纪人均认识，并在聚会中向林某创作团队透露过涉案剧本大纲具体情况。其次，涉案剧本大纲与涉案电影在人物关系、故事情节等方面均存在实质性相似。涉案电影在人物关系设置以及具体情节点的设置上与涉案剧本大纲高度相似，相似点有十二处之多，尤其是私人演唱会的明星客串出演及为真爱放弃遗产并触发隐藏继承规则的反转结局设计这两个情节。

被告林某等主体认为，首先，王某没有提交任何证据证明被告接触过涉案剧本大纲，或存在法律上的接触可能性。其次，涉案电影系合法取得授权后，根据美国环球影城制片公司出品并于1985年上映的电影《布鲁斯特的百万横财》（以下简称《布鲁斯特》）改编并创作完成，其人物设置、人物关系、核心情节桥段等均具有合法的改编来源。最后，王某所称的部分相似内容或在《布鲁斯特》中已存在，或不构成独创性表达，其余部分根本不构成实质性相似。

一审法院审理后认为，本案原告并未提供直接证据证明被告实际接触过涉案剧本大纲，或存在接触的可能。原告主张涉案电影构成侵权的人物设置、情节，或者源于《布鲁斯特》，或者仅为思想、场景上相同，在作品的具体表达上并不相同，与上述涉案剧本大纲中相同或相近的思想或场景设定，在涉案剧本大纲与涉案电影的同类题材下，完全可能由创作者独立创作完成。因此，原告诉讼请求不成立，驳回其起诉。原告不服一审判决上诉。

二审法院审理后认为，在本案中，主要争议焦点是原告所诉的内容是否是著作权

---

❶ 参见北京市朝阳区人民法院（2019）京0105民初10248号民事判决书、北京知识产权法院（2021）京73民终36号民事判决书。

法保护的对象。著作权法不保护抽象的思想、思路、观念等，而保护以文字、音乐、美术等各种有形的方式呈现的具体表达。但实践中，思想与表达的界限并非泾渭分明，尤其在叙事性文字作品中。影视作品或剧本等文学作品中的人物设置、人物关系、场景、情节以及基于故事发展逻辑和布局形成的整体创作元素，往往处于思想和表达之间。一般来说，越概括、越抽象的部分越接近于思想，而越具体、越富有独创性的部分越靠近表达。对于涉案电影与涉案剧本大纲的上述创作元素之间是否构成实质性相似以及相似程度的判断，应首先遵循上述思想与表达的划分原则，并在构成表达的基础上进行评判，同时还应排除其中的公有素材、特定情境以及有限表达等情况。通过情节内容相似性的比对，原告主张的涉案电影与其创作的涉案剧本大纲十二处相似情节中，在“表达”层面构成相似的点有两个，一是私人演唱会的明星客串出演；二是为真爱放弃遗产并触发隐藏继承规则的反转结局设计。但根据在案证据，富人邀请明星演出或者包场演唱会均为现实中存在的社会现象，金钱与真爱的人性抉择也是文艺作品中常见的价值冲突题材。同时，电影《布鲁斯特》的结局设定仅为单一的通过继承规则得到财富，而改编者通过设计价值冲突而触发反转结局来呈现更为丰富的意义和内涵亦是合理的改编思路。除上述情节之外，原告所称涉案电影其余十处相似情节均为思想层面的内容，而并非具体表达，该思想本身并未落入著作权法的保护范围，故即使二者在上述思想层面有相似，亦不能据此认定构成抄袭。因此，虽然涉案电影与涉案剧本大纲表达上存在相似之处，但该相似点或可来源于社会现象、常用题材，或存在合理的改编理由，均未能达到难以解释的巧合程度，不足以反向推定存在高概率的接触事实。原告关于涉案电影构成对其涉案剧本大纲的抄袭的主张依据不足，法院不予支持。

**【主要法律问题】**

（1）原告所诉涉案电影“十二处相似情节”是否是著作权法保护的对象？

（2）被告是否构成著作权侵权？

**【主要法律依据】**

**一、《著作权法》（2020年修正）[1]**

第3条　本法所称的作品，是指文学、艺术和科学领域内具有独创性并能以一定形式表现的智力成果，包括：（1）文字作品；（2）口述作品；（3）音乐、戏剧、曲艺、舞蹈、杂技艺术作品；（4）美术、建筑作品；（5）摄影作品；（6）视听作品；（7）工程设计图、产品设计图、地图、示意图等图形作品和模型作品；（8）计算机软件；（9）符合作品特征的其他智力成果。

第5条　本法不适用于：（1）法律、法规，国家机关的决议、决定、命令和其他

[1] 本案审理时适用《著作权法》（2010年修正）。

具有立法、行政、司法性质的文件，及其官方正式译文；（2）单纯事实消息；（3）历法、通用数表、通用表格和公式。

二、《最高人民法院关于审理著作权民事纠纷案件适用法律若干问题的解释》

第 15 条　由不同作者就同一题材创作的作品，作品的表达系独立完成并且有创作性的，应当认定作者各自享有独立著作权。

**【理论分析】**

**一、“思想与表达二分法”及其例外**

著作权法保护人类的智力成果，其立法宗旨是保护文学、艺术和科学作品作者的著作权，以及与著作权有关的权益，鼓励有益于社会主义精神文明、物质文明建设的作品的创作和传播，促进社会主义文化和科学事业的发展与繁荣。我国《著作权法》（2020 年修正）第 3 条以“要素式+列举式”的模式规定了著作权法的保护对象，从构成条件上讲，并非所有的智力成果都能够受到保护，著作权法保护的是文学、艺术和科学领域内具有独创性，并能够以一定形式表现的智力成果。《著作权法》（2020 年修正）第 5 条明确了“法律、法规，国家机关的决议、决定、命令和其他具有立法、行政、司法性质的文件，及其官方正式译文；单纯事实消息；历法、通用数表、通用表格和公式”不受保护。除此之外，根据著作权法的基本原理，一些特定元素和特殊表达也被排除在著作权法保护客体之外：其一，思想、观念、创意、构思等未形成具体表达的内容，不受著作权法保护；其二，特定场景和有限表达不受著作权法保护；其三，构成作品的公有领域基本元素不受著作权法保护。

（一）思想、观念不受著作权法保护

“思想与表达二分法”是著作权制度的基本原理之一，其基本含义是，著作权法仅保护思想的外在表达，而不延及思想本身，任何人都可以以不同形式的表达传递相同的思想、情感。❶ 实践中，思想与表达的区分是著作权侵权案件事实认定的一大难题，法律法规没有明确的规则指引，只能依靠法官根据个案情况进行判断。对于思想与表达的区分，美国著名版权法专家 Paul Goldstein 总结了几项原则：首先，思想与表达的区分是有边界的，对作品进行逐步抽象的过程存在一个边界，超出该边界就成为思想领域，不再受版权法保护；其次，法院在判断著作权侵权时，无需判断整部作品的思想与表达界限，只需对被控抄袭部分是否属于思想范畴进行判定即可；再次，表达的形式要求与独创性判定可能存在交叉，对于某些基本要素，比如基础词汇、基本线条，其不受著作权法保护的原因既可能是不具备表达性，也可能是不具备独创性；最后，不同作品中思想与表达的区分并不相同，需要根据具体情况考虑。❷ 因此，在对具体个案进行判断时，就原被告作品内容，应当剔除“思想”部分，就“表达”部分内容是

❶ 李琛. 知识产权法关键词［M］. 北京：法律出版社，2006：25.

❷ 崔国斌. 著作权法：原理与案例［M］. 北京：北京大学出版社，2014：39.

否构成实质性相似进行比对。

（二）有限表达和特定场景不受著作权法保护

如前所述，著作权法仅保护表达而不保护思想，在该前提之下，著作权法对于表达的保护也有例外。当某种思想只有唯一或者有限表达时，该有限的表达就被视为著作权法意义上的“思想”，不受著作权法保护，理论上称之为“思想与表达的混同”。例如，在进行计算机软件设计时，由于可供选择的表达方式非常有限，我国《计算机软件保护条例》规定了若有限表达的软件与已有软件相似的，不构成对已有软件的著作权侵权。此外，著作权理论中的另一原则被称为“特点场景/必要场景原则”，指的是如果表达某一主题不可避免地必须利用某一特定场景，那么这些场景即便在已有作品中出现，亦不构成对已有作品的侵权。[1] 例如，不同作家在撰写历史小说体现皇室争权夺位的残酷时往往都会使用“明朝的靖难之役、清朝的九子夺嫡”作为佐证。在漫长的历史长河中，这两个事件确实具有典型的代表性，因此，某一作家不能以其小说描述了该特定场景而限制他人使用类似表达；又如各种级别的运动会开幕式的一般流程均为旗手入场，随之是运动员入场，配以特定的背景音乐，某一节目制作方不能因其制作的运动会开幕式节目而禁止他人制作类似的节目。因此，著作权人作品涉及有限表达和特定场景的，他人的相同表达不被认为侵犯权利人的著作权。

（三）公有领域基本元素不受著作权法保护

著作权法保护有独创性的表达，但对于基础词汇、基本线条、基本色彩等基本表达要素，即使其体现了创作者的个性烙印，也难以被保护。因为基础词汇、基本线条等要素是所有作品创作的前提，若对其进行保护，则会在一定程度上垄断作品的基本表达，限制作品的创作。在“舌尖上的中国”著作权侵权案中，法院认定“舌尖上的中国”系两个通用名词的简单组合，且该书名仅有六个字，缺乏相应的长度和必要的深度，无法充分地表达和反映作者的思想感情或研究成果，无法体现作者对此所付出的智力创作，故该书名本身不包含任何思想内容，不符合作品独创性的要求，并不是作者思想的独特表现。[2] 王迁教授在其著作中亦对该观点进行了精彩的阐释：“文字作品类似于一栋房子，字与词则类似于构筑房子的基本建筑材料——砖和瓦。不同的人使用相同的砖与瓦可以搭建不同造型的房子，著作权法保护房子的独特造型，他人不得未经许可搭建相同造型的房子。但是，如果将一砖一瓦都垄断起来，公众就无法用相同的砖瓦搭建造型各异的房子，而这是与著作权法鼓励创作的立法目的背道而驰的。”[3] 因此，公有领域的基本元素作为公众自由表达思想的工具，宜被排除在著作权法的保护之外。

在本案中，原告主张涉案电影与其剧本大纲有十二处相似点，经法院审理认定：

---

[1] 王迁. 著作权法［M］. 北京：中国人民大学出版社，2015：51.

[2] 参见北京市东城区人民法院（2012）东民初字第09636号民事判决书。

[3] 王迁. 著作权法［M］. 北京：中国人民大学出版社，2015：31.

第一，原告主张的“好人遭遇碰瓷”情节是一种受到诟病的社会现象，不同作品均可以此为基础进行作品创作，原被告对该情节使用了不同的表达，服务于不同的故事发展走向；第二，原告关于涉案电影印有“木兰”字样的球衣抄袭其剧本中“木兰球队”的主张，因“木兰”本身并非被告所独创的名字，系公有领域的固有词汇，是原被告均可使用的词汇；第三，原告主张的其余情节如“男主角推出脂肪险引导市民健身跑步”“在金钱与真爱冲突时选择后者”等均属“思想层面”，而非具体表达相同。上述思想、公有领域固有词汇均不受著作权法保护，因此原告的主张不能成立。

二、“接触+实质性相似”判定方法的适用

“接触+实质性相似”是著作权侵权的主要判断方法。对于被诉作品是否构成对已有作品的著作权侵权，可以从两个方面入手判定：一是被诉行为人是否有接触权利人作品的可能性；二是被诉作品与权利人作品是否构成实质性相似。

首先，被诉行为人“接触”或“有可能接触”作品是认定实质性相似的前置条件。著作权的获得不同于商标权与专利权，对于同一素材，只要作者的表达系独立完成并且有创作性的，就可以享有独立著作权。因此，即便看似一模一样的摄影作品、美术作品，或者情节基本相同的小说、旋律基本一致的音乐，也不能直接认定此作品抄袭了彼作品，被诉侵权作品的作者曾接触过在先作品是抄袭行为认定的前提，权利人需要证明“接触”这一事实的存在，即提供证据证明有直接接触或存在接触可能性。其次，著作权侵权判断中的关键是原被告作品是否构成实质性相似。在判定实质性相似时，应首先遵循思想与表达的区分原则，在构成表达的基础上进行评判，其次还应排除其中的公有领域的基本元素、特定场景以及有限表达等情况，再以普通观察者的视角对两作品的具体情节进行比对，进而得出结论。

在本案中，原告在被告接触或有可能接触其剧本大纲的事实上未能提供足够证据，而被告的电影情节与其剧本大纲的相似性亦未达到实质性相似的高度，无法排除双方属于“各自独立完成的相似表达”之情形。因此，原告关于涉案电影构成对其涉案剧本大纲的抄袭的主张依据不足，被告的行为不构成著作权侵权。

【思考题】

（1）著作权法中“思想与表达二分法”是否存在适用限制？

（2）作品抄袭的“接触+实质性相似”判定方法存在何种实践困境？

## 第二节　著作权的内容

著作权的内容是著作权法的核心部分，是权利人保护自身权利、维护自身利益的依据。我国《著作权法》第 10 条详细列举了著作权所包括的人身权和财产权。著作财产权是作者最为重要的权利，作者可以此为请求权基础禁止他人未经许可实施利用作品和传播作品的行为，著作财产权的内容与传播技术的发展密不可分，其主要体现的也是作品传播所产生的财产利益。[1] 传播技术不断更迭，作品传播和利用方式不断更新，而立法具有相对稳定性，难以与技术发展的步伐保持一致。因此，著作财产权的具体权项难以囊括日新月异的作品利用行为，我国《著作权法》第 10 条“兜底权利”的设置，弥补了列举式立法的不足。“兜底权利”条款的存在，为著作权法全面地保护著作权人的权利提供了更多可能性。

知识产权作为与技术结合紧密的产业和行业，其发展往往反映着技术的革新。技术的不断发展也推动着著作权保护手段的进步，区块链技术已经在产业化的过程中表现出巨大的优势，尤其在著作权司法案件的取证上颇有助益。从全国范围内看，目前北京、上海、杭州等地已经逐步开始推广区块链技术在知识产权实务以及司法审判中的应用。加大对新技术与著作权保护之衔接的研究，对于贯彻著作权强保护、严保护具有重要意义。

本节主要探讨两个问题：一是信息网络传播权的保护问题，并结合权利保护对区块链电子存证在著作权领域内的运用作说明；二是著作财产权中“兜底权利”条款的具体适用问题，阐明“兜底权利”的适用情形及其意义。

## 案例一　A 公司与 B 公司侵害作品信息网络传播权纠纷案[2]

### 【基本案情】

2017 年 7 月 24 日，《都市快报》发表了 3100 余字、附 1 幅插图的文章《妈妈带 4 岁儿子进游泳馆女更衣室被管理员阿姨骂得眼泪都掉下来》（以下简称涉案文章），同时将涉案文章的信息网络传播权独家授权给原告 A 公司。随后被告 B 公司在其主办的第一女性时尚网站上刊登了该文章（以下简称被控侵权文章），被控侵权文章内容、插图与涉案文章完全相同。2017 年 10 月 17 日，原告向被告发送律师函要求停止侵权并赔偿损失，但被告未予理睬。原告认为，被告 B 公司在未获得授权的情况下擅自转载使用原告享有信息网络传播权的作品，让公众可以在自己选定的时间和地点进行浏览，侵害了自己的合法权益。

原告将刊登涉案文章的侵权网页 URL 通过 API 接口传输至保全网，申请对侵权网页进行固定。保全网收到该请求后，在阿里云的环境下，由后端代码通过调用谷歌开源程序 puppeteer 插件对目标网页进行截图，并产生操作日志，记录调用时间和处理内容。后端代码再通过调用 curl 插件获取目标网页源码和相关调用信息，并产生操作日志，记录调用时间和处理内容。之后保全网将上述截图、网页源码进行打包并计算其

---

[1] 李琛. 知识产权法关键词［M］. 北京：法律出版社，2006：110.

[2] 参见杭州互联网法院（2018）浙 0192 民初 81 号民事判决书。

SHA256 哈希值，并同步上传至 Factom 区块链和比特币区块链中。

被告认为，被控侵权网站虽备案至被告名下，但该网站未给公司带来任何营业性收入；考虑到涉案文章对儿童群体行为规范具有公益意义，故于 2017 年 7 月 24 日从新浪转载收藏被控侵权文章于网站，但在转载收藏时明确注明出处为《都市快报》。而且涉案文章全篇 90% 均转述、引用被采访人的话，并非涉案记者独创性的作品，该文章属于时事新闻报道，不应受著作权法保护。被告转载涉案文章系出于公众对社会信息的知情权目的和鉴于对儿童成长教育的借鉴意义，无商业目的，亦未获取收益，且文章具有一定社会公益性，属于《信息网络传播权保护条例》所规定的合理使用范畴，不应当认定为侵权。

一审法院审理后认为，涉案文章系对社会现象进行采访、描述、归纳和评议，内附图片在角度、构图和光线上体现了作者的选择与安排，均具有独创性，符合我国著作权法关于作品要件的规定，属于著作权法保护的文字作品和摄影作品。被告主张涉案作品系时事新闻报道的抗辩主张，法院不予支持。并且法院在对区块链技术生成的电子数据进行分析论证后，认为该数据可以成为法律意义上的电子证据，并在此基础上认定被告实施了侵害原告信息网络传播权的行为。法院判决被告赔偿原告经济损失 4000 元。本案一审宣判并送达后，原告、被告均未提出上诉，该判决已生效。

## 【主要法律问题】

（1）如何保护自媒体领域中的信息网络传播权？

（2）区块链技术对网络侵权中电子证据保存有何重要性？

## 【主要法律依据】

### 一、《著作权法》（2020 年修正）[1]

第 10 条　著作权包括下列人身权和财产权：……（12）信息网络传播权，即以有线或者无线方式向公众提供，使公众可以在其选定的时间和地点获得作品的权利……

第 53 条　有下列侵权行为的，应当根据情况，承担本法第 52 条规定的民事责任；侵权行为同时损害公共利益的，由主管著作权的部门责令停止侵权行为，予以警告，没收违法所得，没收、无害化销毁处理侵权复制品以及主要用于制作侵权复制品的材料、工具、设备等，违法经营额 5 万元以上的，可以并处违法经营额 1 倍以上 5 倍以下的罚款；没有违法经营额、违法经营额难以计算或者不足 5 万元的，可以并处 25 万元以下的罚款；构成犯罪的，依法追究刑事责任：（1）未经著作权人许可，复制、发行、表演、放映、广播、汇编、通过信息网络向公众传播其作品的，本法另有规定的除外……

[1] 本案审理时适用《著作权法》（2010 年修正）。

二、《中华人民共和国电子签名法》（以下简称《电子签名法》）

第 8 条　审查数据电文作为证据的真实性，应当考虑以下因素：（1）生成、储存或者传递数据电文方法的可靠性；（2）保持内容完整性方法的可靠性；（3）用以鉴别发件人方法的可靠性；（4）其他相关因素。

【理论分析】

一、自媒体领域信息网络传播权的保护

互联网、数字技术等的发展应用，使作品脱离有形实物载体而独立存在成为可能，形成能够在网络中传播的电子化作品。根据我国《著作权法》的规定，信息网络传播权是指以有线或无线的传播方式向公众提供作品，让公众可以在自己选定的时间和地点获得作品的权利。另外，在《信息网络传播权保护条例》中，增加了受保护的内容，使作品囊括了“表演和录音录像制品”。互联网与人们的生产生活密切相关，是一种新型的作品媒介载体。我国将信息网络传播权纳入法律规定之中，是为了保护高速传播的网络环境中著作权人的权利，包括自媒体领域的信息网络传播行为。信息网络传播权的调整范围包括上传、浏览、复制、转载、链接、下载等内容。在互联网环境下，普通大众都可以参与互联网作品的创作，著作权的主体、客体范围得到延伸，权利种类和权能类型也更加丰富，一定程度上可以说信息网络传播权是传统著作权的扩张。[1]

目前，自媒体创作领域存在盗用、剪辑拼接、改编、翻唱、非法配乐等侵权现象，侵权行为主要是直接搬运、二次剪辑、长拆短、短拼长、洗稿等。在互联网运用类型中，交易类、娱乐类和服务类等方式，大多以个人为主体进行使用。自媒体领域的侵权大多以个体为主，比如，游戏主播直播游戏画面；网络主播未经许可进行商业翻唱；自媒体作者在视频制作过程中，未经许可使用多种网络素材等。在网络游戏侵权中，元素被抄袭，代码被盗用，各类外挂、辅助程序等被非法制作和售卖，游戏元素被拆解划分，严重影响了运营商的利益。此外，App 网店和 App 运营者故意避开或破坏技术措施，未经许可擅自发布和传播相关作品；各类网站、小程序客户端和公众号等侵权主体肆意传播侵权内容；网站使用网盘、云端、微博、微信、论坛等不同途径传播各类侵权作品，供用户使用等行为，均属信息网络传播权所规制的情形。

信息网络传播权是著作权人在互联网时代最为重要的一项财产权利，在著作权相关纠纷中，涉及信息网络传播权的纠纷占半数以上，由于网络传播形式的多样性和复杂性，信息网络传播权的保护在实践中常常面临难题。对著作权人信息网络传播权的保护，要立足于调整作者、作品的使用者与社会公众之间的利益关系，在多种互相冲突的利益之间寻求适当的均衡。

本案中，法院在确认区块链技术所生成的电子数据具有可靠性，能够成为本案证

[1] 王艳芳. 论侵害信息网络传播权行为的认定标准［J］. 中外法学，2017（29）：456.

据的基础上，认为信息网络传播权作为一项法定著作权，是由权利人享有的专有权利，在性质上属于绝对权。凡是未经权利人许可，亦无法定或约定例外情形的，实施受该专有权利控制的信息网络传播行为，均构成侵权。该侵权行为的成立不以行为人存在过错、行为人获利等因素为要件。本案被告在其运营的网站上向公众提供涉案作品，网络用户可根据个人选定的时间和地点，通过信息网络以下载、浏览等方式获得该作品，其行为属于对涉案作品的信息网络传播。被告的行为不符合《著作权法》（2010年修正）第22条规定的任何一种合理使用情形，[1] 亦不能满足《中华人民共和国著作权法实施条例》（以下简称《著作权法实施条例》）第21条所规定的合理使用要件，故被告的行为侵犯了原告的信息网络传播权。

## 二、区块链技术对网络侵权中电子证据保存的重要性

根据中国区块链技术和产业发展论坛编写的《中国区块链技术和应用发展白皮书（2016）》中对区块链的定义，广义上的区块链技术，指的是利用时间戳技术将数据区块按时间顺序相连组成链式数据结构，通过这种块链式数据结构验证和存储数据，用分布式节点公式算法来生成和更新数据，并利用加密算法技术保证数据访问和传输中的安全，利用由自动化脚本代码组成的智能合约来编程和操作数据的一种全新的分布式、去中心化的基础架构和计算范式。由此可以看出，区块链技术是一种综合运用分布式数据存储、点对点传输、共识机制、加密算法等计算机技术的创新应用模式。

去中心化、去信任化是区块链技术相对于其他技术而言最为显著、最具有颠覆性的特征。在现实社会中，人与人之间的信息传递和交易，往往需要依托可信任的第三方中介机构居于其中提供信任担保，然而一旦中介机构出现问题，交易便需要为此承担相应的风险和代价。在区块链技术下，通过点对点的方式便可以完成信息的传递和交易，其他所有节点的权利义务相等，共同参与对交易的确认、存储和更新，任意一个节点出现问题都不会影响系统整体的正常运作。脱离了第三方中介机构的信任背书，也即“没有中间商赚差价”，大大降低了交易的复杂性和风险，交易成本随之大幅降低。

区块链技术实际上是一个公开透明、互相验证的分布式数据库，这个数据库中的记录不是由某个中心化的主体来控制，而是由所有的节点共同记录和维护，每一个节点都有一份完整的备份信息。同时，区块链数据结构存储会按照时间顺序记录所有的历史数据，因此区块链上的每一条数据都具有可溯性和时间的不可逆性。[2] 如果企图通过一个节点篡改某一数据记录，其他节点的备份信息就会自动追溯到存储的该历史数据记录并进行比较，以出现次数最多的相同数据记录为真，从而排斥该篡改行为，除

---

[1] 本案审理时适用《著作权法》（2010年修正）。

[2] 孙健. 区块链百科全书：人人都能看懂的比特币等数字货币入门手册［M］. 北京：电子工业出版社，2018：55.

非能够同时控制整个系统超过51%的节点或计算能力才能成功篡改。[1] 然而节点又是在每时每刻以不可预测的数量增加的，随着节点的不断增多，篡改的难度和成本也会越来越高，这为意图实施篡改数据记录等不法行为设置了极高的技术门槛和高昂的成本费用，保证了区块链数据的安全性和稳定性。

2018年5月，工信部信息中心发布《2018年中国区块链产业发展白皮书》，根据近几年区块链技术在电子证据领域的应用实践情况，总结归纳出“区块链因其本身具备不可篡改、可追溯特征，极适合与电子存证相结合”，体现出我国对区块链电子存证的积极认可和倡导。该白皮书还指出，在电子证据领域中，区块链技术具备明显的“安全存证”和“提高取证效率”两个主要应用优势。传统电子证据往往具有脆弱性、易被篡改、易被破坏等特点，在备份、传输等过程中很容易遭到攻击、篡改而受损，可信度大大降低。而利用区块链技术存证的电子证据则弥补了其不足。首先，在证据的生成中辅以时间戳技术证明其产生时间和内容的完整性；其次，通过哈希算法对该电子证据进行加密以保障固证和传输中的安全，并且在验证中只需通过计算哈希值与存储在区块链中的数据进行比对，就可以验证电子证据是否被篡改，充分保障了证据的安全性和真实性。从过往司法审判中对电子证据的采信度来看，传统电子证据本身具有易被篡改和破坏，以及司法机关本身的科技鉴定能力不足等问题，因此，对电子证据的司法采信度普遍较低，司法机关一般很难直接将电子证据作为定案的主要依据，除非有公证机构的预先公证，这也体现出我国传统电子证据具有高度依赖国家公证以补强其证明力的特点。而区块链技术去中心化、去信任化、不易篡改的特点则可以有效解决这一难题，降低证明证据真实性的成本。[2]

本案的审判焦点在于利用区块链技术进行证据保全获得的固定的电子数据是否具有作为定案依据的法律效力。法院在审理过程中始终秉持开放、中立的态度进行个案分析及认定，通过对电子证据来源的真实性、电子数据存储的可靠性、电子数据内容的完整性以及电子证据间的关联性分别予以谨慎细致的审查，最终确认了原告提供的区块链电子存证具有法律效力，并作为认定案件事实的依据予以采纳，从而判决被告承担相应的侵权损害赔偿责任。这是我国在司法实践中第一次通过司法判决确认了区块链电子存证的法律效力。

本案的庭审重点在于原告利用区块链技术手段获取和保全的电子证据是否具有法律效力。在司法审查中，法院将该涉案区块链电子存证定性为数据电文，属于我国《民事诉讼法》中规定的8种法定证据类型中的电子数据这一类别。而根据我国《电子签名法》第8条的规定，在审查数据电文作为证据的真实性时，应当考虑生成、储存或者传递数据电文方法的可靠性，保持内容完整性方法的可靠性，用以鉴别发件人方

---

[1] 徐明星，田颖，李霁月. 图说区块链［M］. 北京：中信出版社，2017：46.

[2] 童丰. 公证介入区块链技术司法运用体系初探——从杭州互联网法院区块链存证第一案谈起［J］. 中国公证，2018（9）：62.

法的可靠性和其他相关影响因素。因此，法院在围绕证据的“三性”审查和认定涉案电子存证的证明力的有无及其大小的过程中，充分考虑和结合了区块链技术的特点，分别从第三方存证平台的资质及其应用的区块链技术本身的可信度方面，以审查认定该区块链存证来源的真实性和合法性，又基于区块链技术去中心化、不易篡改的特点对涉案区块链电子存证方法的可靠性予以了认可，并通过对区块链技术存储的数据内容验证，一致确认其内容完整、未被修改，对该涉案区块链电子存证保持内容完整性方法的可靠性也予以了认可。结合电子存证与其他证据之间相互印证的关联度法院综合判断，最终认定了区块链电子存证的证据效力。❶

“区块链+证据保全”在司法领域中逐渐得到广泛的支持和应用，但区块链作为一种新兴技术还有很多发展不完善的地方，也存在许多安全性的技术局限。譬如，在一个区块链系统中参与计算、记录和维护的节点数量如果过少，掌控超过51%的节点的成本和技术难度就会大大降低，其面临的被攻击和篡改的风险则会显著增加。因此，在著作权侵权纠纷中，认定区块链电子存证的效力时不仅需要司法机关秉持开放、中立且审慎的态度对待区块链技术在证据保全中的应用，更需要制定出明确、具体、严格的证据规则和证明标准，完善与区块链电子存证相关的立法举措。首先，司法机关处理涉及区块链电子存证类型的案件时，在对区块链电子存证的法律效力的审查认定中应严格遵循不歧视原则，既不人为拔高认定标准，也不过度轻信区块链技术而降低认定标准。❷ 其次，需要有具体严格的认定规则和标准。例如，在审查区块链电子存证的真实性和合法性时，必须对第三方存证平台的资质及其与当事人有无利害关系进行严格的审查，提供区块链存证的电子证据一方还要能够证明现有的区块链技术本身具有高度的可靠性，一般不会发生内部自损或遭到外部攻击而受损等风险。最后，这些认定规则和标准需要上升为专门的法律制度，使区块链等新兴技术在司法领域得到具体、规范的应用。❸

## 【思考题】

（1）在作品传播形式不断更新的背景下，合理使用的范围是否应适当扩大？

（2）从经济学视角分析区块链技术在著作权确权、利用、维权中应用的必要性。

---

❶ 崔梦雪．区块链电子存证的证据法价值分析——以杭州信息网络传播权纠纷案为例［J］．无线互联科技，2019（10）：149.

❷ 雷蕾．从时间戳到区块链：网络著作权纠纷中电子存证的抗辩事由与司法审查［J］．出版广角，2018（15）：12.

❸ 李静彧，李兆森．基于区块链存证的电子数据真实性探讨［J］．软件，2018（6）：117.

## 案例二　A 公司与 B 公司侵害著作权及不正当竞争纠纷案[1]

### 【基本案情】

“梦幻西游 2”是 A 公司一款超过十年的游戏。A 公司拥有该款游戏的计算机软件著作权，同时，A 公司就上述游戏主要人物、怪物形象、游戏内场景、多幅美术作品，以及文字作品《“梦幻西游”门派技能法术装备特技介绍》向国家版权局申请著作权登记。“梦幻西游 2”系列游戏是一款在线多人参与的网络游戏。在被用户操作时，该游戏呈现为一系列有伴音的画面，立体感较强，以文学作品《西游记》情节梗概和角色为引，展示天地间芸芸众生“人”“仙”“魔”三大种族之间发生的“门派学艺”“斩妖除魔”等情节和场景，用户登录后可按照游戏的规则支配其中的角色参与互动游戏。

B 公司为 YY 直播平台和虎牙直播平台经营者。从 2012 年起，B 公司在其经营的 YY 直播网站（www. yy. com；yy. tv）和 YY 语音客户端上进行“梦幻西游 2”游戏内容直播、录播或者转播服务。B 公司召集、签约大量的游戏主播，并提供注入游戏客户端的代码程序或者动态屏幕截取的工具给这些游戏主播，供其抓取游戏内容；同时提供 YY 直播网站和 YY 语音客户端平台，供这些游戏主播在该平台上以直播、录播或者转播的方式传播该款游戏内容，还通过出售虚拟道具、发布广告等方式牟取了巨额利益。

2013 年 A 公司向 B 公司发函提出停止侵权等要求，交涉未果后向广州知识产权法院提起诉讼。A 公司主张，涉案游戏属于计算机软件作品，游戏运行过程呈现的人物、场景、道具属于美术作品，游戏过程中的音乐属于音乐作品，游戏的剧情设计、解读说明、活动方案属于文字作品，游戏运行过程呈现的连续动态画面属于类电作品，B 公司的行为侵害其作品著作权，并构成不正当竞争。

B 公司答辩称，B 公司的行为不侵犯 A 公司著作权。主要理由有：其一，“梦幻西游 2”直播画面是玩家游戏时即时操控所得，不符合著作权法规定的作品确定性的构成要件，不构成法律规定的任何一种作品类型。在该款网络游戏中，显示的画面是玩家即时指令与程序预设运行结合的结果，其画面构成、布局具有开放性和不可预测性，同时该大型在线游戏画面包含了不同玩家互动、交流的结果，包括游戏设计者在内的任何人无法预见下一帧画面的具体构成。直播画面布局和构成不由游戏设计者确定，而是一系列程序算法与大量玩家互动产生的瞬间结果，其在表达形式上与电影不具有

[1] 参见广州知识产权法院（2015）粤知法著民初字第 16 号民事判决书、广东省高级人民法院（2018）粤民终 137 号民事判决书。

类似性，故其不构成类电作品。其二，“梦幻西游2”网络直播画面直播行为不对应著作权法上规定的任一权项。直播行为不产生法律所规定的复制件，故不构成对复制权的侵犯。公众并非可在选定时间和地点观看直播，故也不构成对信息网络传播权的侵犯。直播并非以有线或者无线的方式传播广播作品，故也不构成对广播权的侵犯。因此，涉案内容不能依据著作权法获得保护，仅能通过其他法律寻求救济。其三，用户非营利性地直播“梦幻西游2”的行为属于著作权法中的个人合理使用行为。“梦幻西游2”是一款以社交性为主的网络游戏，由于其运营时间较长，知名度较高，用户对其有较强依赖性。游戏玩家在直播时通常仅展现游戏作品的片段，并配上大量其对游戏的观点、看法，以此促进与其他人的交流。故游戏直播属于在网络环境下个人学习、研究和欣赏的方式，也属于为了介绍、评论该游戏而展示游戏的行为。

一审法院审理后认为，游戏的创作过程，是在游戏策划人员对故事情节、游戏规则等进行整体设计，以及美工对游戏原画、场景、角色等素材进行设计后，程序员根据需要实现的功能进行具体代码编写后形成的。该创作过程综合了角色、剧本、美工、音乐、服装设计、道具等多种手段，与“摄制电影”的方法类似。因此，涉案电子游戏在终端设备上运行呈现的连续画面可认定为类电作品。从B公司经营的直播平台上对涉案电子游戏运行的显示情形看，直播窗口主要是显示游戏的连续画面，基于用户操作游戏所需，间或显示游戏过程中的功能设置和选择页面，有的还以小图形式在显示屏边角显示主播人员。可见，涉案电子游戏在被用户操作、运行过程中呈现的连续画面通过信息网络被实时播放出来，为网页的观看者所感知。这种行为侵害了A公司对其电子游戏呈现画面作为类电作品的著作权。由于涉案的侵权行为是信息网络环境中针对在线网页浏览者的作品的新类型传播行为，不属于著作权法所列举的“有名”之侵权行为，可归入“其他侵犯著作权的行为”。因此，B公司在其网络平台上开设直播窗口、组织主播人员进行涉案电子游戏直播，侵害了A公司对其游戏画面作为类电作品享有的“其他权利”，属于《著作权法》（2010年修正）第47条第（11）项规定的“其他侵犯著作权的行为”，应承担侵权责任。一审宣判后，原被告双方均提起上诉。

二审法院支持了一审法院的判决。

## 【主要法律问题】

（1）游戏直播行为所涉及的权利是否属于我国《著作权法》规定的调整范围？

（2）游戏直播行为是否属于对涉案游戏连续动态画面的合理使用？

**【主要法律依据】**

**《著作权法》(2020 年修正)**[1]

第 10 条　著作权包括下列人身权和财产权：(1) 发表权，即决定作品是否公之于众的权利；(2) 署名权，即表明作者身份，在作品上署名的权利；(3) 修改权，即修改或者授权他人修改作品的权利；(4) 保护作品完整权，即保护作品不受歪曲、篡改的权利；(5) 复制权，即以印刷、复印、拓印、录音、录像、翻录、数字化等方式将作品制作一份或者多份的权利；(6) 发行权，即以出售或者赠与方式向公众提供作品的原件或者复制件的权利；(7) 出租权，即有偿许可他人临时使用视听作品、计算机软件的原件或者复制件的权利，计算机软件不是出租的主要标的的除外；(8) 展览权，即公开陈列美术作品、摄影作品的原件或者复制件的权利；(9) 表演权，即公开表演作品，以及用各种手段公开播送作品的表演的权利；(10) 放映权，即通过放映机、幻灯机等技术设备公开再现美术、摄影、视听作品等的权利；(11) 广播权，即以有线或者无线方式公开传播或者转播作品，以及通过扩音器或者其他传送符号、声音、图像的类似工具向公众传播广播的作品的权利，但不包括本款第 (12) 项规定的权利；(12) 信息网络传播权，即以有线或者无线方式向公众提供，使公众可以在其选定的时间和地点获得作品的权利；(13) 摄制权，即以摄制视听作品的方法将作品固定在载体上的权利；(14) 改编权，即改变作品，创作出具有独创性的新作品的权利；(15) 翻译权，即将作品从一种语言文字转换成另一种语言文字的权利；(16) 汇编权，即将作品或者作品的片段通过选择或者编排，汇集成新作品的权利；(17) 应当由著作权人享有的其他权利。

著作权人可以许可他人行使前款第 (5) 项至第 (17) 项规定的权利，并依照约定或者本法有关规定获得报酬。

著作权人可以全部或者部分转让本条第 1 款第 (5) 项至第 (17) 项规定的权利，并依照约定或者本法有关规定获得报酬。

第 24 条　在下列情况下使用作品，可以不经著作权人许可，不向其支付报酬，但应当指明作者姓名或者名称、作品名称，并且不得影响该作品的正常使用，也不得不合理地损害著作权人的合法权益：(1) 为个人学习、研究或者欣赏，使用他人已经发表的作品；(2) 为介绍、评论某一作品或者说明某一问题，在作品中适当引用他人已经发表的作品；(3) 为报道新闻，在报纸、期刊、广播电台、电视台等媒体中不可避免地再现或者引用已经发表的作品；(4) 报纸、期刊、广播电台、电视台等媒体刊登或者播放其他报纸、期刊、广播电台、电视台等媒体已经发表的关于政治、经济、宗教问题的时事性文章，但著作权人声明不许刊登、播放的除外；(5) 报纸、期刊、广播电台、电视台等媒体刊登或者播放在公众集会上发表的讲话，但作者声明不许刊登、播放的除外；(6) 为学校课堂教学或者科学研究，翻译、改编、汇编、播放或者少量

---

[1] 本案审理时适用《著作权法》(2010 年修正)。

复制已经发表的作品，供教学或者科研人员使用，但不得出版发行；（7）国家机关为执行公务在合理范围内使用已经发表的作品；（8）图书馆、档案馆、纪念馆、博物馆、美术馆、文化馆等为陈列或者保存版本的需要，复制本馆收藏的作品；（9）免费表演已经发表的作品，该表演未向公众收取费用，也未向表演者支付报酬，且不以营利为目的；（10）对设置或者陈列在公共场所的艺术作品进行临摹、绘画、摄影、录像；（11）将中国公民、法人或者非法人组织已经发表的以国家通用语言文字创作的作品翻译成少数民族语言文字作品在国内出版发行；（12）以阅读障碍者能够感知的无障碍方式向其提供已经发表的作品；（13）法律、行政法规规定的其他情形。

前款规定适用于对与著作权有关的权利的限制。

**【理论分析】**

**一、游戏直播行为所涉著作权权项**

本案的争议焦点之一在于游戏直播权是否能落入我国《著作权法》规定的具体权项调整范围之内。关于未经许可的游戏直播行为是否侵害他人著作权的问题，法院认为应当根据我国《著作权法》相关规定，在界定游戏直播行为性质的基础上进行判断。游戏直播是游戏主播将游戏运行时形成的游戏整体画面实时展现给他人观看的行为，本案中被诉侵权行为是对“梦幻西游 2”游戏内容进行实时传播的直播行为。直播即直接播送，是一种向公众直接提供内容的实时传播行为。在游戏整体画面构成作品的情况下，直播游戏整体画面的行为实际上就是公开传播作品的行为，与游戏画面直播相关的权利涉及展览权、放映权、表演权、广播权、信息网络传播权以及兜底条款“应当由著作权人享有的其他权利”。

（一）游戏直播不属于展览权、放映权、表演权、广播权和信息网络传播权控制范围

著作权法中涉及“公开传播”的权利包括展览权、放映权、表演权、广播权和信息网络传播权等。结合游戏直播的特点，该行为不能被上述权项所调整。第一，游戏中虽然有涉及美术作品，但游戏直播显然不是“公开陈列美术作品、摄影作品的原件或者复制件”的行为，故其不属于展览权的调整控制范围。第二，游戏直播是通过网络向不在传播最初发生地的公众传播作品内容的行为，并非通过放映机、幻灯机等技术设备公开再现作品，不属于我国《著作权法》规定的放映权的调整控制范围。第三，我国《著作权法》规定的表演权是指“公开表演作品，以及用各种手段公开播送作品的表演的权利”。其中，“表演”是指演奏乐曲、上演剧本、朗诵诗词等直接或者借助技术设备以声音、表情、动作公开再现作品的行为，为协调表演权与其他专有权利的关系，我国《著作权法》规定的表演权只控制面对现场受众的“现场表演”和“机械表演”，而不控制通过网络向不在传播最初发生地的公众传播作品内容的行为，游戏直播这种“网络远程实时传播”行为不在此列。另外，我国《著作权法》意义上的“表演”不适用于类电作品（现称“视听作品”），游戏连续动态画面构成类电作品，其呈现过程不是一种以声音、表情、动作公开再现作品的“表演”，游戏直播不是“公开

播送作品的表演”。因此，游戏直播不属于表演权的调整控制范围。第四，我国《著作权法》规定的广播权调整控制“以无线方式公开广播或者传播作品”“以有线传播或者转播的方式向公众传播广播的作品”“通过扩音器或者其他传送符号、声音、图像的类似工具向公众传播广播的作品”三种行为。其中“无线方式公开广播”是指通过无线信号发射装置将构成作品的文字、声音或图像转化成电磁波传送到远端接收装置进行还原播放的行为，而游戏直播是一种通过信息网络传播作品的行为，显然不属于无线广播，且游戏直播并非先接收到无线广播的作品继而通过信息网络进行传播，而是直接向公众传播作品的行为，故也不属于广播权调整控制的另两种行为。第五，我国《著作权法》规定的信息网络传播权是指“以有线或者无线方式向公众提供作品，使公众可以在其个人选定的时间和地点获得作品的权利”。信息网络传播权控制以有线或者无线方式向公众提供作品的“交互式传播”行为，公众可按照需要在其个人选定的时间和地点获得作品。游戏直播虽是通过信息网络进行传播，但系一种按照直播主体预定的时间提供内容的“定时传播”，观众无法在个人选定的时间获得作品，不满足“交互式传播”要件，故游戏直播也不属于信息网络传播权的调整控制范围。综上，游戏直播不属于侵犯著作权人展览权、放映权、表演权、广播权和信息网络传播权的行为。

需要说明的是，上述广播权与信息网络传播权的规定均为2010年修正的《著作权法》中的内容，在2020年修正的《著作权法》中，广播权与信息网络传播权的内涵与外延发生了一定变化，对于本案情形的认定会产生一定影响，笔者将在后文进行论述。

### （二）游戏直播能否由“著作权人享有的其他权利”调整

游戏直播是游戏主播在指定的时间和地点（直播频道/房间）单向地向用户提供作品内容的行为。该案审理所适用的《著作权法》（2010年修正）对于网络传播的规制仅有信息网络传播权一项，该权限只能控制通过网络进行的交互式传播，游戏直播并不在此列。那么，未经授权的网络直播行为应当如何规制呢？法院在判决中适用了兜底条款“应当由著作权人享有的其他权利”，该判决充分体现了司法裁判者对于法律条文的灵活适用，无论从国际条约与国内立法的协调性角度，还是从法律体系解释的角度上看，都是具有合理性的。

首先，我国《著作权法》对于网络传播行为的调整规定来源于《世界知识产权组织版权条约》第8条，而该条文规定的“文学和艺术作品的作者应享有专有权，以授权将其作品以有线或无线方式向公众传播，包括将其作品向公众提供，使公众中的成员在其个人选定的地点和时间可获得这些作品”，实际上是赋予著作权人向公众传播作品的一般权利，既包括控制交互式传播作品的行为，也包括控制采用其他任何技术或手段向公众传播作品的行为。我国作为缔约国，在理解适用《著作权法》相关规定时应与该公约保持一致。在我国没有特别声明保留且《著作权法》有相应兜底规定时，可以适用兜底条款调整未经许可向公众传播作品的行为。

其次，直播是随着网络和文化产业迅猛发展而新兴的作品传播方式，在2010年《著作权法》修法时大规模的网络直播尚未出现，因此法律未对此行为专门进行规制。

《著作权法》（2010 年修正）第 10 条列明的权项中包含了赋予著作权人控制作品传播的专有权利，该条还通过兜底条款作出了制度安排，以便将法律不能穷尽的应当由著作权人享有的其他权利纳入其中。从法律体系和文义解释角度来看，“应当由著作权人享有的其他权利”自然包括《著作权法》规定的展览权、放映权、表演权、广播权、信息网络传播权以外的公开传播作品的权利。

此外，北京市高级人民法院也在其发布的指导意见中，明确规定对于“网播”行为应当适用兜底条款。[1] 这也充分体现了司法者对于兜底条款适用的态度。因此，从与国际条约的一致性和法律的体系解释角度来看，本案中游戏直播行为可以适用兜底条款进行调整。

需要说明的是，《著作权法》（2020 年修正）对于广播权的定义进行了调整，规定广播权是“以有线或者无线方式公开传播或者转播作品，以及通过扩音器或者其他传送符号、声音、图像的类似工具向公众传播广播的作品的权利，但不包括本款第（12）项规定的权利”。“以有线或者无线方式”同样出现在了《著作权法》（2020 年修正）对信息网络传播权的定义中，显然该用语包含了互联网传播，同时包含了交互式传播行为与非交互式传播行为。在广播权定义的最后，“但不包括本款第（12）项规定的权利”为广播权与信息网络传播权划出明确的界限，明确广播权所规制的向公众传播作品的行为中并不包括交互式传播行为。[2] 因此，在《著作权法》（2020 年修正）中，广播权已经容纳了互联网中的非交互式传播行为，同时符合这两种特征的网络游戏直播行为也可以适用广播权来进行规制，而不必再寻求兜底条款的帮助。

## 二、游戏直播行为的合理使用判定

### （一）合理使用判定标准

合理使用是指符合法定条件，不必征得著作权人的同意，也不必向其支付报酬，基于正当目的使用他人著作权作品的合法行为。[3] 著作权合理使用制度作为对著作权的限制，划分了著作权人与社会公众的利益界限，确立了可以自由使用作品的合理空间，鼓励和促进权利人之外的主体对作品的有效利用和传播，最终实现《著作权法》“鼓励作品的创作和传播，促进文化、艺术和科学事业发展与繁荣”的立法目的。

对于合理使用行为的具体判定方面，我国《著作权法》（2010 年修正）第 22 条所规定的 12 种著作权合理使用的情形，以及《著作权法实施条例》第 21 条的规定，[4] 与我国加入的《保护文学和艺术作品伯尔尼公约》允许成员方对著作权作出限制的规定

---

[1] 《北京市高级人民法院关于审理涉及网络环境下著作权纠纷案件若干问题的指导意见（一）（试行）》第 10 条规定：网络服务提供者通过信息网络按照事先安排的时间表向公众提供作品的在线播放的，不构成信息网络传播行为，应适用《著作权法》第 10 条第 1 款第（17）项进行调整。

[2] 王迁.《著作权法》修改：关键条款的解读与分析（上）[J]. 知识产权，2021（1）：20-35.

[3] 吴汉东. 著作权合理使用制度研究（第三版）[M]. 北京：中国人民大学出版社，2013：1.

[4] 《著作权法实施条例》第 21 条规定，使用可以不经著作权人许可的已经发表的作品的，不得影响该作品的正常使用，也不得不合理地损害著作权人的合法利益。

保持一致，构建了“三步检验标准”，即对专有权利的限制应局限于特定情况，不应与作品的正常利用冲突，且不得不合理地损害权利人的合法利益。在《著作权法》（2020年修正）第24条中，《著作权法实施条例》中的内容被引入，并增加了“法律、行政法规规定的其他情形”。

此外，我国的司法实践对此亦有指引，在促进技术创新和商业发展确有必要的特殊情形下，考虑作品使用行为的性质和目的、被使用作品的性质、被使用部分的数量和质量、使用对作品潜在市场或价值的影响等因素，如果该使用行为既不与作品的正常使用相冲突，也不至于不合理地损害作者的正当利益，可以认定为合理使用。

### （二）游戏直播行为合理使用的认定

合理使用制度设计的法理基础是法律基于促进技术创新、经济发展和文化繁荣这一社会公共利益，对著作权这一私权作出的权利限制。但是，某一行为构成合理使用并不意味着著作权人丧失了对作品的相应专有权利。为了避免对著作权人合法利益造成实质性损害，这种对权利的限制应基于特殊考虑，限于必要的特殊情形。在具体案件中要充分考虑被诉时的技术创新背景和社会发展水平，兼顾作品权利人、作品传播者和社会公众的利益，综合权衡各因素具体分析，基于严格保护知识产权的司法政策进行审慎判断。

关于被诉游戏直播行为是否属于特殊情形下的合理使用，应综合权衡以下因素，进而判断该作品使用行为是否与作品的正常使用相冲突以及是否不合理地损害著作权人的合法利益。

#### 1. 被诉游戏直播行为的性质和目的

游戏直播的目的具有复杂性，其传播作品过程中使用了游戏整体画面，不仅仅是再现了游戏整体画面，还有展示特定玩家（或主播自身）游戏技巧、抒发情感体验等目的。当前主流游戏一般从视听效果或游戏玩法等方面吸引玩家体验并付费进行盈利，而大部分游戏直播主要是依靠游戏特点和主播个性吸引观众并进行流量变现（打赏、广告等），两者盈利模式虽有不同，但不影响其商业性质。本案中，B公司组织主播人员直播游戏，并与其分配所得利益，该行为实际上是一种通过经营游戏直播业务营利的营商行为。虽然并非所有商业性质的使用作品情形一律不构成合理使用，但相对而言，基于商业目的使用他人作品需要更加充分的理由支持其抗辩。

#### 2. 被直播的游戏整体画面的性质

“梦幻西游2”系A公司基于商业经营目的耗费巨资研发的文化娱乐产品，游戏整体画面具有鲜明的商品属性。著作权人自身对作品的使用或者将作品著作权对外授权许可，是权利人回收其创作投资成本的主要方式。一般而言，作者创作时投入的成本越高，其通过控制作品使用方式获得更多利益的期望越合理，此时认定构成合理使用越要谨慎。著作权法对作品的保护强度也应与其创作难度相适应。使用行为越靠近作品独创性表达部分，合理使用的抗辩空间越小。本案中，游戏整体画面构成类电作品，作品独创性程度较高，应获得较强保护。被诉游戏直播行为直接使用了游戏整体画面独创性表达部分，所形成的游戏直播画面中没有添加、融合新的独创性表达，认定该使用作品情形构成合理使用的空间更小，应更谨慎。

3. 被直播部分的数量和质量

游戏直播的主要内容是游戏整体画面，游戏整体画面占据直播画面的主要篇幅，从画面细节来看，其对游戏内容是“完全呈现”，被直播的游戏整体画面的存在并不以直播观众的关注度为转移，不管直播观众的关注度在何处，游戏整体画面在游戏直播中均起到了基础性作用，没有游戏画面，就没有对游戏画面的直播。本案中，游戏画面占据了游戏直播画面大约三分之二的比例，涉及部分游戏剧情、任务、副本对战等游戏实质内容。由此可见，从被使用作品内容的比例来看，被诉游戏直播行为难谓合理。

4. 被诉游戏直播行为对涉案游戏潜在市场或价值的影响

网络游戏市场主要是游戏开发者、运营商向游戏玩家提供产品及服务从而获得玩家付费所形成的市场。游戏直播市场是随着游戏本身市场成熟、网络传播技术发展、玩家（观众）为内容付费习惯形成而逐渐兴起的游戏衍生市场。游戏著作权人的专有权利能否延伸至游戏直播市场，取决于游戏直播市场是否属于权利人的潜在市场。对于潜在市场的判断，应根据社会经济文化的发展，考虑著作权人在当前或近期技术发展条件下以新的方式利用作品的合理期待。潜在市场的收益无需局限在现实或必然获得的收益，还包括当前或近期可能出现的新的作品利用方式产生的应当归属于著作权人的收益。若作品使用行为对著作权人潜在市场收益带来实质性损害，则未经著作权人许可使用其作品不具有合理性。当前或近期能够合理产生相当经济利益的作品使用新方式，一般应属著作权人专有权利的控制范围。在直播技术还没有充分发展的时期，著作权人可能由于某种原因（比如技术瓶颈或者权利保护成本）而暂时不行使某项专有权利，但这并不意味其放弃行使该项权利。本案中，A 公司通过《最终用户使用许可协议》等声明保留与游戏直播相关的权利，还建立了直播平台逐步扩展游戏直播市场，表明 A 公司作为游戏著作权人将游戏直播市场视为潜在市场，有随着技术和市场发展进一步拓宽作品盈利方式的合理期待。一般而言，合理使用行为应该排除在著作权人的现有市场和潜在市场之外，或者局限在某些对于著作权人来说无法形成相当经济利益的市场领域。而游戏直播产生了大量经济利益，这对游戏著作权人来说并非可有可无的市场领域。未经许可的游戏直播无疑将挤占游戏著作权人在涉案游戏潜在市场的份额空间，影响其在潜在市场中获得经济利益。

综上，被诉游戏直播基于商业营利目的，使用涉案游戏的独创性表达，使用部分的比例超出合理限度，对涉案游戏潜在市场产生不利影响，与游戏著作权人自己开展游戏直播或者发放游戏直播许可的作品正常使用方式相互竞争而产生冲突，使得权利人无法充分有效行使著作权获得经济利益，实质上不合理地损害其合法利益，因此，不能认定为合理使用行为。

**【思考题】**

（1）《著作权法》设置兜底权利的正当性和必要性。

（2）《著作权法》（2020 年修正）关于“合理使用”制度的修改是否完善？

## 第三节 著作权的归属

探讨著作权的归属即是探讨作品的著作权应该由谁享有的问题。在我国著作权法律框架内，著作权有两种基本的取得方式：一是原始取得；二是继受取得。著作权原始取得是指在作品完成之时即取得著作权，这种著作权取得方式不以他人已存权利为取得基础，是权利的初始取得。著作权的继受取得是指通过受让、继承、赠与等法定方式从原始著作权人处取得著作权，由于著作人身权不能转让，通过继受方式取得著作权的主体不能享有完整的著作权。

依据我国《著作权法》，著作权属于作者是著作权归属的一般原则。2020 年修正的《著作权法》将第 11 条中“创作作品的公民是作者”修改为“创作作品的自然人是作者”，据此，通常情况下，在我国著作权属于创作作品的自然人。除自然人作者之外，我国《著作权法》还规定了法人或者非法人组织视为作者的情形，对于由法人或者非法人组织主持，代表法人或者非法人组织意志创作，并由法人或者非法人组织承担责任的作品，法人或者非法人组织视为作者。作者之外的其他人根据法律规定或合同约定也可以原始取得著作权。例如，特殊职务作品的作者享有署名权，著作权的其他权利由法人或者非法人组织享有。又如，委托作品著作权的归属由委托人和受托人通过合同约定。本节主要讨论在著作权归属和行使上具有特殊性的电影作品和职务作品的著作权归属规则。

### 案例一 A 公司与 B 公司电影作品著作权权属、侵权纠纷案[1]

**【基本案情】**

2012 年 8 月，B 公司、C 公司和 D 艺术中心签订《电影〈兵锋〉（暂定名）联合投资合同书》（以下简称《联合投资合同书》）共同投资电影拍摄。2012 年 9 月 1 日，C 公司与 A 公司签订《投资合作协议》，A 公司加入电影投资。随后，各投资方又签署了《电影〈兵锋〉（暂定名）联合投资补充合同书》（以下简称《补充合同书》）、

[1] 参见北京市海淀区人民法院（2020）京 0108 民初 19356 号民事判决书、北京知识产权法院（2020）京 73 民终 147 号民事判决书。

《协议书》《电影〈兵锋〉（暂定名）联合投资补充合同书二》等协议，最终完成了电影（电影后被更名为《战狼》）的拍摄。2016年2月和3月，B公司分别聘了两位电影《战狼2》的编剧，引入其他投资制作方拍摄了《战狼2》，2017年7月27日《战狼2》正式上映。

对于电影《战狼2》，A公司认为其与B公司、C公司和D艺术中心共同投资了电影《战狼》，而B公司在没有取得其授予的《战狼》改编权以及"战狼"两个字作为片名使用权的前提下，擅自对《战狼》进行改编，并以B公司的名义向国家广电总局申请了片名为《战狼2》的电影拍摄备案，进而投资制作电影《战狼2》的行为，侵犯A公司的改编权，并形成了不正当竞争，据此诉至法院。A公司请求：（1）判令B公司停止侵权，包括停止电影《战狼2》在院线、电视台放映并停止通过信息网络传播的行为；（2）判令禁止B公司在电影名称中使用"战狼"二字；（3）判令B公司赔偿A公司经济损失1000万元等。

一审法院在认定了与电影《战狼》有关的事实、与电影《战狼2》有关的事实、A公司关于其享有电影《战狼》著作权及有一定影响的名称相关权益的主张等事实后，归纳出案件的三个争议焦点，其中涉及著作权归属且双方存在较大争议的是A公司是否是《战狼》的著作权人。一审法院认为，类电作品的著作权由制片者享有。如无相反证明，在作品上署名的公民、法人或者其他组织为作者。《战狼》出品人署名有B公司、D艺术中心、A公司等。依据上述法律规定，只有在无相反证明的情况下，A公司才可依据电影作品的署名确定为著作权人。当事人就电影作品著作权归属和利益分配有合同约定的，首先应依约定来确定作品的著作权人。在电影作品上的署名与当事人合同约定不符的情况下，则后者构成对署名的相反证明。本案中，《联合投资合同书》《投资合作协议》《补充合同书》等协议已经构成确定《战狼》著作权归属的相反证据。依据上述协议内容，A公司不是《战狼》的著作权人，对其关于B公司侵犯其改编权的诉讼请求不予支持。

A公司不服一审判决提起上诉。A公司提出的事实和理由如下：一审判决关于A公司并非电影《战狼》著作权人的认定错误，A公司应当是电影《战狼》的共同著作权人。（1）基于对电影《战狼》的实际投资制作，A公司系该电影事实上的制片者，原始取得其著作权；（2）基于电影片尾的"出品公司"署名，A公司系电影《战狼》本身所对外公示的制片者……（3）本案不存在足以推翻"出品公司"署名所产生的法定著作权归属认定结论的相反证据……

B公司辩称，一审判决认定事实清楚，适用法律正确，不同意A公司的上诉请求。首先，A公司不享有电影《战狼》的著作权。A公司仅为其中一方投资人的财务投资合作方，并未实际参与电影制作。另外，电影《战狼》的发起三方在发起、制作、结算过程中签订的系列协议已明确约定著作权归属于B公司、D艺术中心等，作为A公司权益基础的《投资合作协议》亦未约定其享有电影版权，而前述著作权人共同发布的《联合声明》及C公司出具的《声明》均可进一步证实A公司并非电影《战狼》的著作权人……

二审法院在著作权归属问题上认定本案的争议焦点是A公司是否享有电影《战狼》的改编权，并认为：第一，《联合投资合同书》已约定了电影《战狼》的著作权归属，并限制该合同外其他主体享有相应著作权。第二，A公司知悉《联合投资合同书》的著作权归属约定且认可其仅享有署名权。第三，电影《战狼》关于“出品公司”的署名未变更原有著作权权属约定。综上，A公司不享有电影《战狼》的改编权，其起诉要求B公司就被诉侵害作品改编权行为承担侵权责任，缺乏权利基础，一审法院对该部分诉讼请求不予支持，处理正确。

## 【主要法律问题】

（1）如何认定电影作品的著作权原始归属？

（2）合同约定对电影作品著作权归属的影响。

## 【主要法律依据】

### 《著作权法》（2020年修正）[1]

第3条　本法所称的作品，是指文学、艺术和科学领域内具有独创性并能以一定形式表现的智力成果，包括：……（6）视听作品；（7）工程设计图、产品设计图、地图、示意图等图形作品和模型作品；（8）计算机软件；（9）符合作品特征的其他智力成果。

第11条　著作权属于作者，本法另有规定的除外。创作作品的自然人是作者。

由法人或者非法人组织主持，代表法人或者非法人组织意志创作，并由法人或者非法人组织承担责任的作品，法人或者非法人组织视为作者。

第17条　视听作品中的电影作品、电视剧作品的著作权由制作者享有，但编剧、导演、摄影、作词、作曲等作者享有署名权，并有权按照与制作者签订的合同获得报酬。

前款规定以外的视听作品的著作权归属由当事人约定；没有约定或者约定不明确的，由制作者享有，但作者享有署名权和获得报酬的权利。

视听作品中的剧本、音乐等可以单独使用的作品的作者有权单独行使其著作权。

## 【理论分析】

### 一、若无合同约定，A公司是否以制片者的身份原始享有电影《战狼》的著作权

电影作品不同于传统的文字作品、音乐作品、摄影作品等，其著作权的归属与行使具有一定特殊性。从创作主体的数量看，一部电影的拍摄完成需要编剧、导演、摄影、作词、作曲等多数主体共同投入创造性劳动，如若按照传统类型作品的著作权归

---

[1] 本案审理时适用《著作权法》（2010年修正）。

属规则，即创作作品的自然人是作者，两人以上合作创作作品的著作权由合作作者共同享有，电影作品的著作权就应该由全体合作作者共同享有。但这不免会给电影作品的传播利用带来极大不便，极易引发电影作品著作权权属的纷争，为此，多数国家的著作权法均将电影作品的著作权直接赋予制片者，即使未直接赋予制片者，也推定共同参与创作的各合作作者已许可制片者排他性地行使电影作品的著作财产权。[1] 这种著作权权属安排，既有利于电影作品的传播利用，又充分保护了投资者的利益。我国《著作权法》（2020 年修正）也明确规定，电影作品、电视剧作品的著作权由制作者享有，此处的“制作者”即是实践中的“制片者”或“制片方”。电影制作者之外，编剧、导演、摄影、作词、作曲等作者享有署名权，并有权按照与制作者签订的合同获得报酬，且电影作品涉及可以单独使用的剧本、音乐等作品的作者有权单独行使其著作权。

本案中，A 公司认为其参与了《战狼》的制作、发行和宣传等，是《战狼》的创作者，因而应当是《战狼》的著作权人。B 公司则认为，A 公司仅依据《投资合作协议》间接参与了电影《战狼》的投资，未参与电影创作和制片工作，因而不应是《战狼》的著作权人。A 公司和 B 公司的主张均未认识到我国电影作品著作权归属的核心规则，是否参与了电影“创作”并不是获得电影作品著作权的决定因素，即使未实际参与“创作”，相关主体也可以作为电影制作者享有电影作品的著作权。因此，判断 A 公司是否原始享有电影《战狼》的著作权，还是要考量 A 公司是否属于电影《战狼》的制片者。本案中，A 公司对《战狼》的投资行为是在履行其与 C 公司之间签订的《投资合作协议》，虽然《战狼》出品人署名为 B 公司、D 艺术中心、A 公司等，但这并不能说明 A 公司即是电影《战狼》的制片者，A 公司也无法以电影制片者的身份原始享有《战狼》的著作权。

### 二、合同约定如何影响电影《战狼》的著作权归属

通常情况下，在电影作品中署名“制片者”的主体就是电影作品的著作权人，但“制片者”（2020 年修法后改为“制作者”）的概念在著作权法中被使用，其具体内涵并不清晰。实践中，电影作品的署名情况是相对混乱的，存在出品方、摄制单位、出品人、联合出品人、制片人等多种署名方式，导致司法实践难以依据电影的署名判断电影作品的著作权人。为此，电影作品的投资、制作主体往往在作品创作完成前或者电影制作尚未开始时就签订协议，对电影作品著作权的全部或部分归属进行约定，以避免未来的著作权权属之争。著作权是私权，在符合法律规定的情况下，当事人可以就著作权的归属以及利益分配进行约定，当电影作品上的署名与当事人合同约定不符时，后者构成对署名的相反证明，也即应按照合同约定确定著作权的归属与利益分配。

在本案中，2012 年 8 月，B 公司、C 公司及 D 艺术中心签订的《联合投资合同书》中明确约定，三方共有涉案电影相关版权、署名权和收益权，据此，电影《战狼》的

---

[1] 王迁．知识产权法教程（第五版）［M］．北京：中国人民大学出版社，2016：188-189.

著作权由上述三方共同享有。此外，《联合投资合同书》中关于投资与制作约定“三方均有权向三方认可之外方拆分己方的投资份额，而该外方只能在三方同意下才能获得该片的相关署名权、损益权”，因此，B公司、C公司及D艺术中心在对外拆分己方的投资份额时，仅能够对电影的署名权、损益权作出处分。A公司与C公司签订《投资合作协议》也仅仅是获得了《战狼》的署名权与版权收益。尤其是，在C公司与A公司签订《投资合作协议》时，已经将《联合投资合同书》作为《投资合作协议》的附件附后，A公司在签订《投资合作协议》时应当对C公司与其他发起人的权利分配明确知晓，对《投资合作协议》中未约定其享有《战狼》著作权的事实明确知晓。A公司并未通过合同约定的方式获得电影《战狼》的著作权。

同时，需要注意的是，电影作品与电影作品、电视剧作品以外的视听作品相比，合同约定对著作权归属的影响存在区别。新《著作权法》不仅在第3条将“电影作品和以类似摄制电影的方法创作的作品”修改为“视听作品”，还在第17条将《著作权法》（2010年修正）第15条有关“电影作品和以类似摄制电影的方法创作的作品”著作权归属的内容，修改为区分“电影作品、电视剧作品”和“其他视听作品”，并分别规定了著作权归属。《著作权法》（2020年修正）第17条规定，电影作品、电视剧作品以外的视听作品的著作权归属由当事人约定；没有约定或者约定不明确的，由制作者享有，但作者享有署名权和获得报酬的权利。据此，电影作品、电视剧作品以外的视听作品的著作权归属是以当事人的约定优先的，这种权利归属规则区别于电影作品和电视剧作品。虽然电影作品和电视剧作品的当事人可以就作品的著作权作出约定，且只要相关约定不违反法律强制性规定，即是具有合同效力的，能够约束相关当事人，但这种合同的效力并不能对抗第三人，不应被认为改变了电影作品和电视剧作品的法定归属。[1] 而当事人就电影作品、电视剧作品以外的视听作品的著作权作出的约定将直接决定著作权的归属。基于此，电影作品、电视剧作品以外的视听作品的创作者与制作者可以就该作品约定著作权归属于制作者享有，或者约定由一位、几位或者全体创作者享有等。但需要注意的是，如果该内部约定缺乏公示，相关视听作品的利用者在寻求著作权许可时，将可能因无从知晓真正的著作权人而面临较大的法律风险。

**【思考题】**

（1）电影作品、电视剧作品以外的视听作品的著作权归属规则是什么？

（2）电影作品的著作权归属规则与普通合作作品的区别是什么？

---

[1] 王迁．论视听作品的范围及权利归属［J］．中外法学，2021，33（3）：664-683.

## 案例二 B 公司与 A 公司、A 公司无锡分公司等著作权权属、侵权纠纷案[1]

**【基本案情】**

自 2015 年 6 月 5 日以来，A 公司、A 公司无锡分公司在《现代快报》上刊登了《叶落归根，九旬老太恢复中国国籍》《为能多见见孙子失去独子的老两口起诉儿媳要探望权》《打工妹天台产女后离去还在孩子嘴里塞纸巾》等 6 篇文章。在未获得 A 公司、A 公司无锡分公司授权的情况下，B 公司旗下今日头条就设链转载了涉案文章，A 公司、A 公司无锡分公司遂以侵犯著作权为由将 B 公司诉至法院。

一审法院将本案争议焦点归纳为：(1) 涉案 6 篇文章是否构成著作权法意义上的作品；(2) A 公司、A 公司无锡分公司是否为本案适格原告；(3) 今日头条客户端提供涉案 6 篇文章是否构成侵权。其中与本节主题相关的争议焦点是 A 公司、A 公司无锡分公司是否为本案适格原告。对于此问题，B 公司认为现有证据不能证明 A 公司、A 公司无锡分公司对涉案文章享有著作权。一审法院认为，A 公司、A 公司无锡分公司系本案适格原告，理由在于，A 公司、A 公司无锡分公司是与本案有直接利害关系的公民、法人和其他组织。本案中，涉案作品均有署名，在无相反证据的情况下，应认定在作品上署名的人为作者。涉案 6 篇文章作者薛某、朱某润、陈某江签订的《职务作品创作合同》中明确其作为 A 公司聘用的记者，所创作的作品系完成工作任务的职务作品，著作权属于 A 公司、A 公司无锡分公司，故 A 公司、A 公司无锡分公司据此享有涉案文章的著作权，与本案有直接利害关系，具有原告主体资格。最终，一审法院在认定了涉案 6 篇文章构成《著作权法》意义上的作品，A 公司、A 公司无锡分公司是本案适格原告，今日头条客户端提供涉案 6 篇文章构成部分侵权的基础上，判决：(1) B 公司于判决生效之日起 10 日内赔偿 A 公司、A 公司无锡分公司经济损失 10 万元；(2) B 公司于判决生效之日起 10 日内赔偿 A 公司、A 公司无锡分公司合理费用 10100 元；(3) 驳回 A 公司、A 公司无锡分公司的其他诉讼请求。

B 公司不服一审判决，提出上诉。依据 B 公司的上诉请求，B 公司认为 A 公司、A 公司无锡分公司对《出租屋爆燃一家三口烧成重伤》一文不享有著作权，针对该文章无权提起诉讼，该文章的合作作者之一朱某润虽通过《职务作品创作合同》明确该文章为职务作品，著作权属于 A 公司、A 公司无锡分公司，但其实际是在行使“转让”的权利，在不能证明朱某润与另一作者唐某就该文章转让协商一致，唐某既未在《职务作品创作合同》上签字也未接受法庭询问的情况下，朱某润的转让行为无效。二审

---

[1] 参见江苏省无锡市中级人民法院（2015）锡知民初字第 00219 号民事判决书、江苏省高级人民法院（2018）苏民终 588 号民事判决书。

法院在此问题上认为，《现代快报》刊登《出租屋爆燃一家三口烧成重伤》，署名“现代快报记者唐某、朱某润”。A 公司、A 公司无锡分公司与朱某润签订《职务作品创作合同》中载明朱某润为《现代快报》公司聘用的记者，受 A 公司指派，接受 A 公司无锡分公司的领导与指示，在江苏省无锡地区负责新闻采编等工作，其创作的新闻作品是为完成 A 公司、A 公司无锡分公司的工作任务，双方确认在朱某润任职期间为完成《现代快报》公司的工作任务，创作出与 A 公司、A 公司无锡分公司工作性质相关的，且代表 A 公司、A 公司无锡分公司意志的新闻作品（包括但不限于新闻报道、新闻评论、新闻纪实等）属于职务作品，其著作权归 A 公司、A 公司无锡分公司共同享有。二审期间，A 公司、A 公司无锡分公司提交的相关证据证明 2015 年 8 月刊载在《现代快报》的《出租屋爆燃一家三口烧成重伤》一文系唐某在 A 公司工作期间和朱某润共同采编撰写，唐某确认该文著作权属于 A 公司，对 A 公司以该文起诉 B 公司著作权侵权，其没有异议。综上，《出租屋爆燃一家三口烧成重伤》系唐某、朱某润在 A 公司工作期间的职务作品，且根据约定，著作权由 A 公司、A 公司无锡分公司享有，故 A 公司、A 公司无锡分公司可单独提起诉讼。最终，二审法院判决，B 公司的上诉请求不能成立，应予驳回；一审判决认定事实清楚，适用法律正确，应予维持。

## 【主要法律问题】

（1）涉案作品是否属于职务新闻作品？

（2）A 公司、A 公司无锡分公司是否享有涉案作品的著作权？

## 【主要法律依据】

### 一、《著作权法》（2020 年修正）[1]

第 18 条　自然人为完成法人或者非法人组织工作任务所创作的作品是职务作品，除本条第 2 款的规定以外，著作权由作者享有，但法人或者非法人组织有权在其业务范围内优先使用。作品完成两年内，未经单位同意，作者不得许可第三人以与单位使用的相同方式使用该作品。

有下列情形之一的职务作品，作者享有署名权，著作权的其他权利由法人或者非法人组织享有，法人或者非法人组织可以给予作者奖励：（1）主要是利用法人或者非法人组织的物质技术条件创作，并由法人或者非法人组织承担责任的工程设计图、产品设计图、地图、示意图、计算机软件等职务作品；（2）报社、期刊社、通讯社、广播电台、电视台的工作人员创作的职务作品；（3）法律、行政法规规定或者合同约定著作权由法人或者非法人组织享有的职务作品。

[1] 本案审理时适用《著作权法》（2010 年修正）。

## 二、《著作权法实施条例》

第11条 《著作权法》[1] 第16条第1款关于职务作品的规定中的“工作任务”，是指公民在该法人或者该组织中应当履行的职责。

《著作权法》第16条第2款关于职务作品的规定中的“物质技术条件”，是指该法人或者该组织为公民完成创作专门提供的资金、设备或者资料。

## 【理论分析】

### 一、涉案作品是否属于职务新闻作品

职务作品是指为完成单位工作任务所创作的作品，其构成包含两个要件：一是创作作品的自然人应属于单位的工作人员，或其与单位存在实际意义的劳动雇用关系；二是自然人创作作品旨在完成单位的工作任务，即履行应当履行的职责。如符合上述两个要件，相关作品即可归属于职务作品。在一般职务作品的基础上，我国《著作权法》（2010年修正）还规定了特殊职务作品。特殊职务作品，指主要是利用法人或者其他组织的物质技术条件创作，并由法人或者其他组织承担责任的工程设计图、产品设计图、地图、计算机软件等职务作品。在新闻实践中，特殊职务作品应是记者依赖媒体单位专门提供的资金、拍摄设备或资料创作完成的，由媒体单位承担法律责任的作品。2020年我国修改《著作权法》之前，具体案件中，职务新闻作品在一般职务作品与特殊职务作品的划分上存在诸多争议，《著作权法》（2020年修正）明确将“报社、期刊社、通讯社、广播电台、电视台的工作人员创作的职务作品”归属于特殊职务作品，有效化解了职务新闻作品类型上的不确定性。

本案共涉及薛某、朱某润、陈某江、唐某4位作者和6篇文章。依据法院所认定的事实，A公司、A公司无锡分公司与记者薛某、朱某润、陈某江签订《职务作品创作合同》，合同载明前述记者为A公司聘用的记者，受A公司指派，接受A公司无锡分公司的领导与指示，在江苏省无锡地区负责新闻采编等工作，前述记者创作的涉案新闻作品是为完成A公司、A公司无锡分公司的工作任务。唐某系A公司的在职记者，《出租屋爆燃一家三口烧成重伤》一文系唐某在A公司工作期间和朱某润共同采编撰写。因此，依据前面所述职务作品的两个构成要件，本案中的6篇涉案作品均应属于职务新闻作品。确定涉案新闻作品的作品类型，对下一步著作权归属与行使的判断具有重要意义。

### 二、A公司、A公司无锡分公司是否享有涉案作品的著作权

判断A公司、A公司无锡分公司是否享有涉案作品的著作权，首要的是明晰职务新闻作品著作权归属规则。本案发生在2020年我国修改《著作权法》之前，依照《著作权法》（2010年修正）的规定，职务新闻作品的著作权归属规则有三种情况：一是

[1] 此处指《著作权法》（2010年修正）。

一般职务新闻作品的著作权归属于作者。作者是新闻作品实在的创作者，为新闻创作投入了独创性智力劳动，著作权归属于作者，符合作品著作权归属的一般原则。对于一般职务新闻作品，单位有权在其业务范围内优先使用作品，且作品完成两年内未经单位同意，作者不得许可第三人以与单位使用的相同方式使用该作品。二是特殊职务新闻作品的著作权归属于单位，作者享有署名权，单位可以给予作者奖励。在单位提供了物质技术条件且为作品承担责任的情况下，特殊职务新闻作品著作权权属安排体现了对单位投资利益和作者利益的兼顾。三是单位与作者通过合同约定将职务新闻作品著作权归属于单位，作者保留署名权。依据《著作权法》（2010 年修正）第 16 条第 2 款，在遵守意思自治的原则下，允许当事人就职务新闻作品的著作权归属作出约定。但需要注意的是，只有相关作品本身是职务作品时，该约定才有效，如若相关作品不是职务作品，则不允许单位依据第 16 条取得相关作品的著作权。此种设计意在保护单位对作品投资的情况下，避免单位利用优势地位侵害作者的权益。

通过考察本案案情可知，本案所涉职务新闻作品著作权的归属符合上述第三类，即单位与作者通过合同约定将职务新闻作品著作权归属于单位，作者保留署名权的情形。首先，依据上文分析，涉案《叶落归根，九旬老太恢复中国国籍》《为能多见见孙子失去独子的老两口起诉儿媳要探望权》《打工妹天台产女后离去还在孩子嘴里塞纸巾》等 6 篇文章属于职务作品。其次，A 公司、A 公司无锡分公司与前述文章作者均签订了《职务作品创作合同》，合同载明前述文章作者任职期间为完成 A 公司的工作任务，创作出与 A 公司、A 公司分公司工作性质相关的，且代表 A 公司、A 公司无锡分公司意志的新闻作品（包括但不限于新闻报道、新闻评论、新闻纪实等）属于职务作品，除署名权以外的其他著作权权能在作品完成之日起归 A 公司、A 公司无锡分公司共同所有。综上，A 公司、A 公司无锡分公司享有涉案作品除署名权以外的著作权。

值得关注的是，2020 年我国《著作权法》修改，将“报社、期刊社、通讯社、广播电台、电视台的工作人员创作的职务作品”归属于特殊职务作品。这意味着，一方面，职务新闻作品构成特殊职务作品不再要求“主要是利用单位物质技术条件”；另一方面，对于报社、期刊社、通讯社、广播电台、电视台的工作人员创作的职务作品，无需就作品著作权专门作出合同约定，除署名权以外的著作权也由法人或者非法人组织即单位享有。这种安排为媒体单位在新闻作品传播过程中的利益实现提供了制度保障。

**【思考题】**

（1）区分法人作品与职务作品。

（2）探讨 2020 年《著作权法》修改职务新闻作品条款对新闻从业者的影响。

# 第四节　著作权的限制

著作权是一项法定之权，著作权制度通过赋予作者一定的专有权利，更好地激励优秀作品的创作与传播。基于利益平衡的需要，我国《著作权法》在为权利人设定权利的同时，也规定了对其权利的限制。著作权的限制系指在特定情况下，他人可以不经著作权人许可径行利用其作品而不视为侵权，我国立法规定了合理使用和法定许可两项限制。合理使用是在特定情形下利用作品无需经过作者授权也无需支付使用费，而法定许可同样是在特定情形下无需授权却需支付许可费的作品利用行为。我国《著作权法》（2020 年修正）第 24 条对合理使用行为的构成进行了明确的规定，并列举了“12+1”种特殊情形。除此之外，还规定了 4 类法定许可的情形。著作权的限制能够在保护著作权人的著作权与满足公众的文化需求之间取得平衡，在鼓励优秀作品创作与传播的同时，促进社会文化和科学的发展与繁荣。

本节主要讨论著作权限制中的两个重要问题：一是“适当引用”的认定问题；二是报刊转载法定许可能否延伸至互联网领域的问题。通过两个典型案例解读合理使用制度中“适当引用”的构成要件以及报刊转载法定许可的适用环境。

## 案例一　J 出版社与孙某著作权权属、侵权纠纷案[1]

### 【基本案情】

原告孙某创作诗歌《西部畅想》，该诗歌正文 49 行，加标题及署名共计 51 行。从 2007 年起，该作品入选上海市中小学第二期课程教材改革的语文学科八年级上册试验教材，该教材由 J 出版社出版。S 公司、被告 J 出版社出版的《九年义务教育课本语文八年级第一学期（试用本）》（2015 年 5 月第 4 版）（以下简称语文课本）一书的第五单元第十六课，即为诗歌《西部畅想》，署名孙某，并配有“选自 2002 年 2 月 20 日《解放日报》，孙某，当代诗人、记者”的注释说明。2018 年 8 月 18 日，孙某与 J 出版社就《西部畅想》签订作品版权授权书及稿酬协议，授权 J 出版社在语文课本中使用上述作品，授权年限为教材使用年限。同时确认 J 出版社于 2007 年年初曾一次性支付其永久使用费 100 元，又于 2013 年 12 月 1 日根据国家颁布的《教科书法定许可使用作品支付报酬办法》，重新核定该作品的稿酬为 9000 元。

之后，孙某发现 J 出版社、S 公司出版的《词语的理解、运用与积累（八年级第一

[1] 参见上海市徐汇区人民法院（2019）沪 0104 民初 15961 号民事判决书、上海知识产权法院（2020）沪 73 民终 154 号民事判决书、上海市高级人民法院（2020）沪民申 2415 号民事裁定书。

学期）》（以下简称被控侵权图书）一书中，在第十六单元“西部畅想”中部分使用了涉案诗歌。被控侵权图书第十六单元标题为“西部畅想”，分为“阅读”“表达”“积累”三部分，其中“阅读”中引用了《西部畅想》中的部分诗词，用以介绍《西部畅想》作者通过这首诗所表达的意境及诗中所反映的历史文化名胜景观和自然景观。“表达”中列举了诗中所提到的多处景观，建议读者可上网查询相关资料或搜集照片、文字资料等。“积累”中介绍了与西部文化契合的三首古诗词。因J出版社出版被控侵权图书时既未署名，又未支付稿酬，孙某便向人民法院提起诉讼。庭审中，孙某明确表示其只向J出版社主张侵权责任。

另查明，教育部2001年颁布的《中小学教材编写审定管理暂行办法》（以下简称《教材编写审定办法》）对中小学教材的解释是“中小学用于课堂教学的教科书及必要的教学辅助资料”。2002年6月13日，上海课改委与J出版社签订上海中小学（幼）课程教材改革二期工程教材出版协议，授予J出版社专有出版小学、初中年段的语文教材（包括课本及其必要的练习部分、教师教学参考书），但要求编写组对于教材汇编已经发表的作品片段或者短小的文字作品等指明原作者姓名、作品名称及出处，并按规定向原作者支付报酬，协议有效期至2012年6月13日。

被告J出版社认为，被控侵权图书的目的在于引导学生学习语文课本中所载的原告作品。语文课本有原告的书名，读者实际上已经知晓被控侵权图书中的《西部畅想》作者就是原告孙某。虽然J出版社未明示标出原告名字，但从实际效果上来看，已经给原告署名，因此不侵犯原告孙某的署名权。另外，被告主观上无侵权故意，客观上该行为系为了介绍评论语文课本中的《西部畅想》，属于合理使用情形，不构成对原告著作权的侵害。

一审法院经审理后认为，虽然教育部颁布《教材编写审定办法》将中小学教材的范围界定为教科书以及必要的教学辅助资料，但该办法是教育部从完善中小学教材编写审定管理的角度，对中小学教材编写的资格、条件、初审、试验以及审定等作出的具体规定，针对的对象并非录选作品的作者。而根据上海课改委颁发给孙某的证书及J出版社与孙某之间签订的版权及稿酬协议中，均能得出《西部畅想》入选的是供“上海市普通中小学学生使用”的教科书，双方对能否在教学辅助资料中使用《西部畅想》及如何支付稿费的问题上，并未进行过磋商。更何况涉案出版物并不在上海市教育局公布的教辅材料目录中。故J出版社未经孙某许可，在出版的各个版本该类书籍中使用涉案诗歌，明显超出合理使用范围，其目的主要是为编写相关试卷习题服务，具有营利性，不符合我国著作权法关于“法定许可”及“合理使用”的规定。因此J出版社未经许可，擅自在教辅材料中使用权利作品的行为侵犯了孙某享有的署名权、复制权、发行权，依法应当承担相关民事责任。

而二审法院及再审上海市高级人民法院均认为，被控侵权图书使用权利作品的行为属于合理使用。原因在于：（1）被控侵权图书系为了配合语文课本使用的课后练习精讲，其中第十六单元的内容分析评论了语文课本中《西部畅想》这首诗的意境、含义，并结合诗中的内容介绍了与之契合的古诗词及相关人文和自然景观等。故该部分内容系为了向读者介绍、评论和分析语文课本中《西部畅想》这首诗，虽引用了部分诗中的内容，但引用目的或是分析诗中部分语句所体现的意境或是介绍诗中所出现的相关自然景观和人文景观，供学生理解和掌握，这种使用方式均在适度范围内。该部分内容亦无其他不当损害被上诉人利益的内容。(2) 文章明确标有作品名称，虽无作者姓名，但文中并无《西部畅想》这首诗的全文内容，相关公众在使用该图书时必然要结合语文课本中《西部畅想》这首诗的内容才能理解和掌握。因此，上诉人对《西部畅想》的使用符合我国著作权法规定的合理使用情形，不构成对被上诉人著作权的侵害。

## 【主要法律问题】

（1）被告J出版社是否侵犯了原告孙某的署名权?

（2）被控侵权图书中使用权利作品的情形是否属于“合理使用”?

## 【主要法律依据】

### 一、《著作权法》(2020年修正)[1]

第10条　著作权包括下列人身权和财产权：……（2）署名权，即表明作者身份，在作品上署名的权利……

第24条　在下列情况下使用作品，可以不经著作权人许可，不向其支付报酬，但应当指明作者姓名或者名称、作品名称，并且不得影响该作品的正常使用，也不得不合理地损害著作权人的合法权益：……（2）为介绍、评论某一作品或者说明某一问题，在作品中适当引用他人已经发表的作品……

### 二、《著作权法实施条例》

第21条　依照《著作权法》有关规定，使用可以不经著作权人许可的已经发表的作品的，不得影响该作品的正常使用，也不得不合理地损害著作权人的合法利益。

## 【理论分析】

### 一、被告J出版社是否侵犯了原告孙某的署名权

教辅材料是指与教科书配套，供学生使用的各种学习辅导、考试辅导等出版物。我国为编写教科书时使用他人作品的行为设定了法定许可：“为实施义务教育和国家教育规划而编写出版教科书”时，可不经权利人许可而使用其作品，但应当支付报酬。这一“法定许可”仅针对教科书，而不包括配套的教辅材料。然而，由于教辅材料必须同教科书结合使用的特性，其内容不可避免地会涉及教科书中的作品，如本案中，被控侵权图书引用《西部畅想》中的部分诗词，来帮助学生更好地理解作者所表达的情感。那么该行为是否属于《著作权法》合理使用条款中“为介绍、评论某一作品或

[1] 本案审理时适用《著作权法》(2010年修正)。

说明某一问题”而“适当引用”呢？这一问题也是本案最主要的争议焦点。一审法院认为被告的行为超出了合理限度，不符合合理使用的条件，侵犯了原告的署名权等权利；二审法院和再审法院则认为被告行为属于合理使用，且未署名的行为不侵犯署名权。

在《著作权法》（2010 年修正）中“适当引用”的相关表述为“……应当指明作者姓名、作品名称，并且不得侵犯著作权人依照本法享有的其他权利”。而《著作权法》（2020 年修正）第 24 条中规定，合理使用他人作品时，应当指明作者姓名或者名称，并且不得影响该作品的正常使用，也不得不合理地损害著作权人的合法权益。由于《著作权法》（2010 年修正）有《著作权法实施条例》作补充，新旧法在适用条件方面并未发生较大变化。❶ 在司法实践中，亦有部分教辅材料因引用他人作品时未指明作者姓名或作品名称，而被法院认为是不构成合理使用的部分原因之先例。❷ 因此，J 出版社在被控侵权图书中使用权利作品时是否侵犯著作权人的署名权，是探讨其行为是否属于合理使用的焦点之一。

被控侵权图书使用权利作品时，仅指明了作品名称，而未指明作者姓名。因此，原告孙某认为该行为侵犯了自己就权利作品所享有的署名权。一审法院亦对其观点表示了支持。而被告 J 出版社则认为，被控侵权图书之所以引用权利作品，是为了引导学生学习语文课本中所载的权利作品，在实际效果上实现了署名的效果，因此其引用行为未侵犯原告的署名权。二审法院认为，基于教辅材料依附于教科书的特点，相关公众在使用被控侵权图书时，必然要结合语文课本以达到更为理想的学习效果。而语文课本中已经列明权利作品的作者，并详细介绍了作者的身份。因此，在使用被控侵权图书时，相关公众已经通过语文课本了解了原告孙某的作者身份。所以，该行为不侵犯孙某所享有的署名权。上海市高级人民法院对此问题也持相同意见，认为该行为并未违反《著作权法》的相关规定。因为被控侵权图书与语文课本有着明确对应性，读者在使用被控侵权图书时必然会知晓原告的作者身份。

## 二、被控侵权图书中使用权利作品的情形是否属于“合理使用”

根据《著作权法》（2020 年修正）第 24 条的规定，判断某一使用他人作品的行为是否属于合理使用，除指明作者姓名或者名称、作品名称之外，还需要考虑其是否属于特殊情形及是否不合理地损害了著作权人的合法权益，即使用权利作品的具体方式。另外，基于合理使用制度是对著作权人权利的一种限制，上海市高级人民法院提出还应当考虑引用行为的主要目的。

### （一）使用权利作品的具体方式

#### 1. 引用行为的适当性

《著作权法》（2020 年修正）第 24 条第 1 款第（2）项规定了“适当引用”行为属

❶ 王迁.《著作权法》修改：关键条款的解读与分析（上）[J]. 知识产权，2021（1）：20-35.

❷ 参见湖北省高级人民法院（2016）鄂民终 1125 号民事判决书。

于合理使用的特殊情形。其中“适当”强调的是引用部分的篇幅应当与介绍、评论、说明的合理需要相适应，不能超过必要的限度。[1] 在本案中，原告称被控侵权图书引用了该诗200多字，涉及40多行，几乎将诗中主要诗句或词语全部引用，集中后引用量实则达到70%以上。因此，原告认为，被告J出版社未经许可或授权实施的行为，虽不是全文引用，但系十分明显的侵权行为，而非《著作权法》（2010年修正）第22条第1款第（2）项规定的“适当引用”的合理使用行为。二审法院认为，被控侵权图书系为了配合语文课本使用的课后练习精讲，其中第十六单元的内容分析评论了语文课本中《西部畅想》这首诗的意境、含义，并结合诗中的内容介绍了与之契合的古诗词及相关人文和自然景观等。故该部分内容系为了向读者介绍、评论和分析语文课本中《西部畅想》这首诗，虽引用了部分诗中的内容，但引用目的或是分析诗中部分语句所体现的意境或是介绍诗中所出现的相关自然景观和人文景观，供学生理解和掌握，这种使用方式均在适度范围内。该部分内容亦无其他不当损害被上诉人利益的内容。上海市高级人民法院认为，我国《著作权法》所指的“适当引用”之“适当”，并不是指被控侵权作品所引用的部分占权利作品的比重大小，而是该部分占被控侵权作品的比重以及被控侵权作品引用的具体方式是否合理，即便权利作品被全文引用的，亦不必然不构成著作权法所指“适当引用”的合理使用情形。易言之，判定引用适当与否的关键在于被控侵权作品是否完全或主要以引用他人作品来代替自身创作，若属此种情形，则应当认定引用方式不合理。本案中，被控侵权作品虽引用了权利作品的部分内容，但其引用时，均融入其具有独创性的介绍、解读和评论内容，且引用的部分较被控侵权作品整体而言仅占较少比重，其程度尚属合理范畴，故被控侵权作品引用权利作品的方式在适度范围内。该部分内容亦无其他不当损害被上诉人利益的内容。

2. “不影响该作品的正常使用”及“不合理地损害著作权人的合法权益”之判定

使用行为“不影响该作品的正常使用”，没有“不合理地损害著作权人的合法权益”是我国著作权法第三次修改加入之内容。针对这两个要件的判定，上海市高级人民法院以判断被控侵权图书是否会因其引用行为而对权利作品产生替代效应，从而导致读者选择被控侵权图书来替代权利作品为落脚点，来判定该引用行为是否会对权利作品的正常使用和权利人的合法权益造成负面影响。在本案中，一方面，没有证据证明替代效应的存在；另一方面，被控侵权作品的主要目的在于介绍、解读、评论权利作品，其引用的方式在合理范畴，且权利作品系语文课本收录的课文，而被控侵权图书系帮助理解该课文的教学辅导和参考材料，故从日常生活常识角度而言，被控侵权图书不仅不会产生替代效应，导致教师、学生等主要读者从权利作品转而选择被控侵权作品，相反会对读者加深课文理解有所助益。因此，被控侵权图书并未对权利作品的正常使用和著作权人的合法利益造成负面影响。

---

[1] 王迁．教辅图书引用教科书中作品构成合理使用的判断——评《西部畅想》著作权侵权纠纷案［J］．中国版权，2021（3）：18-21.

（二）引用行为的主要目的

教辅材料虽与教科书配套，但教辅材料不等同于教科书，其与教科书并不一一对应，在相关市场中，一本具体的教科书可能存在多种不同版本的教辅材料，其中对教科书内容的解读与扩充亦各不相同。原告孙某认为，被控侵权图书侵权时间长、营利目的明确，且在各大销售渠道均有售，因而其引用行为不构成合理使用。一审法院因被控侵权图书的营利性特点，而认为其引用《西部畅想》的行为不构成合理使用，应当承担相应的民事责任。

二审法院与再审法院对此均持否定意见，认为被控侵权图书是否以营利为目的或是否实际营利，并非判定被控侵权作品是否构成合理使用中“适当引用”的要件。被控侵权图书的内容与同学期语文课本相互对应，属于配合语文课本使用的教学辅导和参考材料。该图书第十六单元即被控侵权作品，亦与语文课本中权利作品《西部畅想》相对应。该被控侵权作品中包括“阅读”“表达”“积累”等部分，在“阅读”部分中引用了权利作品的部分诗词，在“表达”部分中列举了权利作品中提到的多处景观。综观该被控侵权作品之内容，可以认定其主要目的在于通过介绍、解读、评论语文课本上《西部畅想》诗歌的内容、含义、意境以及所涉及的相关自然景观、人文景观等，帮助读者更好地了解、感受、体会《西部畅想》这首诗歌。故被控侵权作品引用权利作品的主要目的系介绍、评论某一作品，而并非单纯向读者展现权利作品本身或利用权利作品之影响力提升被控侵权作品之影响力。

合理使用制度为平衡著作权人的个人利益与公众的社会利益提供了有效的途径。一方面，合理使用制度能够减少公众接触作品的成本，促进作品的广泛传播；另一方面，为确保著作权人的合法权益不受侵害，合理使用制度的适用需限制在合理范围内。[1] 其中，“适当引用”行为的认定应当从引用行为的目的、引用的方式、是否对作品的正常使用有负面影响及是否不合理地损害著作权人的合法权益等要件出发进行综合认定。对引用方式的判定，需要考虑引用行为是否与引用效果的达成具有适当性、是否超出不必要的范围，需结合引用权利作品的“量”及被引用内容在引用作品中的比重进行认定。对引用行为目的的判定，不应仅因该行为具有营利性质而否认其构成适当引用，还应当考虑该行为是否会产生对权利作品的替代效应。

**【思考题】**

（1）判断某一行为是否构成合理使用中的“适当引用”，需要考虑哪些因素？

（2）对于署名行为，应当以公众直接知晓或者间接知晓作者身份为标准吗？

---

[1] 张婷，周珂宇. 著作权合理使用制度正当性评析——以激励论和利益平衡论为视角［J］. 传播与版权，2020（6）：211-213.

## 案例二 赵某与学术期刊公司侵害作品信息网络传播权纠纷案[1]

### 【基本案情】

原告赵某是在相关学术领域具有较高知名度的教授，其于2019年在《中国社会科学评价》杂志第2期发表涉案作品《经济史学学科功能论的反思与重构》，该作品为赵某、易某合作作品，字数为17784字，在相关学术界产生了广泛的影响。

被告学术期刊公司系“中国知网”网站运营方。原告赵某发现，在“中国知网”网站，通过搜索“赵某”可以搜索到涉案作品，可以进行付费下载，费用为13元，下载后可阅读全文。“中国知网”在学术期刊网络传播领域具有较高的影响力，原告赵某认为“中国知网”的行为侵犯了其享有的信息网络传播权，向人民法院提起诉讼。在案件审理过程中，合作作者易某声明放弃该作品信息网络传播权，不参加诉讼。

原告赵某认为，被告的行为侵犯了自己享有的信息网络传播权，且被诉行为持续时间持久，赵某起诉学术期刊公司后，被诉行为仍然持续，主观恶意十分明显。赵某在国内外均享有较高知名度，其作品传播范围广、价值高。学术期刊公司在其“中国知网”平台使用涉案作品主观恶意明显，侵权情节恶劣，给赵某造成极大经济损失，应当承担相应的侵权赔偿责任。

被告学术期刊公司认为：(1) 学术期刊公司已就涉案文章的传播权取得合法授权，不构成对赵某的侵权。(2) 学术期刊公司具有期刊资质，中国学术期刊网络版属于期刊，可以适用期刊转载法定许可，这一事实已为生效判决所确认。(3) 学术期刊公司在涉案文章的收录和传播过程中已尽到合理的注意义务，并无过错，不应承担侵权损害赔偿责任。

经查明，2017年6月7日，中国社会科学院图书馆作为甲方与学术期刊公司签署《学术期刊数字出版合作协议》，载明：“一、1. 甲方期刊：参与合作的中国社会科学院及其所属单位主办的期刊，以附件一《中国社会科学院学术期刊名录》为准。……二、期刊许可使用性质、期限及范围。1. 许可使用的内容。(1) 本协议期内出版的甲方期刊，即自2018年1月1日至2018年12月31日出版的甲方期刊的每期刊物及其全部文献。(2) 本协议期之前曾经许可乙方使用的甲方期刊及其全部文献。2. 许可使用的期限：本协议许可使用的授权期限为1年，即自2018年1月1日至2018年12月31日。3. 许可使用的权利。本协议期内出版的甲方期刊，甲方授权乙方享有如下权利：(1) 汇编权；(2) 数字化复制权；(3) 数字出版物发行权；(4) 信息网络传播权；

---

[1] 参见北京互联网法院（2020）京0491民初34778号民事判决书、北京知识产权法院（2021）京73民终848号民事判决书。

(5) 翻译权；(6) 版式设计专用权；(7) 上述权利的许可使用权。对于甲方许可乙方使用的甲方期刊（包括本协议前曾许可乙方使用的甲方期刊），使用期满后乙方可以非专有的方式继续使用，使用期刊不限，乙方不再另支付费用。4. 许可使用的性质。上述权利的许可为非专有许可，不具有任何排他性。三、期刊许可使用费。附件 1：中国社会科学院学术期刊名录包含涉案期刊。”

《中国社会科学评价》杂志社在其官网发布《中国社会科学杂志社投稿须知》，载明：“……七、稿件一经采用，编辑部即向作者支付稿酬，寄送样刊，《中国社会科学评价》出刊后还会将其编入《中国学术期刊网络出版总库》、CNKI 系列数据库及国家哲学社会科学学术期刊数据平台等数据库，编入数据库的著作权使用费包含在编辑部所付稿酬之中。”

2019 年 5 月 28 日，国家新闻出版署颁发《期刊出版许可证》，期刊名称：中国学术期刊（网络版），载明：根据《出版管理条例》规定，准予该期刊出版。有效期自 2019 年 5 月 28 日至 2023 年 12 月 31 日。2017 年 4 月 12 日，国家新闻出版广电总局向学术期刊公司颁发《网络出版服务许可证》，有效期自 2017 年 1 月 1 日至 2021 年 12 月 31 日。

基于上述事实，一审法院认为：(1) 投稿须知中相关条款不能视为赵某与杂志社就信息网络传播权的许可使用达成合意，该条款不产生信息网络传播权许可使用的效力；(2) 将期刊上的作品转载于网络空间不属于法定许可的范围，学术期刊公司该抗辩不能成立。学术期刊公司在其经营的“中国知网”网站上登载了赵某涉案作品并允许网络用户下载，使公众可以在个人选定的时间和地点获得该作品，已经构成对赵某作品信息网络传播权的侵害。

对于一审法院的判决结果，原被告均就不同内容存在异议，双方向北京知识产权法院提起上诉。

二审法院支持了一审判决，驳回了原被告双方的上诉。

## 【主要法律问题】

(1) 学术期刊公司提供涉案作品网络阅览及下载服务是否构成侵权？

(2) 学术期刊公司的被诉使用行为是否构成法定许可？

## 【主要法律依据】

### 一、《著作权法》(2020 年修正)[1]

第 10 条　著作权包括下列人身权和财产权：……(12) 信息网络传播权，即以有线或者无线方式向公众提供，使公众可以在其选定的时间和地点获得作品的权利……

第 26 条　使用他人作品应当同著作权人订立许可使用合同，本法规定可以不经许

[1] 本案审理时适用《著作权法》(2010 年修正)。

可的除外。许可使用合同包括下列主要内容：（1）许可使用的权利种类；（2）许可使用的权利是专有使用权或者非专有使用权；（3）许可使用的地域范围、期间；（4）付酬标准和办法；（5）违约责任；（6）双方认为需要约定的其他内容。

第 29 条 许可使用合同和转让合同中著作权人未明确许可、转让的权利，未经著作权人同意，另一方当事人不得行使。

第 35 条 著作权人向报社、期刊社投稿的，自稿件发出之日起 15 日内未收到报社通知决定刊登的，或者自稿件发出之日起 30 日内未收到期刊社通知决定刊登的，可以将同一作品向其他报社、期刊社投稿。双方另有约定的除外。作品刊登后，除著作权人声明不得转载、摘编的外，其他报刊可以转载或者作为文摘、资料刊登，但应当按照规定向著作权人支付报酬。

### 二、《最高人民法院关于审理著作权民事纠纷案件适用法律若干问题的解释》

第 17 条 《著作权法》第 33 条第 2 款规定的转载，是指报纸、期刊登载其他报刊已发表作品的行为。转载未注明被转载作品的作者和最初登载的报刊出处的，应当承担消除影响、赔礼道歉等民事责任。

## 【理论分析】

### 一、学术期刊公司提供涉案作品网络阅览及下载服务是否构成侵权

1998 年，世界银行的《1998 年度世界发展报告》提出国家知识基础设施（National Knowledge Infrastructure，NKI）的概念。次年 6 月，中国知识基础设施（China National Knowledge Infrastructure，CNKI）工程以实现全社会知识资源传播共享与增值利用为目标，由清华大学、清华同方发起。CNKI 工程得到了政府的大力支持，全国学术界、出版界等社会各界的密切配合。经过多年努力，CNKI 工程已经发展成为集期刊、硕博论文、报纸等丰富文献资源为一体的、具有国际领先水平的网络出版平台，亦称“中国知网”。“中国知网”打通了知识生产、传播、扩散与利用各环节的信息通道，在全国各行业知识创新、学习与应用方面发挥着重要的作用。然而，作为网络出版平台，“中国知网”虽然已经取得各期刊出版社的相关授权，但在使用期刊内容时仍然存在问题。

本案中，被告学术期刊公司认为其已经通过与中国社会科学院图书馆签署《学术期刊数字出版合作协议》获得了涉案作品的传播权，因此不构成对赵某的侵权。

但一审法院认为，涉案期刊出版单位本身便未获取涉案作品的信息网络传播权，更谈不上将其许可给学术期刊公司。就涉案期刊出版单位与原告赵某之间的协议——投稿须知来看，其中关于作品将编入两个数据库的文字表述仅告知作者作品将入两库，对于两库如何使用作品未明确告知，也未明确告知两库将获得信息网络传播权的许可使用，更未向作者告知相关的许可类型、许可期限、地域范围等许可使用合同的必要内容。因此，投稿须知中的相关条款无法产生信息网络传播权许可的效力。二审法院

对此也持相同意见，我国《著作权法》对著作权许可使用合同的内容进行了规定，而投稿须知的相关表述缺乏使许可使用合同成立并生效的必要内容，因此被告学术期刊公司的"《中国社会科学评价》杂志社依据投稿须知取得赵某的授权"这一观点缺乏依据。而学术期刊公司通过"中国知网"网站向不特定公众提供涉案作品的下载阅读服务，使公众可以在其选定的时间和地点获得涉案作品，侵害了赵某对涉案作品的信息网络传播权，应当承担侵权赔偿责任。

## 二、学术期刊公司的被诉使用行为是否构成法定许可

学术期刊公司对涉案作品的使用行为是否构成法定许可亦是本案的争议焦点之一。我国《著作权法》（2020年修正）第35条规定，除著作权人声明不得转载、摘编的外，其他报刊可以转载已经刊登的作品或者将其作为文摘、资料刊登，但应当按照规定向著作权人支付报酬。同时，《最高人民法院关于审理著作权民事纠纷案件适用法律若干问题的解释》第17条亦对"转载"一词作出了解释。基于"中国知网"网络出版平台的特殊身份，该法定许可是否涵盖网络空间这一问题存在争议。

被告学术期刊公司通过《期刊出版许可证》《网络出版服务许可证》《新闻出版总署〈关于同意中国学术期刊（光盘版）电子杂志社设立互联网出版机构的批复〉》以及过往司法判决[1]来证明"中国知网"为期刊，并认为《著作权法》为报刊转载设立的法定许可可以涉及网络空间。因此，其对涉案作品的使用行为属于法定许可。

而一审法院与二审法院对此均持相反意见。一审法院和二审法院均认为，学术期刊公司在其经营的"中国知网"网站上登载涉案作品并允许网络用户下载的行为，不属于《著作权法》及《最高人民法院关于审理著作权民事纠纷案件适用法律若干问题的解释》中规定的报刊之间的转载或摘编行为，不构成报刊转载法定许可。

实际上，曾在一段时间内，我国对于报刊转载法定许可是否涵盖互联网领域这一问题是持肯定态度的。[2] 最高人民法院2000年公布并实施的《最高人民法院关于审理涉及计算机网络著作权纠纷案件适用法律若干问题的解释》第3条明确规定了报刊转载适用于网络空间，但同时也为网络转载设置了限制："网站转载、摘编作品超过有关报刊转载作品范围的，应当认定为侵权。"但是在2006年，最高人民法院对这一问题的态度发生转变，对该解释进行修改，删去了这一条款。2015年4月17日，国家版权局发布《关于规范网络转载版权秩序的通知》中特别强调，《著作权法》中报刊转载法定许可不适用于报刊单位与互联网媒体、互联网媒体之间相互转载已发表的作品。国家版权局等四部门联合开展的"剑网"专项行动也多次将规范网络转载作为工作重点，意在防止进行网络转载的传播者以法定许可为借口，行免费利用之实，损害著作权人的合法权益。[3] 除此之外，否定报刊转载法定许可适用于网络空间的另一点原因在

---

[1] 参见（2006）沪高民三（知）终字第53号民事判决书。

[2] 郑晓红. 正确适用报刊转载法定许可，助力媒体融合发展［J］. 出版广角，2019（6）：30-32.

[3] 熊琦. 著作权法定许可制度溯源与移植反思［J］. 法学，2015（5）：72-81.

于，在传统报刊转载中，转载行为无法避免时间上的延迟，然而在互联网领域中，这种时间差在网络转载中不复存在。如果将报刊转载法定许可适用于网络转载，则会大大削弱原创媒体的“先发优势”，从而影响优秀作品的持续产出。[1]

在网络技术高速发展的时代背景下，传统报刊内容的数字化已成为一种趋势。相较于传统报刊，数字转载在一定程度上具有更广泛的传播范围和更大的影响力。著作权法定许可作为一种权利限制制度，赋予使用者可以绕过著作权人授权这一步骤而直接使用其作品的便利，应当受到严格的限制。一方面，在传统报刊出版单位与著作权人之间，简简单单的两句“入库告知”无法使传统报刊出版单位获得投稿作品的信息网络传播权，传统报刊出版单位后续的许可使用行为亦不具备权利基础。另一方面，在互联网领域中，即使使用者的定位为“期刊”，其将已刊登于传统期刊的作品发布于网络并向公众提供下载服务的行为，也不应适用《著作权法》中规定的报刊转载法定许可。

**【思考题】**

（1）网络出版平台是否可以通过其与期刊出版单位的许可使用合同获得刊登作品的信息网络传播权？

（2）报刊转载法定许可是否可以延伸至互联网领域？

## 第五节　著作权的权利救济

无救济则无权利，著作权的权利救济对保障著作权具有重要意义。在著作权侵权救济领域，我国规定了针对著作权的民事救济、行政救济和刑事救济。一般情况下，侵犯著作权以及与著作权有关的权利的行为，会依具体情况产生停止侵害、消除影响、赔礼道歉、赔偿损失等民事责任；如果侵权行为同时损害了公共利益，则侵权人在承担了民事责任外还要承担没收违法所得，没收、无害化销毁处理侵权复制品以及主要用于制作侵权复制品的材料、工具、设备，罚款等行政责任。对于以营利为目的实施的部分著作权侵权行为，若违法所得数额较大或有其他严重情节的，还可能导致有期徒刑、拘役、罚金等刑事责任。著作权权利救济的水平决定了著作权的保护力度。从我国著作权法的发展来看，我国著作权权利救济制度不断完善，著作权保护水平不断提高。2020 年修正的《著作权法》就在侵权救济方面，增加了惩罚性赔偿制度以惩罚涉案侵权人和震慑潜在侵权者，此外，还将法定赔偿上限提高到 500 万元，明确法定赔偿数额下限为 500 元，为著作权侵权案件适用酌定赔偿、法定赔偿提供了新动力。新时期，在我国颁布《知识产权强国建设纲要（2021—2035 年）》提出全面提升知识

[1] 郑艳馨，孙昊亮．全媒体时代“报刊转载”法定许可制度的完善［J］．青年记者，2015（31）：74-75.

产权创造、运用、保护、管理和服务水平的背景下，我国著作权权利救济制度还将进一步优化。本节主要讨论著作权权利救济中的惩罚性赔偿和著作权侵权刑事责任问题。

## 案例一　A公司与B公司、C公司等侵害“小黄人”著作权纠纷案❶

**【基本案情】**

2017年8月17日，原告A公司从环球公司处获得在中国非独占使用《神偷奶爸》《神偷奶爸2》《小黄人大眼萌》《神偷奶爸3》系列作品（包括海报、名称、标志、角色、角色形象及设计元素等作品及其衍生作品）的权利。A公司有权对任何侵犯环球公司系列电影著作权的行为，采取任何必要的措施进行制止，包括但不限于调查、收集证据、公证保全证据、以自己的名义单独提起诉讼、请求赔偿并直接获得相关赔偿款项。因被告B公司、C公司、D公司等大量生产、销售外观印有“小黄人”卡通形象的乳制品，E公司在线上及线下大量销售上述印有“小黄人”卡通形象的乳制品，A公司诉至人民法院。A公司请求判令：（1）被告立即停止对“小黄人”美术作品著作权的侵害，即B公司、C公司、D公司等立即停止生产和销售“小黄人”卡通形象的乳制品，E公司立即停止销售“小黄人”卡通形象的乳制品；（2）B公司、C公司、D公司等赔偿经济损失和为制止侵权支出的调查费、公证取证费、差旅费、律师费等合理费用500万元。

一审法院认为：（1）A公司具有提起本案诉讼的资格；（2）被诉侵权产品侵犯了涉案美术作品的复制权与发行权……（3）A公司、B公司、C公司等应承担的具体责任方式为按照权利人的实际损失或侵权人的违法所得确定，同时由于本案侵权人情节严重、侵权规模极大，属于恶意侵权，本案裁判应体现最严格保护知识产权理念，依法确定两倍的惩罚性赔偿，无论按照侵权人的违法所得还是A公司遭受的许可费损失两倍确定本案的赔偿金额，均远超过本案A公司所主张的500万元赔偿额，因而，支持A公司要求B公司、C公司、D公司等赔偿经济损失及合理费用共计500万元的诉请。确定E公司赔偿经济损失及合理费用10万元。在陈述适用惩罚性赔偿的具体理由时，一审法院指出：首先，被诉侵权产品的生产、销售规模极大，且线上线下经销商覆盖范围极广。其次，B公司侵权恶意明显，属于恶意侵权。其在宣传推广及招商代理广告中明显利用涉案美术作品的艺术价值及知名度，具有使用涉案美术作品“小黄人”卡通形象的侵权故意。而且，B公司法定代表人在明知小黄人系列电影及“小黄人”卡通形象知名度的情况下，将相似的被诉侵权形象登记为美术作品，供B公司用

❶ 参见苏州市中级人民法院（2019）苏05知初351号民事判决书、江苏省高级人民法院（2020）苏知终60号民事判决书。

于推广销售被诉侵权产品，具有明显侵权恶意。甚至在一审法院作出行为保全禁令裁定后，至2020年6月3日本案开庭时仍在生产、销售被诉侵权产品。

A公司、B公司、C公司等不服一审判决提起上诉。二审法院在一审判决B公司、C公司、D公司、E公司等承担的民事责任是否适当的问题上，指出一审判决确定B公司、C公司、D公司、E公司等承担的赔偿数额并无不当。首先，B公司违法所得数额超过一审判赔的500万元；其次，通过综合考量涉案作品的合理使用费、涉案作品的类型、B公司的侵权恶意明显和侵权情节严重、A公司为制止侵权支出较多合理费用等因素，一审判决赔偿A公司经济损失及合理费用500万元适当。同时二审法院指出，一审判决适用惩罚性赔偿不当，应当予以纠正。最终，二审法院认定一审判决认定事实清楚，判决结果正确，应予维持。

**【主要法律问题】**

（1）若本案援引《著作权法》（2020年修正），能否适用惩罚性赔偿？

（2）若本案可以适用惩罚性赔偿，如何计算赔偿数额？

**【主要法律依据】**

**一、《著作权法》（2020年修正）**[1]

第54条　侵犯著作权或者与著作权有关的权利的，侵权人应当按照权利人因此受到的实际损失或者侵权人的违法所得给予赔偿；权利人的实际损失或者侵权人的违法所得难以计算的，可以参照该权利使用费给予赔偿。对故意侵犯著作权或者与著作权有关的权利，情节严重的，可以在按照上述方法确定数额的1倍以上5倍以下给予赔偿。

权利人的实际损失、侵权人的违法所得、权利使用费难以计算的，由人民法院根据侵权行为的情节，判决给予500元以上500万元以下的赔偿。

**二、《最高人民法院关于审理侵害知识产权民事案件适用惩罚性赔偿的解释》**

第1条　原告主张被告故意侵害其依法享有的知识产权且情节严重，请求判令被告承担惩罚性赔偿责任的，人民法院应当依法审查处理。

本解释所称故意，包括《商标法》第63条第1款和《反不正当竞争法》第17条第3款规定的恶意。

第2条　原告请求惩罚性赔偿的，应当在起诉时明确赔偿数额、计算方式以及所依据的事实和理由。

原告在一审法庭辩论终结前增加惩罚性赔偿请求的，人民法院应当准许；在二审中增加惩罚性赔偿请求的，人民法院可以根据当事人自愿的原则进行调解，调解不成的，告知当事人另行起诉。

[1] 本案审理时适用《著作权法》（2010年修正）。

第 3 条　对于侵害知识产权的故意的认定，人民法院应当综合考虑被侵害知识产权客体类型、权利状态和相关产品知名度、被告与原告或者利害关系人之间的关系等因素。

对于下列情形，人民法院可以初步认定被告具有侵害知识产权的故意：

（1）被告经原告或者利害关系人通知、警告后，仍继续实施侵权行为的；

（2）被告或其法定代表人、管理人是原告或者利害关系人的法定代表人、管理人、实际控制人的……

**【理论分析】**

**一、若本案援引《著作权法》（2020 年修正），能否适用惩罚性赔偿**

虽然在具体案件中适用著作权惩罚性赔偿能够通过在经济上增加严重侵犯著作权的侵权人的支出，起到惩罚涉案侵权人和威慑潜在侵权人的作用，但仍要把握适当尺度，防止著作权惩罚性赔偿的滥用。依据我国著作权相关法律规定，适用惩罚性赔偿需要满足一定法律要件，既包括程序要件，也包括主观要件、客观要件等。

第一，有关程序要件，《最高人民法院关于审理侵害知识产权民事案件适用惩罚性赔偿的解释》第 1 条明确规定，原告主张被告故意侵害其依法享有的知识产权且情节严重，请求判令被告承担惩罚性赔偿责任的，人民法院应当依法审查处理。因此，从惩罚性赔偿的启动主体来看，惩罚性赔偿应是依相关权利人申请适用的，而不是由法院依职权适用的。此外，惩罚性赔偿的适用对权利人提出请求的时间也有要求，权利人请求惩罚性赔偿的，应当在起诉时就提出，并明确赔偿数额、计算方式以及所依据的事实和理由，最迟可在一审法庭辩论终结前提出。如若在二审中才增加惩罚性赔偿的请求，人民法院可以根据当事人自愿的原则进行调解，调解不成的，告知当事人另行起诉。第二，有关主观要件，依据我国《著作权法》，行为人应当存在侵犯著作权的“故意”。例如，被告经原告或者利害关系人通知、警告后仍继续实施侵权行为的；使用他人知名度较高的作品等。第三，有关客观要件，适用惩罚性赔偿的行为应是“情节严重”的侵权行为。在认定“情节严重”时，主要针对行为人的手段方式及其造成的后果等客观方面，一般不涉及行为人的主观状态。

本案中，在小黄人系列电影及“小黄人”卡通形象具有较高知名度的情况下，B 公司仍将相似的被诉侵权形象登记为美术作品，利用涉案美术作品的艺术价值及知名度，且在一审法院作出行为保全禁令裁定后，至本案开庭时仍在生产、销售被诉侵权产品，足以证明 B 公司具有侵权故意，满足适用惩罚性赔偿的主观要件。同时，B 公司侵权产品的生产、销售规模极大，且线上线下经销商覆盖范围极广，符合适用惩罚性赔偿“情节严重”的客观要件。但是，本案 A 公司在提起诉讼时，并未请求适用惩罚性赔偿，不符合惩罚性赔偿依权利人申请适用的程序要件，因此，即使本案援引《著作权法》（2020 年修正）裁判，也不能适用惩罚性赔偿。

## 二、如何计算惩罚性赔偿的赔偿数额

计算惩罚性赔偿的数额，首先要明确计算“基数”。我国《著作权法》（2020年修正）第54条规定，“可以在按照上述方法确定数额的1倍以上5倍以下给予赔偿”，此处“上述方法确定数额”即是惩罚性赔偿的计算“基数”。权利人受到的实际损失、侵权人的违法所得以及权利使用费均可以作为惩罚性赔偿的计算“基数”。但需要注意的是，这三种“基数”的适用是有一定顺序的，只有在权利人的实际损失或侵权人的违法所得难以计算的时候，才参照权利使用费确定赔偿计算基数。本案中，一审法院通过综合分析涉案证据，推算出B公司“旺仔钙铁锌益小瓶”产品16个月的销售额为8000万元。同时，根据A公司到B公司场所公证取证所得的“旺仔钙铁锌益小瓶”产品价格表等材料反映，“旺仔钙铁锌益小瓶”产品供货价格与出厂价格相比，产品利润率均超过20%，可计算得出该公司仅“旺仔钙铁锌益小瓶”产品的利润可达1600万元，该数额计算亦尚未包括本案涉及的“贵益多”“眼镜人”等其他被诉侵权产品。二审法院也认定B公司因侵权所获得的违法所得数额多于1600万元。B公司的侵权违法所得数额将成为计算惩罚性赔偿数额的计算基数。

法定赔偿额不能作为惩罚性赔偿的计算“基数”。著作权法定赔偿是确定著作权侵权纠纷损害赔偿额的方式之一，是在权利人的实际损失、侵权人的违法所得、权利使用费难以计算时，由人民法院根据侵权行为的情节，判决给予500元以上500万元以下的赔偿。著作权惩罚性赔偿与法定赔偿的司法适用关系，单从《著作权法》（2020年修正）第54条的表述看，法定赔偿被规定在惩罚性赔偿之后，并不属于“按照上述方法确定数额”，因而能初步得出法院适用法定赔偿后不能再适用惩罚性赔偿。此外，著作权法定赔偿与惩罚性赔偿均具有惩罚功能。[1]《北京市高级人民法院关于侵害知识产权及不正当竞争案件确定损害赔偿的指导意见及法定赔偿的裁判标准》规定，法定赔偿数额的确定，应当遵循裁判标准一致性原则，综合考虑权利、行为、过错、后果、因果关系等因素，体现案件之间的相同点和不同点，合理确定赔偿数额。可见，在确定法定赔偿数额时，参考的因素与适用惩罚性赔偿时相似。如若在适用法定赔偿后，以法定赔偿额作为惩罚性赔偿的计算“基数”，将会造成不适当加重惩罚的后果。

其次，在明确了计算“基数”后，还要确定惩罚性赔偿的计算“倍数”。确定惩罚性赔偿计算“基数”的过程侧重于填平或弥补权利人的损失，确定惩罚性赔偿计算“倍数”的过程侧重于实现惩罚、震慑的功能。《最高人民法院关于审理侵害知识产权民事案件适用惩罚性赔偿的解释》第6条规定，人民法院依法确定惩罚性赔偿的倍数时，应当综合考虑被告主观过错程度、侵权行为情节严重程度等因素。因同一侵权行为已经被处以行政罚款或者刑事罚金且执行完毕，被告主张减免惩罚性赔偿责任的，人民法院不予支持，但在确定前款所称倍数时可以综合考虑。本案中，一审法院根据侵权人侵权情节严重程度与主观恶意程度，确定了2倍的惩罚性赔偿倍数。

---

[1] 孙那. 民法典视阈下知识产权惩罚性赔偿与法定赔偿的司法适用关系［J］. 知识产权，2021（4）：67-78.

【思考题】

（1）著作权诉讼中适用惩罚性赔偿，如何认定“故意”？

（2）如何防止著作权法领域惩罚性赔偿被滥用？

## 案例二 “人人影视字幕组”梁某某侵犯著作权罪案[1]

【基本案情】

自2018年起，被告人梁某某先后成立链世界公司、快译星公司，指使王某某（另案处理）雇用万某某、徐某、熊某、姜某某、田某、温某、文某、王某如、胡某某、阳某某（上述人员均另案处理）等人作为技术、运营人员，开发“人人影视字幕组”网站及Android、iOS、Windows、MacOSX、TV等客户端，由谢某某（另案处理）等人组织翻译人员，从境外网站下载未经授权的影视作品，翻译、制作、上传至相关服务器，通过所经营的“人人影视字幕组”网站及相关客户端向用户提供在线观看和下载服务。

经审计及鉴定，“人人影视字幕组”网站及相关客户端内共有未授权影视作品32824部，会员数量共计约683万。其间，被告人梁某某以接受“捐赠”的名义通过涉案网站及客户端收取会员费；指使谢某某以海链云等公司的名义，对外招揽广告并收取广告费用；指使丛某某（另案处理）对外销售拷贝有未授权影视作品的移动硬盘。经审计，自2018年1月至案发，通过上述各渠道，非法经营额总计1200余万元。2021年1月6日，被告人梁某某在其居住地被公安人员抓获归案，到案后如实供述了犯罪事实。

法院经审理认为，被告人梁某某以营利为目的，未经著作权人许可，复制发行他人作品，属于有其他特别严重情节，其行为已构成侵犯著作权罪，依法应予惩处。在共同犯罪中，被告人梁某某起主要作用，系主犯，应按照其所参与的或者组织、指挥的全部犯罪处罚。被告人梁某某到案后如实供述自己的罪行，系坦白，可以从轻处罚。被告人梁某某到案后自愿认罪认罚，并预缴了部分罚金，可以从宽处理。综合本案的犯罪事实、性质、情节和对社会的危害程度等，决定对梁某某从轻处罚，遂作出判决：以侵犯著作权罪判处被告人梁某某有期徒刑3年6个月，并处罚金150万元；违法所得予以追缴，扣押在案的供犯罪所用的本人财物等予以没收。

【主要法律问题】

（1）本案“人人影视字幕组”相关行为是否构成著作权侵权？

（2）本案“人人影视字幕组”相关行为是否导致刑事责任？

[1] 参见上海市第三中级人民法院（2021）沪03刑初101号刑事判决书。该案一审结案生效。

## 【主要法律依据】

### 一、《著作权法》（2020年修正）[1]

第53条 有下列侵权行为的，应当根据情况，承担本法第52条规定的民事责任……构成犯罪的，依法追究刑事责任：（1）未经著作权人许可，复制、发行、表演、放映、广播、汇编、通过信息网络向公众传播其作品的，本法另有规定的除外；（2）出版他人享有专有出版权的图书的……

### 二、《中华人民共和国刑法》（以下简称《刑法》）

第217条 以营利为目的，有下列侵犯著作权或者与著作权有关的权利的情形之一，违法所得数额较大或者有其他严重情节的，处3年以下有期徒刑，并处或者单处罚金；违法所得数额巨大或者有其他特别严重情节的，处3年以上10年以下有期徒刑，并处罚金：（1）未经著作权人许可，复制发行、通过信息网络向公众传播其文字作品、音乐、美术、视听作品、计算机软件及法律、行政法规规定的其他作品的；（2）出版他人享有专有出版权的图书的；（3）未经录音录像制作者许可，复制发行、通过信息网络向公众传播其制作的录音录像的……

### 三、《最高人民法院、最高人民检察院关于办理侵犯知识产权刑事案件具体应用法律若干问题的解释》

第11条 以刊登收费广告等方式直接或者间接收取费用的情形，属于《刑法》第217条规定的"以营利为目的"……通过信息网络向公众传播他人文字作品、音乐、电影、电视、录像作品、计算机软件及其他作品的行为，应当视为《刑法》第217条规定的"复制发行"。

### 四、《最高人民法院、最高人民检察院关于办理侵犯知识产权刑事案件具体应用法律若干问题的解释（二）》

第1条 以营利为目的，未经著作权人许可，复制发行其文字作品、音乐、电影、电视、录像作品、计算机软件及其他作品，复制品数量合计在500张（份）以上的，属于《刑法》第217条规定的"有其他严重情节"；复制品数量在2500张（份）以上的，属于《刑法》第217条规定的"有其他特别严重情节"。

## 【理论分析】

### 一、本案"人人影视字幕组"相关行为构成著作权侵权的判断

侵犯著作权犯罪属于法定犯范畴，即并非当然具有侵害社会秩序的性质，而是为了适应形势需要或为了贯彻行政措施的需要而特别规定的犯罪。在法定犯中，违反前置法是犯罪成立的前提，刑法是法定犯中的二次规范，故认定侵犯著作权犯罪，首先

[1] 本案审理时适用《著作权法》（2010年修正）。

需要以著作权法为认定标准判断是否侵犯了著作权。[1]

本案是涉及字幕组的著作权犯罪，由于公众对于字幕组的一贯观点是视字幕组为“网络时代知识布道者”“文化盗火者”等，且字幕组在发布的影视作品中往往会附加“仅供个人学习交流使用”的声明，因而公众多对字幕组的相关行为构成侵犯著作权持怀疑态度。字幕组的出现源于互联网的普及，网络技术加速了不同文化背景中社会信息的传递，不同文化要素在全球范围内流动、迁移与共享，公众获取不同文化载体的需求日益增长。然而与之相矛盾的是我国对外国影视资源的严格管制，外国影视资源的引入不仅需要一系列的行政审批，在播放时间上亦有一定限制。因而符合条件的影视作品不仅在数量上难以满足公众需求，时效上也具有一定的滞后性。即使有人通过其他渠道获得了相关资源，也因不具备外语翻译能力，难以真正地欣赏。此背景下，一群翻译爱好者聚集在一起，收集外国影视资源，并翻译成中文通过网络免费提供给有需求的公众，从最初的几人组队逐渐发展为有分工协作的组织，字幕组由此产生。我国是《保护文学和艺术作品伯尔尼公约》和《与贸易有关的知识产权协定》（以下简称《TRIPS 协定》）的成员方，依据公约，绝大多数外国影视作品均受到我国著作权法的保护，因而除特殊情况外，对这些作品的使用、传播，获得许可授权是前提，但通常情况下字幕组对热门影视资源的翻译传播并没有取得相关版权方的授权，这就存在侵犯著作权的问题。

字幕组运营视频网站进行的不是单一行为，而是一系列的分工与协作。如寻找片源、翻译对话、校对译文、添加字幕特效、时间轴制作、字幕与特效内嵌、压制视频文件、上传等，这一系列行为并非均与著作权有关，其中，最为关键的即是翻译行为与提供作品的行为。首先，翻译权是著作权人一项重要的演绎权，在经济全球化的今天，著作权人可以依其作品的翻译和后续利用在其他国家获得经济利益，因此翻译权在国际著作权保护中十分重要。《著作权法》虽赋予了作者翻译权，但在发表翻译作品或对翻译作品传播利用前，其无法阻止他人出于个人兴趣爱好对作品的翻译行为。对此，《德国著作权法》的规定更加务实：“对作品的演绎或其他改变，仅在被演绎或被改变作品的作者允许的情况下，才可以予以发表或利用。”[2] 这就意味着翻译权控制的并非单纯的翻译行为，而是对翻译后作品的后续利用行为。故而字幕组单纯的翻译行为并不侵犯翻译权，完全构成个人学习和研究的合理使用。但实践中，字幕组往往不止步于单纯的翻译行为而是将翻译后的成果向公众传播，如此，若翻译前没有获得著作权人的许可，翻译后向公众发布的行为又难以纳入合理使用，字幕组必然侵犯了著作权人的翻译权。其次，《著作权法》为作品权利人规定了信息网络传播权，以保证其“以有线或者无线方式向公众提供作品，使公众可以在其个人选定的时间和地点获得作品的权利”，字幕组未经著作权人授权，向用户提供在线观看和下载服务，属于信息网

[1] 郑承友. 信息网络传播权刑法保护反思与诠释［J］. 科技与法律（中英文），2021（5）：121-128.

[2] 德国著作权法（德国著作权与邻接权法）［M］. 范长军，译. 北京：知识产权出版社，2013：29.

络传播行为，侵犯了权利人的信息网络传播权。最后，实践中，字幕组发布的视频片头往往会附上警示性的声明，如“本视频仅供个人学习交流使用，请下载后24小时内自行删除”“任何商业组织或个人不得商业性使用本视频，出现任何法律问题与本字幕组无关”等，这些声明能否使字幕组免于承担侵权责任在社会公众中存在争议。著作权法为了鼓励创作，为著作权人设定了一系列专有权利来控制各种作品的使用行为，但赋予著作权人专有权利的同时，出于满足社会公众对知识与信息的需要，著作权法亦对著作权人的权利进行了限制。我国的著作权限制制度是合理使用与法定许可制度，因此在未获得许可的情况下，只有满足了合理使用或法定许可的条件，才不被认为侵犯相关权利人的著作权。与字幕组传播行为密切相关的是合理使用制度，《著作权法》列举了12种合理使用的情形，字幕组往往援引“个人使用”条款来为自己免责，声明中“仅供个人学习交流使用”亦是为了满足“个人使用”的合理使用条款。但无论字幕组是否作出声明，声明的内容如何，能否纳入合理使用仍要看其行为是否满足合理使用的判定标准。个人使用指“为个人学习、研究或者欣赏，使用他人已经发表的作品”。这种合理使用要求以纯粹的个人目的使用，字幕组单纯翻译外国影视的行为的确符合个人使用，但当字幕组将添加了中文字幕的视频向公众传播时，已经超出了个人使用的范畴，会对权利人的利益造成不合理的损害，此时即使作出声明亦不能改变其侵权本质。

本案中，被告人梁某某指使王某某雇用万某某、徐某、熊某、姜某某、田某、温某、文某、王某如、胡某某、阳某某等人作为技术、运营人员，开发“人人影视字幕组”网站及Android、iOS、Windows、MacOSX、TV等客户端，由谢某某等人组织翻译人员，从境外网站下载未经授权的影视作品，翻译、制作、上传至相关服务器，通过所经营的“人人影视字幕组”网站及相关客户端向用户提供在线观看和下载服务的行为，明显侵犯了涉案影视作品著作权人的复制权、翻译权和信息网络传播权。

## 二、本案“人人影视字幕组”相关行为是否导致刑事责任

著作权是一种私权，侵犯著作权一般仅会产生民事责任。但对于一些严重侵犯著作权的行为，不免会破坏市场经营秩序，进而损害公共利益，因此，我国在民事责任外还规定了针对著作权侵权的刑事责任。依据我国《刑法》第217条和第218条所规定的侵犯著作权罪和销售侵权复制品罪，我国著作权侵权刑事责任的归责条件可分为主观归责条件和客观归责条件。

主观归责条件包括“故意+以营利为目的”。“故意”二字虽未被直接规定在法律条文中，但其作为著作权侵权刑事责任归责的主观要件，在理论界和司法实践中已达成相对一致的认识。“以营利为目的”这一条件在法律条文中有明确规定，需要在司法实践中予以证明。有关“故意”与“以营利为目的”的关系，理论界存在两种观点。同一论认为，著作权类犯罪中的犯罪故意是一种包含了“营利目的”的故意，法律对“营利目的”的明确规定表明著作权类犯罪是一种目的犯，在司法认定中，必须对“营

利目的”进行证明。[1] 区别论认为，著作权类犯罪中犯罪目的与犯罪故意的关系存在多种情况，除上述同一论所述情况外，还存在犯罪目的仅起到注意的作用，对犯罪故意和犯罪行为的违法性都没有影响的情况，以及犯罪目的是犯罪故意之外的主观过错要素，其功能在于影响行为的违法性的情况。[2] 对于我国《刑法》第 217 条规定的侵犯著作权罪，无论是依照“同一论”还是“区别论”，“以营利为目的”都是具有实质意义的构成要素，是需要被证明的不可或缺的主观要件。本案中，“人人影视字幕组”相关人员存在以接受“捐赠”的名义通过涉案网站及客户端收取会员费，以公司的名义对外招揽广告并收取广告费用等行为，依据《最高人民法院、最高人民检察院关于办理侵犯知识产权刑事案件具体应用法律若干问题的解释》第 11 条的规定，以刊登收费广告等方式直接或者间接收取费用的情形，属于《刑法》第 217 条规定的“以营利为目的”，因此，本案满足“以营利为目的”的主观归责条件。

主观归责条件外，著作权侵权刑事责任的客观归责条件为：一是实施了《刑法》第 217 条规定的侵犯著作权或者与著作权有关的权利的行为；二是违法所得数额较大或巨大、有其他严重或特别严重情节。有关侵权行为的列举，2020 年 12 月 26 日通过的《刑法修正案（十一）》，不仅在原有四种侵权行为的基础上，增加了“未经表演者许可，复制发行录有其表演的录音录像制品，或者通过信息网络向公众传播其表演的”“未经著作权人或者与著作权有关的权利人许可，故意避开或者破坏权利人为其作品、录音录像制品等采取的保护著作权或者与著作权有关的权利的技术措施的”等情形，还将原来第（1）项修正为“未经著作权人许可，复制发行、通过信息网络向公众传播其文字作品、音乐、美术、视听作品、计算机软件及法律、行政法规规定的其他作品的”，修正案整体与修改后的著作权法相衔接，完善了侵犯著作权罪中的作品种类、侵权情形。本案中，“人人影视字幕组”相关人员从境外网站下载未经授权的影视作品，制作上传至相关服务器，通过所经营的“人人影视字幕组”网站及相关客户端向用户提供在线观看和下载服务的行为，属于未经著作权人许可，复制发行、通过信息网络向公众传播他人作品的行为。有关违法所得数额与情节的要求，法条规定“违法所得数额较大或者有其他严重情节的”，是构成本罪的基本入罪条件。从表述看，“违法所得数额较大”和“有其他严重情节”只要满足其一，即成立犯罪。依据《最高人民法院、最高人民检察院关于办理侵犯知识产权刑事案件具体应用法律若干问题的解释（二）》第 1 条的规定，本案涉及未授权影视作品 32824 部，非法经营额总计 1200 余万元，属于“有其他特别严重情节”的情形。

综上，通过分析著作权侵权刑事责任的主客观归责条件和本案案情，“人人影视字幕组”相关行为已然属于侵犯著作权犯罪，梁某某作为组织者应依法承担刑事责任。

---

[1] 谢焱.“以营利为目的”在网络著作权案件中的刑法适用［J］. 东方法学，2017（4）：93-100.

[2] 谢焱.“以营利为目的”在网络著作权案件中的刑法适用［J］. 东方法学，2017（4）：93-100.

**【思考题】**

（1）如何区分侵犯著作权罪与销售侵权复制品罪？

（2）著作权侵权刑事责任归责条件中“以营利为目的”的主观归责条件是否有必要保留？

CHAPTER 2 第二章

# 专利法专题

## 本章知识要点

（1）惯用手段的直接置换也称“等同手段（等同物）的替换”，是指用一个具有相同功能的技术手段去替代另一个技术手段，并获得基本相同的技术效果，是专利是否具有新颖性的重要判定依据。在“惯用手段的直接置换”判断过程中，应着重考虑置换涉及的相关技术手段是否属于本领域用于解决某一相同技术问题而惯常采用的技术手段；是否可以直接进行置换，而不需要对组成技术方案的其他部分作出适应性改变，也不会对其他部分产生不同的技术影响；置换后产生的技术效果是否相同。如果置换涉及的相关技术手段不属于本领域用于解决同一技术问题而惯常采用的技术手段，或者置换需要对组成技术方案的其他部分作出改变，或者置换对其他部分产生了不同的技术影响，或者置换后产生的整体技术效果改变，则一般不应认定这种置换属于惯用手段的直接置换。（2）专利法的先申请原则旨在保护最先提交专利申请的申请人的合法权益，在该原则下，应以提交专利申请日而非发明审查日或实施日决定是否授予专利权。专利申请人在提交专利申请时，应在说明书中对发明作出清楚、完整的说明，确保在提交专利申请时，本领域技术人员按照说明书记载的内容，能够实现该发明的技术方案，解决其技术问题，并且产生预期的技术效果。不能通过事后补充实验数据来增加任何技术效果，更不能抛开原始申请文件的记载，以补充的技术效果作为评价专利权是否可以授权的依据。（3）马库什权利要求是化学发明专利申请中一种特殊的权利要求撰写方式，即一项申请在一个权利要求中限定多个并列的可选择要素。在专利无效宣告程序中，马库什权利要求的修改以不产生新性能或作用的一类或单个化合物为原则，不允许任意删除其可选择要素，即使这一删除缩小了涉案专利保护范围，但会产生新性能或作用的一类或单个化合物，从而造成涉案专利保护范围出现不确定性，进而动摇社会公众对专利保护和专利确权制度预期的稳定性。（4）判断说明书是否充分公开的一般步骤为：第一，确认本领域技术人员根据说明书公开的内容是否能够实现该技术方案；第二，确定该技术方案是否解决了技术问题、产生了技术效果。当技术方案中的某一技术特征存在争议时，则需确定该技术特征属于涉案专利与现有最接近技术的共有技术特征，还是区别于现有技术的技术特征，并在此基础上采用不同的标准进行判断。（5）当被诉落入专利权保护范围的全部技术特征，与一项现有技术方案中的相应技术特征相同或者无实质性差异的，即属于现有技术。若被控侵权人有证据证明其实施的技术或设计属于现有技术或现有设计的，不构成侵犯专利权；在专利申请日前已经制造相同产品、使用相同方法或者已经作好制造、使用的必要准备，并且仅在原有范围内继续制造、使用的，不视为侵犯专利权。此外，在专利侵权纠纷诉讼中，人民法院不判令侵权人停止侵权行为必须是基于国家利益、公共利益的考量。（6）认定外观设计是否相同或近似时，应当基于一般消费者的知识水平和认知能力，根据专利设计、被诉侵权设计的设计特征，以外观设计的整体视觉效果进行综合判断。如果为生产经营目的使用、许诺销售或者销售不知道是未经专利权人许可而制造并售出的专利侵权产品，能证明该产品合法来源的，不承担赔偿责任。此外，对于外观设计而言，生产侵权产品不仅包括直接的生产行为，还包括间接的生产行为，即在委托加工专利产品的情况下，二者均为专利法意义上的制造者。制造的方式并不影响制造的认定，制造的本义是产品的形成与其存在因果关系。

## 第一节 新颖性的判定

根据《中华人民共和国专利法》（以下简称《专利法》）第 22 条第 2 款的规定，新颖性是指该发明或者实用新型不属于现有技术；也没有任何单位或者个人就同样的发明或者实用新型在申请日以前向国务院专利行政部门提出过申请，并记载在申请日以后公布的专利申请文件或者公告的专利文件中。可见，我国判断一项发明是否具有新颖性，需要进行两方面的判断：第一，是否属于现有技术；第二，是否有抵触申请存在。

本节主要涉及新颖性审查的内容，《专利审查指南 2010》（2019 年修订）第二部分第三章规定了新颖性。即审查应当根据两个原则进行判断，一是同样的发明或者实用新型，二是单独对比的方法。指南在审查原则之后规定了审查基准（《专利法》第 22 条第 2 款），未规定该基准的具体内容，仅列举了有助于审查员掌握该基准的若干情形。“惯用手段的直接置换”是其中的一种情形。一般而言，在“惯用手段的直接置换”判断过程中，应着重考虑置换涉及的相关技术手段是否属于本领域用于解决某一相同技术问题而惯常采用的技术手段；是否可以直接进行置换，而不需要对组成技术方案的其他部分作出适应性改变，也不会对其他部分产生不同的技术影响；置换后产生的技术效果是否相同。如果置换涉及的相关技术手段不属于本领域用于解决同一技术问题而惯常采用的技术手段，或者置换需要对组成技术方案的其他部分作出改变，或者置换对其他部分产生了不同的技术影响，或者置换后产生的整体技术效果改变，则一般不应认定这种置换属于惯用手段的直接置换。

## 案例 再审申请人 A 公司与被申请人国家知识产权局、一审第三人 B 公司实用新型专利权无效行政纠纷案[1]

**【基本案情】**

**一、当事人基本情况**

原告 A 公司于 2016 年 11 月 25 日针对 B 公司的专利向原国家知识产权局专利复审委员会（以下简称专利复审委员会）提出无效宣告请求，认为无压进水是本领域的公知常识，将有压进水方式替换为无压进水方式是容易想到的，同时不会造成喷射机构的形状、结构和工作原理上发生改变，两种方式属于惯用手段的直接替换。为了证明上述内容，A 公司提交了三份对比文件。

B 公司拥有专利号为 201320029×××.7、名称为“一种新型气动水膜喷射机构”的实用新型专利，专利申请日为 2013 年 1 月 19 日、授权公告日为 2013 年 7 月 10 日。该专利权利要求 1 为：“一种新型气动水膜喷射机构，包括底座（1），其特征在于：所述底座（1）上设有缸体（2），所述缸体（2）底端两侧分别设有无压进水管（3）和进气管（4），所述无压进水管（3）通过法兰连接有止回阀（5），所述进气管（4）连接有压进气系统（7），所述缸体（2）顶端通过法兰连接有异径管（8），所述异径管（8）顶端连接有接头（9），所述缸体（2）内顶端穿过接头（9）和异径管（8）设有中心体整流系统（10），所述中心体整流系统（10）包括中心整流柱（11），所述中心整流柱（11）顶端连接有曲线端盖（6）。”

**二、案件经过**

A 公司于 2016 年 11 月 25 日针对 B 公司的专利向专利复审委员会提出无效宣告请求，专利复审委员会于 2016 年 11 月 25 日受理了上述无效宣告请求。专利复审委员会于 2017 年 5 月 12 日作出被诉决定，第 32250 号无效宣告请求审查决定：本专利符合《专利法》（2008 年修正）第 26 条第 3 款的规定；本专利权利要求 1—4 符合《专利法》第 26 条第 4 款的规定；本专利权利要求 1 相对于证据 1 具备《专利法》第 22 条第 2 款规定的新颖性；本专利权利要求 1—4 符合《专利法》第 22 条第 3 款规定的创造性。故决定维持本专利专利权有效。A 公司不服，提起行政诉讼。

提交的对比文件 1 内容如下：授权公告号为 CN2030442×××的中国实用新型专利说明书，授权公告日为 2013 年 7 月 10 日，共 10 页；

对比文件 1 公开了一种水膜喷射装置，并具体公开了如下技术特征：“如图所示，包括底座（1），所述底座（1）上设有缸体（2），所述缸体（2）下部两侧分别设有进

[1] 参见北京知识产权法院（2017）京 73 行初字第 4282 号行政裁定书、最高人民法院（2020）最高法知行终 67 号行政裁定书。

水管（3）和进气管（4），所述进水管（3）通过法兰连接有止回阀（5），所述进水管（3）通过止回阀（5）连接有压进水系统（6），所述进气管（4）连接有压进气系统（7），所述缸体（2）顶端通过法兰连接有异径管（8），所述异径管（8）顶端连接有接头（9），所述缸体（2）内顶端穿过接头（9）和异径管（8）设有中心体整流系统（10），所述中心体整流系统（10）包括中心整流柱（11），所述中心整流柱（11）顶端连接有喇叭端盖（12）；所述进水管（3）和进气管（4）对称设置在缸体（2）下部两侧且距离底座（1）高度一致；所述喇叭端盖（12）、中心整流柱（11）、接头（9）、缸体（2）和异径管（8）均同轴安装。"

### 三、法院意见

一审法院认为，对比文件1并没有公开本专利权利要求1的全部技术特征，权利要求1相对于对比文件1具备新颖性。被诉决定相关认定并无不当，予以确认。驳回原告A公司的诉讼请求。A公司不服，提起上诉。

二审法院认为，由于本专利与对比文件1在是否采用水泵增压进水的技术手段上存在实质不同，而是否采用水泵增压也会导致在进水效率、电力节省等技术效果上的不同，从而导致两者的技术方案实质上存在区别。因此，A公司关于无压进水方式与有压进水方式属于惯用手段的直接置换的主张缺乏依据，不予支持。原审法院关于新颖性的判断并无不当，予以确认。遂驳回上诉，维持原判。

## 【主要法律问题】

新颖性判断中如何认定"惯用手段的直接置换"？

## 【主要法律依据】

### 一、《专利法》（2020年修正）

第22条第2款　新颖性，是指该发明或者实用新型不属于现有技术；也没有任何单位或者个人就同样的发明或者实用新型在申请日以前向国务院专利行政部门提出过申请，并记载在申请日以后公布的专利申请文件或者公告的专利文件中。

### 二、《专利审查指南2010》（2019年修订）

第二部分第三章3.2.3　如果要求保护的发明或者实用新型与对比文件的区别仅仅是所属技术领域的惯用手段的直接置换，则该发明或者实用新型不具备新颖性。例如，对比文件公开了采用螺钉固定的装置，而要求保护的发明或者实用新型仅将该装置的螺钉固定方式改换为螺栓固定方式，则该发明或者实用新型不具备新颖性。

## 【理论分析】

按照新颖性审查的要求，应当将权利要求与文件进行单独对比，即将实用新型的各项权利要求分别与每一项现有技术或申请在先公布或者公告在后的发明或实用新型的相关技术内容单独地进行比较，不得组合比较。内容比较包括技术领域、所解决的技术问题、技术方案和预期效果是否实质上相同，即通常所称的新颖性“四相同”条件。当权利要求与对比文件相比满足“四相同”条件时，则认为两者为同样的发明或者实用新型，权利要求不具备新颖性。

如果权利要求相较于对比文件存在区别特征，但是该区别特征是所属领域惯用手段的直接置换，那么仍不能因其具有相较于对比文件的区别特征而具备新颖性，这就是在新颖性审查中设置“惯用手段的直接置换”的主要目的。

一般而言，在“惯用手段的直接置换”判断过程中，应着重考察置换的相关技术手段是否为该技术问题所惯常采用的技术手段；在不对技术方案的其他部分作出改变的情况下，进行置换后不会对其他部分产生影响，最后的技术效果一致。

由此可以得出，判断两种技术手段的替换是否属于惯用手段的直接置换，除了对新颖性的基础判断标准以外，应当着重考虑以下因素。

### 一、存在置换的基础

存在置换的基础，是指在对比文件和待审权利要求中都有对应的技术特征，如对比文件在某个位置设有“固定螺钉”，权利要求中的相应位置设有“固定螺栓”，只有这样，才存在可以用一种方法代替另一种方法的可能，否则，置换也就无从谈起。但是，这并不必然需要将对比文件和待审权利要求的技术特征在数量上完全相同，而应当考虑技术特征的功能和作用。

在本专利中，可以看到权利要求 1 中缸体底部一侧设有无压进水管（3），无压进水管通过法兰连接有止回阀，止回阀不再与其他有压设备（如水泵）进行连接。与之相对应的对比文件 1 中，缸体底部一侧连接的是有压进水系统（6），利用有压进水系统给缸体注水。本专利权利要求 1 与对比文件 1 中为水膜喷射装置供水的方式不同，存在“无压进水”和“有压进水”的字面区别，即存在置换的基础。

### 二、两种技术手段的功能和作用相同

如果两种技术手段的功能和作用相同，则整体技术方案可以通过两种技术方法中的任意一种来处理同一技术问题，从而获得同样的技术效果。只有两种技术手段具有同样的功能和作用，才能确保技术方案实质上没有改变，并且能够处理同一技术问题，从而达到预期的技术效果。例如，对比文件中的技术采用螺钉导电，而待审权利要求中相应位置采用螺栓进行紧固，这两种技术手段的作用并不相同，两种技术手段替换后，技术方案会发生实质性的变化，这样的替换不构成惯用手段的直接置换。这与创造性判断中的技术启示的判断有相似之处，即既要看技术手段自身，还要看技术手段在技术问题上能取得同样的技术效果，而非以特征为标准。与此同时，应当指出，在确定技术手段的功能和作用上，一般仅需根据记录的内容而确定，当采用惯用手段的直接替换时，还应当综合对比权利要求和说明书记录的整个技术方案。

本案中，A 公司主张，“权利要求 1 中的‘无压进水’系利用连通器原理通过压力

差实现进水，本质上也是一种有压进水。因此，权利要求 1 与对比文件 1 的区别仅在于是否通过水泵加压进水，两者属于惯用手段的直接置换”。

一审法院认为，本专利权利要求 1 与对比文件 1 中为水膜喷射装置供水的方式不同，对比文件 1 未公开无压进水管的技术特征，两者的工作原理和采用的技术手段并不相同，从而导致两者的技术方案实质上存在区别。因此，对比文件 1 并没有公开本专利权利要求 1 的全部技术特征，权利要求 1 相对于对比文件 1 具备新颖性。

二审法院认为，由于技术方案发生的实质上的变化，由此这样的替换不构成惯用手段的直接置换。虽然本专利权利要求 1 记载为“无压进水”，但根据公知常识，理论上的“无压进水”是不存在的，本专利技术方案系将缸体放入水中，利用连通器原理通过水压实现进水。因此，本专利权利要求 1 中的“无压进水”应理解为“无水泵等增压方式进水”，国家知识产权局在二审询问中对此亦予以认可。由于本专利与对比文件 1 在是否采用水泵增压进水的技术手段上存在实质不同，而是否采用水泵增压也会导致在进水效率、电力节省等技术效果上的不同，从而导致两者的技术方案实质上存在区别。

### 三、两种技术手段都是所属技术领域解决相同技术问题“惯用”的技术手段

这两种技术手段，在同一技术领域，在处理同一技术问题时，均应为该技术领域技术人员熟知并经常使用的技术手段。只有所属技术领域的技术人员熟知该两种技术手段，并且能够频繁地应用这两种技术手段，才能想到并易于实施这两种技术手段的“直接置换”。若两种技术手段中的一种或两种对所属领域技术人员而言是陌生的，此时如果认定两种技术手段的替换属于惯用手段的直接置换，则属于“后见之明”。还应指出，“惯用”指的是在待审权利要求技术方案所属的技术领域是惯用的，而不能是在其上位领域或其他领域中惯用的技术手段，在判断时尤其需要注意不能上位化，如果一旦将技术领域上位化，会得出诸多技术手段均是惯用的。

在同一技术问题上，相互置换的技术手段应当都是常用的。在《专利审查指南 2010》（2019 年修订）中，“惯用手段”一词，除了出现在新颖性“惯用手段的直接置换”部分，在第二部分第四章 3. 2. 1. 1 创造性判断方法中也出现过，即“所述区别特征为公知常识时，通常认为现有技术中存在技术启示，例如，本领域中解决该重新确定的技术问题的惯用手段”，根据体系解释原理，这两处出现的“惯用手段”的含义应当是一致的，即“惯用手段”属于公知常识的范畴，但其是在公知常识的下位概念，比公知常识的范围要小得多，认定标准也比公知常识更为严格，即应当是本领域技术人员在所属技术领域中普遍熟知、广泛使用的常规技术手段，可以说是“公知常识中的公知常识”。

在本案中，对比文件 2 为一种气压助流喷水装置，其主要包括喷头、混合腔体、整流板、水泵、空气压缩机、储气罐等部件。工作时，由水泵将水经整流板供至混合腔体，使混合腔体充满，再利用储气罐向混合腔体内充入高压气体，在压力作用下混合腔体内水推至数十米高，形成气爆水柱。在对比文件 2 中，为了给混合腔体供水，

需要设置水泵，整流板设置在混合腔体中部，而不是设置在混合腔体的顶端。另外，对比文件2中的喷水装置用于形成数十米高的气爆水柱，而不是水膜。由对比文件3可知，对比文件3为一种盖帽喷泉喷头，由套筒、固定支架、固定杆和盖帽组成，其中，套筒、固定支架、固定杆为一整体，在固定杆顶部利用螺钉固定盖帽，根据喷射水膜图案的要求，可以更换盖帽。对比文件3中公开了用于喷射水膜的喷头结构，但未公开供水结构、供气结构，也未明确公开整流结构。本专利权利要求1请求保护的气动水膜喷射机构，不采用水泵为缸体供水，在缸体底端一侧设置无压进水管，无压进水管通过法兰连接有止回阀，利用缸体内形成的负压打开止回阀，将水由无压进水管吸入缸体，反复工作，喷射水膜。

A公司认为，尽管对比文件2和3均未公开无压进水的供水方式，但是按照公知常识及现有技术，本专利中的无压进水方式属于本领域惯用技术手段，本领域技术人员完全可以在对比文件2和3的基础上通过惯用手段的直接置换来实现本专利中的供水方式。

国家知识产权局答辩称，对比文件2和3均未公开无压进水管结构，也未给出任何利用无压进水管结构为缸体供水的技术启示，并且没有证据或充分理由表明上述结构为本领域的公知常识。

一审法院认为，对比文件2、3均未公开无压进水管结构，也没有给出任何利用无压进水管结构为缸体供水的技术启示，并且，没有证据或充分理由表明上述结构为本领域的公知常识，因此本领域技术人员基于对比文件2、3所公开的技术内容与本领域公知常识的结合得到本专利权利要求1所限定的技术方案是非显而易见的。

二审法院认为，本专利权利要求1与对比文件2存在的区别技术特征至少包括：本专利权利要求1采用无水泵增压进水方式，对比文件2采用水泵进水方式。而对比文件3仅公开了用于喷射水膜的喷头结构，并未公开供水结构、供气结构。因此，对比文件2、3均未公开无压进水管结构，也没有给出任何利用无压进水管结构为缸体供水的技术启示。A公司亦未提交证据或提供充分理由证明无压进水方式属于本领域公知常识。相反，A公司提交的对比文件均采用了水泵等增压进水方式。因此，本领域技术人员基于对比文件2、3所公开的技术内容与本领域公知常识的结合得到本专利权利要求1所限定的技术方案并非显而易见。

### 四、两种技术手段的置换能“直接”进行

惯用手段的直接置换中的置换应是“直接”的，为了达到这两种技术手段的置换，最好的办法是无需对整个技术方案的其他部分作出改变，而仅仅需要对技术方案所属领域公知的内容进行必要的适应性调整（如为将固定螺钉置换为固定螺栓而对固定所用的孔进行适应性的调整），可以“即插即用”地进行“无缝衔接”。为了达到置换的目的，如果所属技术领域技术人员还需要进行分析、推理甚至试验等，这样的替换就不能认为是惯用手段的直接置换。

本案中，本专利权利要求1请求保护的气动水膜喷射机构，不采用水泵为缸体供

水，在缸体底端一侧设置无压进水管，无压进水管通过法兰连接有止回阀，利用缸体内形成的负压打开止回阀，将水由无压进水管吸入缸体，反复工作，喷射水膜。将“有压进水”方式替换为“无水泵等增压方式进水”方式。显然，根据前述分析，要实现这两种技术手段的替换，势必需要所属技术领域技术人员进行分析、推理甚至试验等，这样的替换就不能认为是惯用手段的直接置换。

在创造性评判中，通常仅需根据技术特征或技术特征的功能和作用描述的具体情况进行判断，说明书仅用于解释权利要求，虽然说明书中记载了各种功能或作用，能解决诸多技术问题，但若本技术领域的技术人员无法根据权利要求记载的内容得出请求保护的技术方案具备某些功能或作用，该技术的功能和特征通常是被排除在考虑范围外的。简单地说，创造性审查中审的是具体的权利要求，而非整个说明书。然而，在审查惯用手段的直接置换中，认定技术手段的功能和作用，不能以待审权利要求为准，也不能仅以对比文件的权利要求为准，而应当以对比文件权利要求和说明书记载的整个技术方案为准。其原因在于，技术手段替换的依据是整个技术方案，检验两者的可替代性并不是惯用的技术手段，而是检验对比文件的整体技术方案以及置换后的技术方案是否有重大改变。即解决的技术问题，解决该技术问题的技术手段，以及所能达到的技术效果没有改变。因此，技术手段的功能和作用应该是该技术手段在对比文件的整个技术方案中的功能和作用。

换一个角度来说，本案中，如果以“无水泵等增压方式进水”替换“有压进水”，整个技术方案在进水效率、电力节省等技术效果上都会发生巨大的变化，技术方案已经发生了实质性的变化。因此在这一点的判断标准上与创造性的标准存在不同。

**【思考题】**

（1）判断新颖性的条件是什么？

（2）在“惯用手段的直接置换”判断过程中，需要考虑哪些条件？

（3）新颖性审查中判断的前提是什么？

## 第二节　创造性的判定

发明的创造性，是指申请专利的发明创造与现有技术相比有本质上的差异，这种差异对于所属技术领域的普通技术人员来说不是显而易见的。[1] 发明的创造性是在专利申请实质审查、专利无效程序、专利行政案件中涉及比例最高的法律问题。

发明的创造性的审查标准，即审查发明是否具有实质性特点，以及发明是否具有显著的进步，如何确定最接近的现有技术、确定发明的区别特征和发明实际解决的技

[1] 彭玉勇．专利法原论［M］．北京：法律出版社，2019：176.

术问题、判断要求保护的发明对本领域的技术人员来说是否显而易见以及是否具有技术启示。在具体审查中，例如，生物医药专利申请中补充实验数据的考量标准、马库什权利要求的性质及其在无效程序中的修改原则、对马库什权利要求的创造性判断方法的内容。认定权利要求与最接近的现有技术之间的区别技术特征，应当以权利要求记载的技术特征为准，并将其与最接近的现有技术所公开的技术特征进行逐一对比。未记载在权利要求中的技术特征不能作为对比的基础，当然也不能构成区别技术特征。

专利申请人在提交专利申请时，应在说明书中对相关技术作出清楚、完整的说明，确保在提交专利申请时，本领域技术人员按照说明书记载的内容即可以产生预期的技术效果，而不能通过事后补充实验数据来增加任何技术效果，更不能抛开原始申请文件的记载，以补充的技术效果作为评价专利权是否可以授权的依据。考虑补充实验数据的前提必须是不能导致对先申请原则和“以公开换保护”本质的破坏。具体而言，补充实验数据所要证明的技术效果必须是从原始申请文件公开的内容中可被预期的，即在申请日或优先权日之前已经公开，属于现有技术，或其所要证明的技术效果系以本领域技术人员在申请日前的知识水平和认知能力，从说明书公开的内容中可以合理地预期，即可以从说明书公开的内容中直接得到或容易地想到。

当发明的产品在商业上获得成功时，如果这种成功是由于发明的技术特征直接导致的，则一方面反映了发明具有有益效果，同时也说明了发明是非显而易见的，因而这类发明具有突出的实质性特点和显著的进步，具备创造性。但是，如果商业上的成功是由于其他原因所致，例如由于销售技术的改进或者广告宣传带来的，则不能作为判断创造性的依据。

## 案例一　A公司与国家知识产权局发明专利申请驳回复审行政纠纷案[1]

### 【基本案情】

#### 一、当事人及涉案专利基本情况

A公司为德国一家公司，向被告提出发明专利申请，申请号为200910266×××.2，名称为“用于治疗慢性阻塞性肺病的药物”。涉案专利申请是申请号为200380103×××.5的申请的分案申请。涉案专利申请请求保护“用于治疗慢性阻塞性肺病的药物”，其说明书实施例1—35记载了制备一些具体化合物，并且提供了一些药物配制物实例，但是没有记载涉案申请的化合物的活性实验数据以及关于活性作用期和选择性的实验数据。涉案申请权利要求1的式1a化合物与对比文件1实施例4的化合物相比，区别在于羟

[1] 参见北京知识产权法院（2015）京知行初字第3431号行政裁定书、北京市高级人民法院（2017）京行终第2470号行政裁定书、最高人民法院（2018）最高法行申3961号行政裁定书。

基在苯并噁嗪环结构上的位置：权利要求 1 式 1a 的羟基在苯并噁嗪环的 6 位，而对比文件 1 实施例 4 化合物的羟基在苯并噁嗪环的 5 位。

国家知识产权局于 2012 年 6 月 1 日对申请专利作出驳回决定，后 A 公司对该驳回决定不服，于 2012 年 9 月 5 日向专利复审委员会提出了复审请求，未对申请文件进行修改。专利复审委员会于 2012 年 11 月 28 日依法受理了该复审请求，并将其转送至原审查部门进行前置审查。专利复审委员会于 2013 年 10 月 16 日向 A 公司发出复审通知书，指出权利要求 1—4 相比于对比文件 1 是显而易见的，不具备创造性。A 公司于 2013 年 11 月 26 日提交了意见陈述书，并补充提交了证据 1，其中分别载明了本申请的化合物 1a 与对比文件 1 请求保护的化合物在细胞测定法中对 β1 和 β2 作用的结果，用以证明涉案申请要求保护的化合物产生了预料不到的技术效果，具备创造性。

2014 年 11 月 28 日，专利复审委员会作出第 78017 号复审请求审查决定，维持国家知识产权局于 2012 年 6 月 1 日对涉案专利申请作出的驳回决定。

## 二、当事人主张内容

A 公司认为“公司提交的补充实验数据具有真实性，亦可以证明涉案专利申请说明书中记载的技术效果。根据 2017 年修改的《专利审查指南 2010》和最高人民法院的有关判例，该实验数据应当被采纳并用于评价涉案专利申请的创造性”。专利复审委员会认为“具体化合物是否具有 β1 和 β2 受体活性以及选择性如何是本领域技术人员无法事先预测的，A 公司所提交的补充实验数据系在优先权日十多年之后才首次提交，如果以此为依据来获得专利权，将违背专利制度的先申请原则”。

## 三、法院判决

一审法院认为：首先，涉案专利申请的优先权日为 2002 年 11 月 15 日，A 公司于 2013 年 11 月 26 日才补充实验数据，迟于优先权日十余年。A 公司亦无证据证明该份实验数据形成于优先权日之前，属于现有技术。其次，涉案专利申请在说明书中仅通过描述性文字记载涉案专利申请效果为具有较长活性作用期和就 β2-肾上腺素受体而言的高度选择性，笼统而宽泛，说明书中的实施例亦没有记载实现该效果的具体实验数据，即该技术效果缺乏实施例的支持和验证。因此，不予采纳该补充实验数据。

二审法院认为：根据最高人民法院第 41 号裁定，当专利申请人或专利权人欲通过提交对比实验数据证明其要求保护的技术方案相对于现有技术具备创造性时，接受该数据的前提必须是针对在原申请文件中明确记载的技术效果。所谓“明确记载的技术效果”，应当理解为记载的技术效果是明确的、具体的、可验证的，通常情况下应当有实证数据的支持，不能是泛泛的、断言性的、宣称性的，本领域技术人员根据该记载就足以明确其具有何种程度的有益的技术效果。如果将泛泛宣称的技术效果也理解为第 41 号裁定所称的“明确记载的技术效果”，无异于鼓励专利申请人在申请专利时泛泛地宣称一下技术效果，就提出专利申请，抢占专利申请日，等到事后有争议时再补充有关的效果数据，完善技术方案。这无疑会破坏专利先申请原则。涉案专利申请说明书记载的技术效果为“其不仅具异常强效且就β2-肾上腺素受体而言，具有高度选择性的特性”，这种技术效果是泛泛的、宣称性的，并不是明确的、具体的。在此情况下，A公司补充的实验数据不应当被接受，否则就会破坏专利先申请原则。

A公司不服二审判决，向最高人民法院申请再审。最高人民法院于2019年12月31日裁定驳回A公司的再审申请。最高人民法院认为，A公司在一审、二审中提交的证据均不能证明其补充实验数据形成于优先权日之前，属于现有技术。虽然涉案专利申请说明书确实记载了“其不仅具有异常强效且就β2-肾上腺素受体而言，具有高度选择性的特性”的技术效果，且该技术效果未在对比文件1中公开，但是，涉案专利申请说明书中没有关于该技术效果的任何定性或者定量的实验数据，也没有其他的内容予以印证，本领域技术人员根据涉案专利申请公开的内容以及本领域公知常识，基于其知识水平和认知能力难以在申请日时合理确定该技术效果的客观存在。在此情况下，不能基于A公司提交的补充实验数据证明涉案专利申请相对于对比文件1取得了预料不到的技术效果。

## 【主要法律问题】

（1）创造性的判断方法。

（2）生物医药专利申请中补充实验数据的考量标准。

## 【主要法律依据】

### 一、《专利法》（2020年修正）

第22条第3款　创造性，是指与现有技术相比，该发明具有突出的实质性特点和显著的进步，该实用新型具有实质性特点和进步。

### 二、《专利审查指南2010》（2019年修订）

第二部分第四章3.2.1　判断发明是否具有突出的实质性特点，就是要判断对本领域的技术人员来说，要求保护的发明相对于现有技术是否显而易见。如果要求保护的发明相对于现有技术是显而易见的，则不具有突出的实质性特点；反之，如果对比的结果表明要求保护的发明相对于现有技术是非显而易见的，则具有突出的实质性特点。

第二部分第四章3.2.1.1　判断要求保护的发明相对于现有技术是否显而易见，通常可按照以下三个步骤进行。（1）确定最接近的现有技术……（2）确定发明的区别特征和发明实际解决的技术问题……（3）判断要求保护的发明对本领域的技术人员来说是否显而易见……

第二部分第四章5.4　当发明的产品在商业上获得成功时，如果这种成功是由于发明的技术特征直接导致的，则一方面反映了发明具有有益效果，同时也说明了发明是非显而易见的，因而这类发明具有突出的实质性特点和显著的进步，具备创造性。但是，如果商业上的成功是由于其他原因所致，例如由于销售技术的改进或者广告宣传造成的，则不能作为判断创造性的依据。

## 【理论分析】

### 一、创造性的判断方法

根据创造性审查原则的要求，一项发明是否具有突出的实质性特点，最终取决于显而易见性的判定。鉴于创造性评判具有一定的自由裁量空间，而且极易受到评判者主观因素干扰，为了尽量降低其影响，力求达到判断标准一致，《专利审查指南》将“三步法”引入“判断要求保护的发明相对于现有技术是否显而易见”一节。文件将现实中丰富多彩、复杂多变的技术创新过程进行了提炼，并将其融入判断创造性的逻辑流程中，从而达到一种比较统一的评判标准。如果将创造性的判定视为判断主体认知或辨识判断客体的过程，可以采用这种方式，这对大部分情况是有效的。但当采取“三步法”难以判断一项发明是否显而易见，或者初步得出发明是显而易见的结论，而实际上发明与现有技术相比取得了预料不到的技术效果，或者发明由于其技术特征导致商业上获得成功，则一方面说明发明具有显著的进步，另一方面也反映出发明的技术方案是非显而易见的，此时就不应作出发明不具备创造性的结论。

#### （一）基本判断方法——“三步法”

“三步法”的实质在于，通过对创造性的分析，总结出一条具有普遍意义的、具有代表性的知识体系。该种分析方法少了以往的经验性判别，更多的是逻辑上的判别，体现了大陆法系法学思维中强烈的形式理性，在判断时注重“目的”效果。

1. 确定最接近的现有技术

最接近的现有技术，是指现有技术中与发明请求保护的技术方案内容最密切相关的一个技术方案。需要满足以下条件：一是技术领域相同或相近，优先考虑从相同的技术领域中进行选择，二是需要解决的技术问题、产生的技术效果最接近，或者采用的技术手段最接近。由于在操作层面是无法将待评价发明与数量庞大的现有技术整体直接进行比较的，因而，只能借助从现有技术整体中选取的最有代表性的个体来完成。被选出的这个特定的现有技术方案就被称为“最接近的现有技术”。

最接近的现有技术兼具双重功能。其一，在“三步法”的第二步中作为现有技术的代表完成与发明之间的比对，以确定发明相对现有技术作出的创新和创新带来的贡献所在；其二，在第三步对是否存在改进现有技术获得要求保护的发明的技术启示的判断过程中，作为所属技术领域的技术人员对现有技术进行改进的基础存在，或者说，在以所属技术领域的技术人员“正向重塑”发明的方式判断其是否有动机完成发明的过程中作为起点存在。

《专利审查指南 2010》（2019 年修订）在第二部分第四章 3. 2. 1. 1 中指出：最接近的现有技术，是指现有技术中与要求保护的发明最密切相关的一个技术方案，它是判断发明是否具有突出的实质性特点的基础。最接近的现有技术，例如可以是，与要求保护的发明技术领域相同，所要解决的技术问题、技术效果或者用途最接近和/或公开了发明的技术特征最多的现有技术，或者虽然与要求保护的发明技术领域不同，但能够实现发明的功能，并且公开发明的技术特征最多的现有技术。应当注意的是，在确定最接近的现有技术时，应首先考虑技术领域相同或相近的现有技术。

由此可见，其一，最接近的现有技术的选择采取的是综合考量原则，即需要综合考虑多个因素，例如技术领域、要解决的技术问题、技术效果或用途以及技术特征被公开的数量多寡等；其二，在综合考虑各因素时，应以技术领域为入手点；其三，由于《专利审查指南》是将技术领域相同与技术领域不同而功能相同作为并列的两种情形，说明此处“技术领域”并非功能领域，而是着眼于特定用途或目的的应用领域，也就意味着，在综合考量中作为入手点的技术领域是应用领域。

本案中，所选取的最接近的现有技术是对比文件1中的实施例4，涉案专利申请权利要求1与对比文件1实施例4公开的化合物相比，区别技术特征在于羟基在苯并噁嗪环结构上的位置不同：涉案专利申请权利要求1请求保护的式1a化合物的羟基在6位，而对比文件1实施例4公开的化合物的羟基在5位。在对比文件1中公开的通式1化合物，虽然其中没有对羟基在苯并噁嗪环的苯环上的位置进行限定，但是本领域技术人员可以合理地判断羟基可以而且只能在苯并噁嗪环的5、6或7位，在可供选择的范围如此有限的情况下，可以认定该通式1化合物明确给出了羟基可以在6位的技术启示。此外，本领域技术人员知晓，羟基的这种常规位置变化通常对化合物的活性影响较小，因此，在对比文件1已经给出羟基可以在6位的技术启示且仅需要作出有限选择的情况下，本领域技术人员很容易想到在对比文件1实施例4的基础上将羟基从5位修改为6位，从而得到涉案专利申请权利要求1请求保护的化合物。因此，涉案专利权利要求1相对于对比文件1不具有突出的实质性特点，是显而易见的。

2. 确定发明的区别技术特征和发明实际解决的技术问题

在审查中应当客观分析并确定发明实际解决的技术问题。为此，首先应当分析要求保护的发明与最接近的现有技术相比有哪些区别特征，然后根据该区别特征所能达到的技术效果确定发明实际解决的技术问题。从这个意义上说，发明实际解决的技术问题，是指为获得更好的技术效果而需对最接近的现有技术进行改进的技术任务。

区别特征是通过发明和最接近的现有技术比较而得来的。确定区别特征其实就是找到发明不同于现有技术之处，这样的不同体现了发明相对于现有技术作出了哪些创新。因此，“三步法”第二步设立的意义首先在于：要以有形的区别特征抓住发明的创新所在。进而，根据区别特征达到的技术效果确定发明实际解决的技术问题。发明实际解决的技术问题是以通过引入区别特征而实现的技术效果为事实基础，总结归纳出的发明通过创新而成功挑战完成的技术任务，实际上就是发明的创新给所属领域带来的贡献和价值。因此，“三步法”第二步设立的意义其次在于：要以发明实际解决的技术问题这种形式界定发明作出的无形贡献及其价值。

第二步中所涉及的对区别特征、技术效果、技术问题的认定是一条环环相扣的链条，并且，在“三步法”中起到承上启下的作用。发明实际解决的技术问题是所属技术领域的技术人员在第三步中重塑发明的推动力，并为技术启示的寻找指明方向。

发明实际解决的技术问题作为对发明创新带来的贡献和价值的界定理应建立在客观的事实基础上。审查过程中，由于审查人员所认定的最接近的现有技术可能与申请人在说明中所描述的技术有差异，因此，在与已有技术最接近的技术进行再次确认的基础上，可能不同于说明书中所描述的技术问题；这种情况下，应当以审查员所认定的最接近的现有技术为基础，对发明实际解决的技术问题进行重新界定。重新确定发明实际解决的技术问题需要关注以下因素：

（1）以准确体现发明贡献为要求：应当根据区别特征给整个发明带来的技术效果，准确恰当地确定发明实际解决的技术问题，注意发明实际解决的技术问题应当与区别特征达到的技术效果相匹配。

（2）以区别特征达到的技术效果为依据：如果多个区别特征属于一个技术手段、共同产生某种技术效果，应当根据上述多个区别特征协同作用所产生的技术效果确定发明实际解决的技术问题。如果多个区别特征分别属于不同的技术手段、彼此独立地产生多个技术效果，应当根据不同的技术效果分别确定发明实际解决的技术问题。

（3）以"事后诸葛亮"为戒：审查发明的创造性时，由于审查员是在了解发明内容之后作出判断，因而容易对创造性估计偏低，从而犯"事后诸葛亮"的错误。确定发明实际解决的技术问题，不应在技术问题中带有本发明为解决该技术问题而提出的技术思路和解决手段，或引入该技术手段的指引，以避免在技术启示判断的环节出现"事后诸葛亮"的问题。

本案中，再审申请人辩称奥达特罗药品取得的商业成功是基于其羟基位于6位的区别技术特征所带来的。再审法院认为在对比文件1中公开的通式1化合物，虽然其中没有对羟基在苯并噁嗪环的苯环上的位置进行限定，但是本领域技术人员可以合理地判断羟基可以而且只能在苯并噁嗪环的5、6或7位，在可供选择的范围如此有限的情况下，可以认定该通式1化合物明确给出了羟基可以在6位的技术启示。此外，本领域技术人员知晓，羟基的这种常规位置变化通常对化合物的活性影响较小，因此，在对比文件1已经给出羟基可以在6位的技术启示且仅需要作出有限选择的情况下，本领域技术人员很容易想到在对比文件1实施例4的基础上将羟基从5位修改为6位，从而得到涉案专利申请权利要求1请求保护的化合物。

3. 判断要求保护的发明对本领域的技术人员来说是否显而易见

根据《专利审查指南2010》（2019年修订）第二部分第四章3.2.1.1的规定，在该步骤中，要从最接近的现有技术和发明实际解决的技术问题出发，判断要求保护的发明对本领域的技术人员来说是否显而易见。在该步骤中，要求从最接近的技术手段和发明实际解决的问题出发来判断要求保护的发明对本领域的技术人员是否是显而易见的。判断过程中，要确定的是该技术整体上是否存在某种技术启示，即现有技术中是否给出将上述区别特征应用到该最接近的现有技术以解决其存在的技术问题的启示。这种启示会使本领域的技术人员在面对所述技术问题时，有动机改进该最接近的现有技术并获得要求保护的发明。如果现有技术存在这种技术启示，则发明是显而易见的，不具有突出的实质性特点。

从《专利审查指南》的规定可以看出，第三步“技术启示”的判断过程是以第一步确定的最接近的现有技术为起点，目标是第二步确定的发明实际解决的技术问题，并以审查员所模拟的本领域的技术人员带着一种以“重塑发明”心态来预判本领域的技术人员自身能否解决上述被发明人所解决的技术问题为判断标准，完成对发明所作出的贡献的衡量评判，最终得出发明是否显而易见的判断结论。其具体涉及三层含义，其一，技术启示的来源是现有技术整体，因此，在寻找技术启示时，需要对现有技术整体进行考虑。其二，技术启示的寻找过程是以发明实际解决的技术问题为导向而进行的有目的的寻找。其三，当技术启示的程度达到能够促使本领域的技术人员产生改进最接近的现有技术的“动机”时，才意味着发明相对于现有技术是显而易见的。由此，技术启示的来源、技术启示的导向和程度是第三步判断发明是否显而易见的过程中需要重点关注的三个方面。由此可见，这一步骤是“三步法”中第一步、第二步成果的具体应用，体现了第一步、第二步分析的最终目的。

下列情况，通常认为现有技术中存在上述技术启示：

（1）所述区别特征为公知常识。例如，本领域中解决该重新确定的技术问题的惯用手段，或教科书、工具书等中披露的解决该重新确定的技术问题的技术手段。

（2）所述区别特征为与最接近的现有技术相关的技术手段。例如，同一份对比文件其他部分披露的技术手段，该技术手段在该其他部分所起的作用与该区别特征在要求保护的发明中为解决该重新确定的技术问题所起的作用相同。

（3）所述区别特征为另一份对比文件中披露的相关技术手段。该技术手段在该对比文件中所起的作用与该区别特征在要求保护的发明中为解决该重新确定的技术问题所起的作用相同。

本案中，再审法院认为，涉案专利申请权利要求 1 与对比文件 1 实施例 4 公开的化合物相比，区别技术特征在于羟基在苯并噁嗪环结构上的位置不同：涉案专利申请权利要求 1 请求保护的式 1a 化合物的羟基在 6 位，而对比文件 1 实施例 4 公开的化合物的羟基在 5 位。在对比文件 1 中公开的通式 1 化合物，虽然其中没有对羟基在苯并噁嗪环的苯环上的位置进行限定，但是本领域技术人员可以合理地判断羟基可以而且只能在苯并噁嗪环的 5、6 或 7 位，在可供选择的范围如此有限的情况下，可以认定该通式 1 化合物明确给出了羟基可以在 6 位的技术启示。此外，本领域技术人员知晓，羟基的这种常规位置变化通常对化合物的活性影响较小，因此，在对比文件 1 已经给出羟基可以在 6 位的技术启示且仅需要作出有限选择的情况下，本领域技术人员很容易想到在对比文件 1 实施例 4 的基础上将羟基从 5 位修改为 6 位，从而得到涉案专利申请权利要求 1 请求保护的化合物。因此，涉案专利权利要求 1 相对于对比文件 1 不具有突出的实质性特点，是显而易见的。

（二）创造性判断是能否取得商业上成功的判断标准

作为创造性判断的辅助判断因素之一，商业成功是从社会经济的激励作用角度对技术方案给予肯定。原则上，商业成功不能单独作为创造性的证明。相比相对客观的“三步法”而言，对商业成功的审查应当秉持相对严格的标准，只有存在长期需要解决的问题，以及商业成功来源于技术特征而不是其他因素时，商业成功才可以作为创造性的证据。当申请人主张其发明获得了商业上的成功时，应当审查：其一，相关证据能否证明与发明对应的技术方案取得了商业上的成功；其二，该商业上的成功是否源于发明的技术方案相对现有技术作出改进的技术特征，而非其他因素所导致。相应地，必须对发明取得商业成功的原因进行分析，排除销售策略或广告宣传等技术特征之外的其他因素对发明取得商业成功的影响，只有在发明的技术方案与现有技术的区别技术特征之间存在直接的因果关系的情形下，才能反推发明的技术方案是非显而易见的，从而认定发明具有创造性。

本案中，A 公司在复审、一审、二审程序中均未提出商业成功的主张。再审审查期间，A 公司主张涉案专利申请获得商业成功的证据主要是其上市药品 B 和 C 的上市销售类证据。首先，A 公司提交了上市药品 B 在 2017 年的销售数额、市场份额等证据，大多指向该药品可以减少心血管副作用。A 公司主张涉案专利申请“就 β2-肾上腺素受体而言，具有高度选择性的特性”，从而极大减少了心血管副作用。但是，如前所述，涉案专利申请中并无任何有关该技术效果的定性或者定量的实验数据，也没有其他的内容予以印证。其次，涉案专利申请权利要求 1 请求保护的式 1a 化合物奥达特罗仅是 B 中两种活性成分之一。A 公司证明 B 获得商业成功的证据也都是针对两种活性成分联合用药之后取得的效果，现有证据不能证明 A 公司所主张的 B 的商业成功是奥达特罗直接导致的。最后，A 公司主张商业成功的另一上市药品 C，虽然其唯一活性成分为奥达特罗，但是 A 公司并未提交足以证明 C 在商业上取得成功的销售数额、市场份额等证据，仅仅是部分国家的上市许可证据并不足以证明其获得了专利法意义上的商业成功。因此，A 公司提交的证据尚不能证明涉案专利申请取得了商业上的成功。

## 二、生物医药专利申请中补充实验数据的考量标准

### （一）补充实验数据不得违反先申请原则和“以公开换保护”原则

专利法的先申请原则，是指就同样的发明创造申请专利，专利授予最先向专利行政部门提出专利申请的人。旨在保护最先提交专利申请的申请人的合法权益，在该原则下，应以提交专利申请日而非发明审查日或实施日决定是否授予专利权。专利申请人在提交专利申请时，对技术披露的标准应当与新颖性、创造性判断的标准近乎一致，应在说明书中对发明作出清楚、完整、可实现的说明，确保在提交专利申请时，本领域技术人员按照说明书记载的内容，能够实现该发明的技术方案、解决其技术问题，并且产生预期的技术效果，而非在提交专利申请日后通过补充实验数据，以事后验证的方式证明可以产生预期技术效果。专利权的授予并不是基于时隔数年后的技术水平和实验研究结果对所发明的技术方案进行事后考察验证，如果允许申请人于申请日后随意补充实验数据，则会导致申请人在发明尚未完成时先提交专利申请，待发明完成

以后再通过加入实验数据证明技术方案的效果，从而“抢占先机”，以原专利申请日享有本不应享有的权利。

而专利法的“以公开换保护”原则要求专利申请人所得到的专利权保护应与其对现有技术作出的贡献相一致，如果允许申请人为了获得专利授权随意补充实验数据，一方面，会导致申请人获得的保护范围超出了原始申请文件对现有技术所作出的贡献；另一方面，既不利于社会公众及时地了解专利技术，从而获得新的技术启示，也不利于社会公众在专利期满后完全掌握和自由运用该专利技术。

（二）生物医药领域的特殊性要求更严格地审查补充实验数据

由于生物医药是一种实验性科学，其研究成果的影响是多方面的、交叉的、错综复杂的。由于在很多时候，生物医药领域的技术是无法预料的，所以它并不适合采用结构特征和作用方式来说明发明的有益效果，单凭一般推理或描述常常无法实现其目的，也不能达到预期的技术效果。相较于其他领域，生物医药领域的发明效果更加依赖于其公布的实验数据。生物医药发明一般都是通过实验数据能够解决预期的技术问题来反推技术方案的成立。如果不能用现有技术理论对所提出的技术方案进行可实现的合理预测，那么缺乏实验数据验证的情况下，常常表明该技术方案还只是一个设想，尚未完成专利法意义上的发明。

此外，基于生物医药研发的自身特性，在获取实验数据的过程中，往往需要投入巨额的资金、人力及时间成本，这是研究药物的关键所在。一方面，借鉴和使用他人的实验数据能够减少投入成本，缩短实验周期，提高技术水平。而事后补充的实验数据并不属于专利原始文件中记载或公开的内容，所以不能向社会公众公开。因此，事后补交实验数据与专利法“以公开换保护”的理念相违背。另一方面，事后补交实验数据一旦予以接受，便可以为申请人争取到较早的申请日，抢占市场先机，打击同业竞争者。

因此，对于生物医药领域的发明而言，补充实验数据应采取更为谨慎严格的态度，避免纵容申请人通过“断言”发明能够实现而获得专利授权。

（三）允许补充提交实验数据应符合的条件

补充实验数据是否可以予以准许，应当综合考虑立法目的、保护原则，以及社会公众的利益。在递交专利申请时，专利申请人应在说明书中对发明作出清楚、完整的说明，确保在提交专利申请时，本领域技术人员按照说明书记载的内容即可以实现该发明的技术方案、解决其技术问题，并产生预期的技术效果，而不能通过事后补充实验数据来增加任何技术效果，更不能抛开原始申请文件的记载，以补充的技术效果作为评价专利权是否可以授权的依据。在考虑补充实验数据时，必须保证不会损害先申请原则和“以公开换保护”原则，也就是说，补充文件系对申请日公开的原始技术方案能够实现以及所能实现的效果作出补强说明，以澄清审查员的误解。更详细地讲，补充实验数据所要证明的技术效果必须是从原始申请文件公开的内容中可被预期的，即在申请日或优先权日之前已经公开，属于现有技术，或其所要证明的技术效果系以本领域技术人员在申请日前的知识水平和认知能力，从说明书公开的内容中可以合理预期的，即可以从说明书公开的内容中直接得到或容易想到的。

本案中，本申请的优先权日为2002年11月15日，原告于2013年11月26日才补充实验数据，迟于优先权日十余年。A公司在一审、二审中提交的证据均不能证明其补充实验数据形成于优先权日之前，属于现有技术。虽然涉案专利申请说明书确实记载了“其不仅具有异常强效且就β2-肾上腺素受体而言，具有高度选择性的特性”的技术效果，且该技术效果未在对比文件1中公开，但是涉案专利申请说明书中没有关于该技术效果的任何定性或者定量的实验数据，也没有其他的内容予以印证，本领域技术人员根据涉案专利申请公开的内容以及本领域公知常识，基于其知识水平和认知能力难以在申请日时合理确定该技术效果的客观存在。在此情况下，不能基于A公司提交的补充实验数据证明涉案专利申请相对于对比文件1取得了预料不到的技术效果。

**【思考题】**

（1）区别技术特征的选取标准是什么？

（2）对补充实验数据有何要求？

（3）在何种情况下，发明的产品能够取得商业成功，可以被认定为具备创造性？

## 案例二 A公司与专利复审委员会、第三人B公司发明专利权无效行政纠纷案[1]

**【基本案情】**

**一、当事人基本情况**

B公司系名称为“用于治疗或预防高血压症的药物组合物的制备方法”的发明专利（涉案专利）的权利人。涉案专利权利要求以马库什方式撰写。

涉案专利授权时的权利要求如下：“1. 一种制备用于治疗或预防高血压的药物组合物的方法，该方法包括将抗高血压剂与药物上的可接受的载体或稀释剂混合，其中抗高血压剂为至少一种如下所示的式（I）化合物或其可用作药用的盐或酯，其中：$R_1$代表具有1至6个碳原子的烷基；$R_2$和$R_3$相同或不同，且各自代表具有1至6个碳原子的烷基；$R_4$代表：氢原子，或具有1至6个碳原子的烷基；$R_5$代表羧基、式$COOR_{5a}$基团或式-$CONR_8R_9$基团，其中$R_8$和$R_9$相同或不同并各自代表：氢原子；含有1至6个碳原子的未被取代的烷基；含有1至6个碳原子的被取代的烷基，该烷基被羧基取代或被其烷基部

[1] 参见北京市第一中级人民法院（2011）一中知行初字第2403号行政裁定书、北京市高级人民法院（2012）高行终字第833号行政裁定书、最高人民法院（2016）最高法行再41号行政裁定书。

分含有1至6个碳原子的烷氧羰基取代；或 $R_8$ 和 $R_9$ 一起代表含有2至6个碳原子的被取代的亚烷基，该亚烷基被一个其烷基部分含有1至6个碳原子的烷氧羰基取代；以及其中的 $R_{5a}$ 代表：含有1至6个碳原子的烷基；烷酰氧烷基，其中的烷酰基部分和烷基部分各自含有1至6个碳原子；烷氧羰基氧烷基，其中的烷氧基部分和烷基部分各自含有1至6个碳原子；（5-甲基-2-氧代-1,3-二氧杂环戊烯-4-基）甲基；或2-苯并［c］呋喃酮基；$R_6$ 代表氢原子；和 $R_7$ 代表羧基或四唑-5-基。”

A公司以涉案专利不具备创造性等为由向专利复审委员会提出无效宣告请求。被告为专利复审委员会。

## 二、专利复审委员会的复审决定

2010年8月30日，B公司对权利要求进行了修改，其中包括：删除了权利要求1中“或其可作药用的盐或酯”中的“或酯”两字；删除权利要求1中 $R_4$ 定义下的“具有1至6个碳原子的烷基”；删除了权利要求1中 $R_5$ 定义下除羧基和式 $COOR_{5a}$ 外的其他技术方案。专利复审委员会在口头审理过程中告知B公司，对于删除权利要求1中“或酯”的修改予以认可，但其余修改不符合《专利法实施细则（2002）》第68条的相关规定，该修改文本不予接受。B公司和A公司对此无异议。

2011年1月14日，B公司提交了修改后的权利要求书替换页，其中删除权利要求1中的“或酯”。专利复审委员会作出第16266号无效宣告请求审查决定（以下简称第16266号决定），认为涉案专利权利要求1相比于证据1是非显而易见的，具有创造性，符合《专利法》（2008年修正）第22条第3款的规定。遂在B公司于2011年1月14日提交的修改文本的基础上，维持涉案专利权有效。A公司不服，提起行政诉讼。

## 三、法院意见

一审法院认为，专利复审委员会以不符合《专利法实施细则》第68条的规定对B公司于2010年8月30日提交的修改文本不予接受并无不当。涉案专利权利要求1相对于证据1是非显而易见的，具备创造性。遂判决维持第16266号决定。A公司不服，提起上诉。

二审法院认为，马库什权利要求属于并列技术方案的一种特殊类型，B公司于2010年8月30日提交的修改文本缩小了涉案专利权的保护范围，符合《专利法实施细则》第68条第1款规定；涉案专利权利要求所涵盖的一个具体实施例的效果与现有技术的证据1中实施例的技术效果相当，因此，涉案专利权利要求1未取得预料不到的技术效果，不具备创造性，遂判决撤销一审判决和第16266号决定，责令专利复审委员会重新作出决定。专利复审委员会不服，向最高人民法院申请再审。

最高人民法院裁定提审本案后判决撤销二审判决，维持一审判决。最高人民法院认为，以马库什方式撰写的化合物权利要求应当被理解为一种概括性的技术方案，而不是众多化合物的集合；允许对马库什权利要求进行修改的原则应当是不能因为修改而产生具有新性能和作用的一类或单个化合物，但是同时也要充分考量个案因素；以马库什方式撰写的化合物权利要求的创造性判断应当遵循创造性判断的基本方法，即《专利审查指南》所规定的“三步法”；意料不到的技术效果是创造性判断的辅助因素，通常不宜跨过“三步法”而直接适用具有意料不到的技术效果来判断专利申请是否具有创造性。

**【主要法律问题】**

（1）马库什权利要求的性质及其在无效程序中的修改原则。

（2）马库什权利要求的创造性判断方法。

**【主要法律依据】**

**《专利审查指南2010》（2019年修订）**

第二部分第四章3.2.1.1　判断要求保护的发明相对于现有技术是否显而易见，通常可按照以下三个步骤进行。（1）确定最接近的现有技术……（2）确定发明的区别特征和发明实际解决的技术问题……（3）判断要求保护的发明对本领域的技术人员来说是否显而易见……

第四部分第三章4.6.1　发明或者实用新型专利文件的修改仅限于权利要求书，其原则是：（1）不得改变原权利要求的主题名称。（2）与授权的权利要求相比，不得扩大原专利的保护范围。（3）不得超出原说明书和权利要求书记载的范围。（4）一般不得增加未包含在授权的权利要求书中的技术特征。外观设计专利的专利权人不得修改其专利文件。

第四部分第三章4.6.2　在满足上述修改原则的前提下，修改权利要求书的具体方式一般限于权利要求的删除、合并和技术方案的删除。

**【理论分析】**

**一、马库什权利要求的性质及其在无效程序中的修改原则**

马库什权利要求是化学发明专利申请中的一种特别的撰写方式，它规定了一种在一份权利要求中若干个平行的可选项因素。马库什权利要求与化学中的共同上位概念在性质上存在差异，二者的基础不同。上位概念所包含的化合物具有相似的性质或者功能，并且依据化学领域的自然规律所得，为本领域的技术人员所认可。而马库什权利要求所包含的化合物涉及多个共同上位概念的交集，因此，权利人必须证明，所有可选择要素在本质和功能方面都是一致的，而且不会超出一般技术人员的预测。马库什权利要求产生的基础，直接关系到专利审查和侵权判定。

如果若干可供选用的要素在特定的马库什权利要求中都有相似的构造，那么它们可被视为在化学自然规律内具有一定的关联，称为马库什要素。马库什要素之间是相互独立的，并且构成了并列关系，其包含的所有化合物具有相似的结构或性质。含有一个或者多个马库什要素的通式化合物通常被称为马库什化合物，因为它们的性能和用途类似，故可归为一类。

在化合物的制备过程中，由于会受到温度、光照、催化剂等诸多外界因素的影响，往往会得到多种中间产物。这些产品通常具有相似的结构，也有类似的特征和构造，而化工制品的使用往往是一个广泛的领域，因此需要全方面地加以维护。因此，一般情况下，一份专利申请往往由多个不同的权利请求组成，以共同的方式来进行，这样就可以将结构相近的化合物纳入专利权保护范围，以最大限度地保障知识产权持有人的权益。在化学上，同系物、芳香族化合物、卤素等化学术语表示一类具有相似结构和功能的化合物，例如，甲酸由于其具有羧基基团而具有酸性，羧基作的官能团是影响该材料化学的关键性因素，通常情况下，将亚甲基（-ch2-）添加至结构中，从而得到具有相同性质的化学物质（乙酸、丙酸等）是显而易见的。当第一个发明人获得了一种甲酸而被准予把其他的同系物纳入专利保护范围，则发明人的专利权形同虚设。由于在化学方面的专利权申请中，往往含有大量相同性质的作用成分，因此，为了减轻申请人和审查员的负担，应当允许申请人采用马库什方式撰写权利要求书。一般而言，保留其功能性基团和结构，取代基对于化合物的性质不会造成实质性的影响，但这些不同属类的取代基团不能在化学术语中找到合适的归属，只能以具体罗列的方式对取代基进行描述。相对于罗列具体化合物的权利要求撰写方式而言，以化合物通式撰写权利要求的方式就显得更为经济和便捷，而且，这种撰写方式也将受到化学领域专利申请人的欢迎。

（一）马库什权利要求的性质

马库什权利要求是以美国化学家尤金·马库什的名字命名的。尤金·马库什提出了一种将三个紧密关联的化合物列为同一基团的专利要求，其形式是采用“从含有……的基团中选择”[1] 这一语句撰写权利要求，即以通式表示具有相同或相似结构、性能（或作用）的一组化合物，美国专利商标局附条件予以批准。其中，所附条件主要有三：（1）可选择要素之间可以相互替代；（2）权利要求清楚、保护范围准确；（3）可选择要素的结构、用途相同或单一。

马库什权利要求的优势在于其无比强大的概括能力。马库什权利要求以通式概括尽可能多的化合物，争取最大限度地获得专利的保护，主要表现在三个方面：（1）以一个上位概念概括若干下位实施例；（2）将多个上位概念进行多重组合；（3）将多个上位概念与若干下位概念进行次组合。由此，马库什权利要求包含多个并列的可选择要素（马库什要素），可以组合成若干具体化合物（马库什化合物）。但是，这些马库什要素和马库什化合物必须基于一个基础的母核结构（也就是通式），它们的能（或作用）、结构（或类别）应当具有相同或相似的性，应当都是属于一个总的发明构思（具有单一性）或概括性的组合方案，而不是多个并列技术方案的集合。

本案中，一审法院和专利复审委员会认为，删除某一马库什要素与删除某一并列

[1] US patent 1，506，316.

技术方案并不完全相同，专利权人的删除式修改实质上扩大了原专利权的保护范围。这一观点实际上将马库什权利要求作为一个整体技术方案来看待，故而具有高度概括性。而二审法院及A公司认为，马库什权利要求是各个并列技术方案的集合，所包含的具体化合物之间是相互独立的，并非不可分割的整体技术方案。按照二审法院的观点，马库什权利要求仅具有并列性，而不具有高度概括性。最高人民法院则认为，以马库什方式撰写的化合物权利要求属于高度概括的整体技术方案，具有高度概括性。马库什权利要求应当被视为马库什要素的集合，而不是众多化合物的集合，马库什要素只有在特定情况下才会表现为单个化合物。通常而言，马库什权利要求不管包含多少变量，其所包含的具体化合物应当为具有相同的性能或作用，应该视为一种概括性的技术方案。

（二）马库什权利要求在无效程序中的修改原则

在无效宣告程序中，为了获得授权，为了在修改的基础上维持专利权的有效性，应当允许申请人或权利人修改专利文件，防止由于检索技术的局限而使智力劳动成果遭到完全否定。马库什各要素之间是平行的，而马库什权利要求则是概括性的技术方案，在并列关系之上所得到的概括性使得马库什权利要求的性质更为复杂，而且在修改原则及方式上也与普通的专利不同。

《专利审查指南2010》（2019年修订）规定无效宣告请求审查阶段，发明和实用新型专利文件的修改应仅限于权利要求书，其遵循的基本原则[1]是：（1）不得改变原权利要求的主题名称；（2）与授权的权利要求相比，不得扩大原专利的保护范围；（3）不得超出原说明书和权利要求书记载的范围；（4）一般不得增加未包含在授权权利要求书中的技术特征。然而，现行的修改方式已经改为在符合上述修改原则的情况下，其具体的修改方法通常仅局限在权利要求的删除、技术方案的删除、权利要求的进一步限定、明显错误的修正。权利要求进一步限定是指在权利要求中补入其他权利要求中记载的一个或者多个技术特征，以缩小保护范围。可见，在无效程序中，专利文件修改途径更加多样化。但是，化学领域发明专利申请审查面临诸多特殊问题，比如，能否通过实验来确定其能否实验，有的化学产品需要借助于参数或者生产工艺定义，而新的性能和用途并不意味着其结构或者成分发生变化等。

本案中，专利权人在无效阶段的修改内容之一是删除了权利要求1中$R_4$定义下的“具有1至6个碳原子的烷基”；删除了权利要求1中$R_5$定义下除羧基和式$COOR_{5a}$（其中$R_{5a}$为（5-甲基-2-氧代-1,3-二氧杂环戊烯-4-基）甲基）外的其他定义。

专利复审委员会以上述修改不符合《专利审查指南》的相关规定为由拒绝了专利权人的修改。一审法院支持了专利复审委员会的观点，二审法院则认为在符合《专利法实施细则（2002）》第68条的基础上，应当允许专利权人在无效阶段对任一变量和任一选项进行删除式修改。

---

[1] 参见《专利审查指南2010》（2019年修订）第四部分第三章4.6.1。

最高人民法院审理后认为："鉴于化学发明创造的特殊性，同时考虑到在马库什权利要求撰写之初，专利申请人为了获得最大的权利保护范围就有机会将所有结构方式尽可能写入一项权利要求，因此在无效阶段对马库什权利要求进行修改必须给予严格限制，允许对马库什权利要求进行修改原则应当是不能因为修改而产生新性能和作用的一类或单个化合物，但是同时也要充分考量个案因素。如果允许专利申请人或专利权人删除任一变量的任一选项，即使该删除使得权利要求保护范围缩小，不会损害社会公众的权益，但是由于是否因此会产生新的权利保护范围存在不确定性，不但无法给予社会公众稳定的预期，也不利于维护专利确权制度稳定。"从最高人民法院的角度可以看出，在专利无效阶段并不禁止通过删除并列选项的方式修改马库什权利要求；但是也不能随意地对马库什权利要求的任一变量和任一选项进行删除式修改。在修改标准方面，最高人民法院指出对马库什要素进行删除式修改应当考虑化学发明创造性的特殊性，并充分考量个案因素，在满足"不能因为修改而产生新性能和作用的一类或单个化合物"原则的前提下，可以做适度修改。

无效程序中对权利要求进行修改，一方面为了保持专利权的稳定，保证专利权利要求的公示作用；另一方面，可以防止专利权人通过事后修改的方式把申请日时尚未发现、至少从说明书中无法体现的技术方案纳入本专利的权利要求中，为后来的发明抢占一个在先的申请日，使得社会公众的利益遭受损失。

针对马库什要素的删除式修改，最高人民法院在充分考虑化学领域的特殊性及个案因素的基础上，本着从严把握的原则，谨慎地采取了附条件接受的态度，兼顾了专利权人及公众的利益。最高人民法院的做法符合其在《关于充分发挥审判职能作用为深化科技体制改革和加快国家创新体系建设提供司法保障的意见》中所提出的合理调整专利授权确权司法审查标准，积极鼓励发明创造的指导思想，在充分考虑专利文件撰写的客观局限的基础上，尽可能保证确有创造性的发明创造取得专利权，实现专利申请人所获得的权利与其技术贡献相匹配。

## 二、马库什权利要求的创造性判断方法

马库什权利要求的创造性判断应当遵循创造性判断的基本方法，即《专利审查指南》所规定的"三步法"：（1）确定与发明专利最接近的现有技术；（2）确定发明专利相对于现有技术的区别特征和实际解决其最接近的现有技术所存在的技术问题；（3）判断现有技术整体上是否存在技术启示，使所属领域普通技术人员将发明专利的区别特征应用到其最接近的现有技术，以获得实际解决现有技术所存在技术问题的技术方案。意料不到的技术效果是创造性判断的辅助因素，而且作为一种倒推的判断方法，具有特殊性，不具有普遍适用性。因此，只有在经过"三步法"审查和判断得不出是否是非显而易见时，才能根据具有意料不到的技术效果认定专利申请是否具有创造性，通常不宜跨过"三步法"直接适用具有意想不到的技术效果来判断专利申请是否具有创造性。根据"三步法"判定，如果本专利的创造性结果是否定的，本领域技术人员未预见到技术效果，其中包括质变或新性能、超出预期想象的量变，表明该发

明专利与现有技术相比，对所属领域普通技术人员来说是非显而易见的，且能够产生有益的技术效果，即具有突出的实质性特点和显著的进步（发明专利创造性）。但如果按照“三步法”可以判断出该发明专利具备创造性，则不再强调其是否取得或产生预料不到的技术效果。

本案中，在判定创造性时，专利复审委员会和一审法院严格遵循了“三步法”，认定权利要求1的式（Ⅰ）化合物和最接近的现有技术——证据1的式（Ⅰ）化合物相比较具有两项区别技术特征，然后对两项区别技术特征的非显而易见性进行了分析，所属领域普通技术人员根据证据1所述化合物非经创造性劳动不能得到涉案专利权利要求1所述化合物，从而认定本专利权利要求1具有创造性，在这种情况下，是否取得或产生预料不到的技术效果对于涉案专利创造性的判断已经没有任何意义。

**【思考题】**

（1）马库什权利要求在专利无效审查阶段的修改应遵循什么原则？

（2）马库什权利要求的创造性判断方法与常规的判断方法有何异同？

## 第三节　充分公开的判定

现代专利制度下的专利权，是建立在对文字所表述之技术思想上的一定期限内的绝对垄断权。对价理论一直是现代专利制度合理性的重要支柱；按照该理论，专利权人必须将向社会公布全部技术内容，这便为披露制度（即文件公开制度）。披露制度不仅起到避免重复研发的作用，而且使得社会在无需为获取该信息承担实验费用的情况下判断是否有改进某一方法的可能性，给相关领域技术研究以启示，从而使浪费性重复最小化。有学者指出，在美国宪法的知识产权条款中的“progress”一词，更应侧重“传播”之含义，[1] 促进技术传播是专利法的重要命题，可见，披露制度是现代专利法体系中的重要制度。专利申请文件中的说明书用来详细说明发明或实用新型的具体内容，主要起着向社会公众公开发明和实用新型技术内容的作用。[2] 为督促专利权人对其技术信息完整披露，目前各国均对专利说明书必须记载的内容有实质要求，称为说明书公开充分要件。我国《专利法》第26条第3款表述为“说明书应当对发明或者实用新型作出清楚、完整的说明，以所属技术领域的技术人员能够实现为准”，该规定从1984年《专利法》颁布开始从未修改过。

何为“所属技术领域的技术人员能够实现”，根据《专利审查指南2010》（2019年修订）、《专利审查指南2010》及《审查指南2006》的规定，“所属技术领域的技术人

[1] 杨利华. 美国专利法史研究［M］. 北京：中国政法大学出版社，2012：58-59.

[2] 彭玉勇. 专利法原论［M］. 北京：法律出版社，2019：131.

员能够实现，是指所属技术领域的技术人员按照说明书记载的内容，就能够实现该发明或者实用新型的技术方案，解决其技术问题，并且产生预期的技术效果”。根据《审查指南2001》的规定，“所属技术领域的技术人员能够实现，是指所属技术领域的技术人员按照说明书记载的内容，不需要创造性的劳动，就能够再现该发明或者实用新型的技术方案，解决其技术问题，并且产生预期的技术效果”。根据《审查指南1993》的规定，“所属技术领域的技术人员能够实现，是指所属技术领域的技术人员按照说明书记载的内容，不需要创造性的劳动，就能够再现该发明或者实用新型的技术方案，达到其目的，并且具有有益的效果”。《专利审查指南2010》（2019年修订）、《专利审查指南2010》及《审查指南2006》与《审查指南2001》及《审查指南1993》相比，其主要区别在于删除了“不需要创造性的劳动”。在评判所属技术领域的技术人员是否能够实现时，所属技术领域的技术人员被假定为“不具有创造能力”。“所属技术领域的技术人员能够实现”当然是指，所属技术领域的技术人员按照说明书记载的内容，在不需要创造性劳动的情况下，能够实现该发明或者实用新型的技术方案，解决其技术问题，并且产生预期的技术效果。因此，尽管后来《专利审查指南》的规定中删除了“不需要创造性的劳动”，但“所属技术领域的技术人员能够实现”在各版本《专利审查指南》中的含义实质上是相同的。

“所属技术领域的技术人员能够实现”的判断主体是“所属技术领域的技术人员”。根据《专利审查指南2010》（2019年修订）中的规定，“所属技术领域的技术人员，也可称为本领域的技术人员，是指一种假设的‘人’，假定他在知晓申请日或者优先权日之前发明所属技术领域所有的普通技术知识，能够获知该领域中所有的现有技术，并且具有应用该日期之前常规实验手段的能力，但他不具有创造能力。如果所要解决的技术问题能够促使本领域的技术人员在其他技术领域寻找技术手段，他也应具有从该其他技术领域中获知该申请日或优先权日之前的相关现有技术、普通技术知识和常规实验手段的能力”。

对于如何最大程度合理化明确“本领域技术人员”标准并在此基础上确定说明书记载信息量充足与否，可从以下层面认识：首先，明确本领域技术人员的知识水平范围，这一因素是公开充分这一条款下当事人可以举证之范围，也是判断机关可以查明事实之范围。这一步骤应该是客观化的证据证明过程，而非简单基于当事人陈述或实际判断者的经验进行认定。其次，确定本领域技术人员认知能力，这一因素决定了判断者可以运用的技术推理能力程度。尽管判断主体可以依据其自身技术经验在具体案件中基于其理解进行预测或估计，但是由于专利案件技术判断之复杂、个体知识之局限导致的推理局限与误差，应更多借助事实鉴定、专家证人（结合法庭专家证人或技术调查官）的方式，弥补判断者能力不足，并消除当事人基于其立场而带来的固有技术曲解。在这一过程中不仅事实判断应借助证据证明或查明，对技术经验和相关推理分析能力的确定也应借助专家证言或鉴定，从而得出更客观的结论。

## 案例　A公司与B公司、国家知识产权局发明专利权无效行政纠纷案❶

### 【基本案情】

#### 一、当事人基本情况

A公司系名称为“一种聊天机器人系统”（以下简称“小i机器人”）发明专利的专利权人。

B公司在其发布的手机上推出智能个人助理服务，与A公司就专利侵权、专利保护范围产生争议。

#### 二、诉讼过程

2012年11月19日，B公司针对涉案专利权向专利复审委员会提出了无效宣告请求。2013年9月3日，专利复审委员会作出第21307号无效宣告请求审查决定，维持涉案专利权全部有效。B公司不服第21307号决定，向北京市第一中级人民法院提起行政诉讼。北京市第一中级人民法院作出（2014）一中知行初字第184号行政裁定之后，B公司不服该裁定，向北京市高级人民法院提起上诉。2015年4月21日，北京市高级人民法院作出（2014）高行（知）终字第2935号行政裁定，B公司不服该裁定，向最高人民法院申请再审。最高人民法院于2016年12月28日作出行政裁定，提审该案。2020年3月27日，最高人民法院作出（2017）最高法行再34号行政裁定。

#### 三、涉案专利情况

A公司系专利号为××××××××，名称为“小i机器人”发明专利的专利权人。该专利的权利要求1如下：“1. 一种聊天机器人系统，至少包括：一个用户；和一个聊天机器人。该聊天机器人拥有一个具有人工智能和信息服务功能的人工智能服务器及其对应的数据库，该聊天机器人还拥有通讯模块，所述的用户通过即时通讯平台或短信平台与聊天机器人进行各种对话，其特征在于，该聊天机器人还拥有查询服务器及其对应的数据库和游戏服务器，并且该聊天机器人设置有一个过滤器，以用来区分所述通讯模块接收到的用户语句是否为格式化语句或自然语言，并根据区分结果将该用户语句转发至相应的服务器，该相应的服务器包括人工智能服务器、查询服务器或游戏服务器。”

B公司针对该专利向专利复审委员会提出了无效宣告请求。其中的主要争议点之一是：利用游戏服务器来实现游戏功能是否为说明书所充分公开。专利复审委员会在第21307号无效宣告请求审查决定❷中认为：“针对请求人提出的本专利实施例没有给

---

❶ 参见北京市第一中级人民法院（2014）一中知行初字第184号行政裁定书、北京市高级人民法院（2014）高行（知）终字第2935号行政裁定书、最高人民法院（2017）最高法行再34号行政裁定书。

❷ 参见《无效宣告请求审查决定书》第21307号。

出如何利用游戏服务器5来实现游戏功能的无效理由，合议组认为，本专利说明书第3页第11—14行记载了‘聊天机器人9本质上是一个或若干个机器人服务器2，其中设置有通信模块21、过滤器22、对话模块23、查询模块24，其一端连接用户1，另一端连接人工智能服务器3和/或查询服务器4和/或游戏服务器5’，即实施例中公开了用户通过机器人服务器2连接到游戏服务器5。另外，本专利说明书第5页第7—9行记载了‘在机器人中我们特别倡导互动性，机器人可以实现以下互动游戏（智力闯关、智力问答、24点、猜数字等）’。本领域技术人员由上述记载内容能够实现，用户通过即时通信平台与聊天机器人进行对话，该聊天机器人的另一端连接游戏服务器，根据聊天机器人识别的对话内容，用户就可以利用游戏服务器实现以文字互动为基础的游戏功能，因此本领域技术人员根据说明书的上述记载能够实现本发明利用聊天机器人系统的游戏服务器互动游戏的功能。”

**四、法院意见**

北京市第一中级人民法院认为：“聊天机器人系统必然对用户语句进行语言分析，将语言分析后与游戏相关的内容发送至游戏服务器，这也是本领域技术人员根据其普通技术知识能够实现的。B公司关于本专利未充分公开如何实现游戏功能的主张不能成立。”

北京市高级人民法院认为：“说明书仅仅记载了具有一个游戏服务器以及提到实现互动游戏的设想，而对于游戏服务器与聊天机器人的其他部件如何连接，例如，对什么样的用户输入的什么内容传送到游戏服务器以及如何将用户的指令传送到游戏服务器中，完全没有记载。此外，根据说明书的记载和教导，过滤器对用户输入语句进行判断，判断为格式化语句的则通过查询模块24输出到查询服务器4，而判断为自然语句的则通过对话模块23输出到人工智能服务器3。因此，根据本专利说明书的记载，本专利的聊天机器人系统中，如果用户输入的是和游戏相关的语句，即使其能够由过滤器分析处理，其也只是被过滤器判断为自然语句或格式化语句，而输送到人工智能服务器3或查询服务器4中，而根本不可能输送到游戏服务器5中。由此可见，本专利说明书未充分公开如何实现本专利权利要求1所限定的游戏功能，违反了《专利法》第26条第3款的内容，本专利应当被宣告无效。……判断说明书是否充分公开的依据在于本领域技术人员根据说明书的记载能够确定的内容，即，说明书记载的信息量应当足够充分，或者至少应当提供足够明确的指引，以促使本领域技术人员据此获知相关的现有技术来具体实现本专利的技术方案。但原审判决却认为只要本领域技术人员可以实现的内容就属于公开充分，而不考虑这些内容是否已经在说明书中被教导、记载或指引，这显然不符合《专利法》第26条第3款的立法本意。”

最高人民法院认为：“本专利与对比文件相比具有游戏服务器并不是本专利获得授权的原因，游戏服务器并非本专利区别于现有技术的特征。主要理由在于：1. 审查员在第一次审查意见通知书中已经明确表示游戏服务器属于本领域惯用手段，该观点也符合信息技术领域所属技术人员的认知，在此情况下，本专利申请不可能因其与对比文件的区别特征在于具有游戏服务器而获得授权。2. 本专利申请人在答复第三次审查意见通知书时将本专利权利要求1补充了许多与‘过滤器’相关的技术特征，基于本专利申请人的上述较大实质性修改，审查员对修改后的权利要求书进行了授权。3. 该认定符合原始权利要求1、4、5的表述。从本专利申请公开的原始权利要求1、4、5可以看出，原始权利要求1强调本专利申请与现有技术的区别特征是通过人工智能服务器实现用户与聊天机器人的各种对话，游戏服务器并不是其区别特征，也没有限定游戏服务器的连接关系；原始权利要求4、5进一步限定了过滤器与对话模块、查询模块以及对话模块与人工智能服务器连接、查询模块与查询服务器连接。上述撰写方式及其内容能够反映出专利权人在无效阶段所强调的本专利的发明目的，即，以过滤器为技术手段区分格式化语句和自然语言，根据区分结果将用户语句转发至相应的服务器，从而提高人机对话系统的效率和可用性。应当结合本专利的记载和现有技术的状况来确定本专利区别于现有技术的特征。主要理由在于：1. 申请人或者专利权人自认的区别技术特征有时并不客观，与本领域普通技术人员对此的判断结果可能存在差异。如在本案中，虽然申请人在本专利授权审查阶段曾经表示，游戏服务器和查询服务器是本专利申请区别于现有技术的技术特征，但审查员在第一次审查意见通知书中已经明确指出，在聊天服务系统中设置游戏服务器是本领域常规设置。2. 结合本专利的记载和现有技术的状况确定本专利区别于现有技术的区别特征，并在此基础上判断本专利是否具备授权条件，符合以公开换保护的专利法立法宗旨，也有助于保证判断结果的客观性和适用不同法条的判断结果的一致性和协同性。

综上，应当认定游戏服务器并不是本专利与现有技术的区别技术特征。

在游戏服务器不是本专利与现有技术的区别技术特征的情况下，根据前述《专利审查指南》的相关规定，对于涉及游戏服务器的技术方案可以不作详细描述。本案中，本领域普通技术人员根据本专利说明书的相关记载内容可以实现，聊天机器人的一端连接用户，另一端连接游戏服务器，用户通过即时通讯平台或短信平台与聊天机器人进行对话，可以使用格式化的命令语句与机器人做互动游戏。因此，本专利涉及游戏服务器的技术方案符合《专利法》第26条第3款规定。”

**【主要法律问题】**

说明书是否充分公开的判断思路。

**【主要法律依据】**

**一、《专利法》（2020年修正）[1]**

第26条第3款　说明书应当对发明或者实用新型作出清楚、完整的说明，以所属技术领域的技术人员能够实现为准……

---

[1] 本案审理时适用《专利法》（2008年修正）。

二、《专利审查指南 2010》（2019 年修订）

第二部分第二章 2. 1　说明书对发明或者实用新型作出的清楚、完整的说明，应当达到所属技术领域的技术人员能够实现的程度。也就是说，说明书应当满足充分公开发明或者实用新型的要求。

【理论分析】

判断充分公开的标准是，所属领域的技术人员按照说明书记载的内容，是否“能够实现该发明或者实用新型的”技术方案，解决其技术问题，并且产生预期的技术效果。可见，在判断是否符合《专利法》第 26 条第 3 款的规定时，需要考虑发明解决的技术问题，如果说明书给出了技术手段，但本领域技术人员采用该手段不能解决发明所要解决的技术问题，同样不符合《专利法》第 26 条第 3 款的规定。但需要考虑发明解决的技术问题不意味着必须首先考虑发明解决的技术问题，如果一个发明的技术方案本身都无法实现，显然已经不符合《专利法》第 26 条第 3 款的规定，这时候再考虑发明要解决的技术问题已经没有实际意义。因此，技术方案的再现和是否解决了技术问题、产生了技术效果的评价之间，存在着先后顺序上的逻辑关系，应首先确认本领域技术人员根据说明书公开的内容是否能够实现该技术方案，然后再确认是否解决了技术问题、产生了技术效果，在未对技术方案本身是否可以实现作出确认的前提下，其与现有技术相比是否能够解决相应的技术问题，并实现有益的技术效果均无从谈起。

根据《专利审查指南 2010》（2019 年修订）及以往最高人民法院的判例，判断说明书是否充分公开的一般步骤为：第一，确认本领域技术人员根据说明书公开的内容是否能够实现该技术方案；第二，确定该技术方案是否解决了技术问题、产生了技术效果。

本案中，在关于《专利法》第 26 条第 3 款这一争议焦点之中，包括以下几个问题：本专利说明书对于如何实现游戏功能、如何区分格式化语句或自然语句、如何通过网络学习来扩充对话数据库、如何实现精确搜索功能、如何检索对话数据库以获得拟人化聊天信息是否充分公开。其中争议最大的问题是本专利涉及“游戏服务器”的技术方案是否符合《专利法》第 26 条第 3 款规定，即是否充分公开。

一审法院认为，根据专利说明书所记载的发明目的可知，该专利的首要目的在于实现拟人化对话，游戏功能仅为拟人化对话基础上的附加功能，而非该发明的主要技术内容。为实现拟人化对话，专利说明书中明确“用户 1 输入一句子在即时通信平台并通过网络传送给聊天机器人 9，经通信模块 21 接收后送到过滤器 22，进行是否为格式化命令语句的判断；如果是格式化命令语句，即送到查询模块 24 处理，如果是一个自然语句，则送到对话模块 23 处理”，换言之，过滤器并不对用户语句所需执行的内容予以区分，而是将用户语句划分为格式化语句和自然语句，进行分类处理，以加快处理速度、实现拟人化对话。就权利要求 1 中限定的游戏服务器而言，本领域技术人员运用其普通技术知识能够清楚其所涉及的服务内容，只有通过语言分析才能判断其是否与游戏功能相关，因此聊天机器人系统需对用户语句加以分析，后将相关内容发送至游戏服务器，本领域技术人员根据其普通技术知识便足以实现该内容。综上，关于专利未充分公开如何实现游戏功能的主张不能成立。

二审法院认为，游戏功能并非附加功能，而是实现拟人化的一种表现形式，游戏功能应当是专利权利要求 1 所记载的必要技术内容。独立权利要求应表述发明所要解决的技术问题的一个完整的技术方案。据专利说明书的记载，实现游戏功能为权利要求 1 的技术方案所要实现的功能，并且，A 公司在专利授权阶段的审查中主张游戏功能为使专利具有创造性的技术特征。因此，实现游戏功能为该专利必不可少的技术特征。但说明书仅记载了具有一个游戏服务器以及实现互动游戏的设想，对游戏服务器与聊天机器人的其他部件如何连接并未记载。此外，据说明书记载，过滤器对用户输入语句进行判断，判断为格式化语句的则通过查询模块 24 输出到查询服务器 4，判断为自然语句的则通过对话模块 23 输出到人工智能服务器 3。因此，若用户输入的是游戏相关的语句，由过滤器分析处理后仅能送到人工智能服务器 3 或查询服务器 4 中，无法送到游戏服务器 5 中。综上，专利说明书未充分公开如何实现权利要求 1 所限定的游戏功能，该专利应被宣告无效。

二审法院认为，“判断说明书是否充分公开的依据在于本领域技术人员根据说明书的记载能够确定的内容，即，说明书记载的信息量应当足够充分，或者至少应当提供足够明确的指引，以促使本领域技术人员据此获知相关的现有技术来具体实现本专利的技术方案。但原审判决却认为只要本领域技术人员可以实现的内容就属于公开充分，而不考虑这些内容是否已经在说明书中被教导、记载或指引，这显然不符合《专利法》第 26 条第 3 款的立法本意”。本案中所属领域技术人员根据说明书的记载并结合所属领域技术人员在申请日能够获得的现有技术就能够实现所述游戏功能，但不能因为根据能够获得的现有技术能够实现就不需要在说明书中记载现有技术，而至少必须记载获知相关现有技术的明确指引。这一观点强调了说明书公开的内容，而忽视了本领域技术人员的作用。

再审法院认为，应站在本领域技术人员的角度判断说明书是否公开充分。本领域技术人员是一种假设的“人”，虽然不具有创造能力，但不仅知晓申请日或者优先权日之前发明所属领域所有普通技术知识，并能够获知该领域中所有的现有技术，还能应用该日期之前常规实验手段。本案中，专利申请日前，于聊天服务系统中设置游戏服务器为常规设置，包括美国专利在内的现有技术已经公开了相关技术内容。本领域技术人员能获知本领域现有技术，通过检索现有技术可实现在聊天机器人系统连接游戏服务器并进行游戏，无需由说明书给出具体指引。与二审法院的观点相比，这一观点强调了本领域技术人员的作用。

另外，再审法院对说明书是否充分公开给出了新的判断思路：首先确定该技术特征属于涉案专利与最接近的现有技术共有的技术特征还是区别于现有技术的技术特征，在此基础上采用不同的标准进行判断。详言之，根据《审查指南 2001》第二部分第二章2.2.6的规定，在具体实施方式部分，对最接近的现有技术或者与最接近的现有技术共有的技术特征，可不作详细描述；但对区别于现有技术的技术特征，应足够详细地描述，以所属技术领域的技术人员能够实现该技术方案为准。该规定对于与现有技术的共有技术特征和区别现有技术的技术特征的公开提出了不同的要求，对本领域技术人员知识和能力范围以内的技术特征，公开要求较低，而对于本领域技术人员知识和能力范围以外的、区别于现有技术的技术特征，则公开要求较高。

具言之，再审法院裁判思路如下：首先，结合本专利文件和审查档案来理解涉及游戏服务器的技术方案，并判断游戏服务器是否属于本专利区别于现有技术的技术特征；其次，判断其是否符合《专利法》第26条第3款的规定。

### 一、如何理解本专利涉及游戏服务器的技术方案

（1）本领域技术人员通过阅读本专利说明书可知，专利限定的游戏服务器功能是通过专利中描述的格式化语句调用现有的成熟游戏模块来实现的。因此，B公司关于在专利的整个聊天机器人系统中不存在访问游戏服务器的数据通路的主张不成立。

（2）根据A公司向再审法院提交的证据4，即（2015）沪科咨知鉴字第16号知识产权司法鉴定意见书及其所附本专利申请日之前的相关专业文献与本专利说明书的记载，使用格式化语句调用游戏模块来实现游戏功能，属于专利申请日之前的现有技术。

（3）根据本领域普通技术人员的理解，专利虽然基于功能的不同分别列明了游戏服务器与查询服务器，但并没有限定游戏服务器与查询服务器是物理上分离的两个服务器，同一个服务器可以同时具备查询和游戏功能，B公司在专利无效程序中提交的附件1中的工具箱128就同时具有查询服务器和游戏服务器的功能。

### 二、游戏服务器是否属于本专利区别于现有技术的技术特征

综合考虑整个审查过程，可知游戏服务器并非涉案专利获得授权的原因，游戏服务器并非区别于现有技术的特征，理由在于：首先，一通时审查员已经明确表示游戏服务器属于本领域惯用手段，该观点也符合信息技术领域所属技术人员的认知，在此情况下，涉案专利申请不可能因其与对比文件的区别特征在于具有游戏服务器而获得授权；其次，三通答复时申请人补充了与“过滤器”相关的特征，基于该较大实质性修改涉案专利才获得授权；最后，该认定符合原始权利要求1、4、5的表述，强调区别特征是实现用户与聊天机器人的各种对话，游戏服务器并不是其区别特征。

此外，在判断专利是否符合《专利法》第26条第3款规定并需要判断相关技术特征是否属于区别于现有技术的技术特征时，应当以专利申请人或者专利权人自认的区别技术特征为判断标准，还是应当结合专利的记载和现有技术的状况确定。再审法院确定了应当结合本专利的记载和现有技术的状况来确定本专利区别于现有技术的特征，而不是仅仅依据专利申请人或者专利权人自认的区别技术特征。

### 三、专利涉及游戏服务器的技术方案是否符合《专利法》第26条第3款规定

在游戏服务器不是涉案专利与现有技术的区别技术特征的情况下，根据《专利审

查指南2010》（2019年修订）的规定，对于涉及游戏服务器的技术方案可以不作详细描述。本案中，本领域普通技术人员根据涉案专利说明书的相关记载内容可以实现，聊天机器人的一端连接用户，另一端连接服务器，用户通过即时通讯平台或短信平台与聊天机器人对话，可以使用格式化的命令语句与机器人做互动游戏。因此，本案中有关游戏服务器的内容公开充分，符合《专利法》第26条第3款的规定。

根据审理过程，可总结新的说明书是否充分公开的思路：确定诉争技术特征是涉案专利与最接近的现有技术共有的技术特征还是区别技术特征，若为区别技术特征，说明书又没记载，则说明书公开不充分；若为共有技术特征，说明书没记载，由于本领域技术人员可以自行检索实现，无需指引，则说明书公开充分。

**【思考题】**

（1）说明书应该如何描述技术特征？

（2）区别于现有技术的特征应如何选择？

（3）本领域技术人员的能力应如何认定？

## 第四节　发明专利的侵权判定

专利权是一种法定的垄断权，法律创设这种垄断权是为了保护和鼓励发明创造、刺激技术创新，即保护专利权人的利益。但专利法的目的不限于此，我国《专利法》（2020年修正）第1条明确规定，专利法的立法宗旨还包括“推动发明创造的应用，提高创新能力，促进科学技术进步和经济社会发展”，其中“推动发明创造”和“促进经济社会发展”均强调对专利技术使用者和社会公众利益的保护。因此，完善的专利法律制度必须兼顾专利权人、专利技术使用者和社会公众的利益，设计一种合理的运作方式，将公众付出的代价控制在合理限度之内。换言之，专利法律制度应适当控制专利权人行使专利权的行为，防止专利权被滥用，使发明专利发挥出最佳社会效益。为实现前述目的，《专利法》（2020年修正）第67条规定了现有技术或现有设计抗辩，明确实施现有技术或现有设计从根本上不构成对专利权的侵犯。此外，《专利法》（2020年修正）第75条规定了“不视为侵犯专利权”的五种情形，虽然这五种情形从表面看来都是未经许可而实施专利，构成了对专利权的侵犯，但基于特定立法政策的考量，专利法规定这些情形应不被视为对专利权的侵犯。

本节主要讨论发明专利权的保护范围、现有技术抗辩、发明专利权限制中的在先使用以及法院判令侵权人停止侵权行为之例外。首先，就发明专利权的保护范围而言，根据《专利法》（2020年修正）第64条之规定，发明或者实用新型专利权的保护范围以其权利要求的内容为准，说明书及附图可以用于解释权利要求的内容；人民法院应当根据权利要求的记载，结合本领域普通技术人员阅读说明书及附图后对权利要求的理解，确定权利要求的内容。其次，就现有技术抗辩而言，当被诉落入专利权保护范围的全部技术特征，与一项现有技术方案中的相应技术特征相同或者无实质性差异的，即属于现有技术；若被控侵权人有证据证明其实施的技术或设计属于现有技术或现有设计的，不构成侵犯专利权。再次，就发明专利权限制中的在先使用而言，在专利申请日前已经制造相同产品、使用相同方法或者已经作好制造、使用的必要准备，并且仅在原有范围内继续制造、使用的，不视为侵犯专利权。最后，就法院判令侵权人停止侵权行为之例外而言，根据《最高人民法院关于审理侵犯专利权纠纷案件应用法律若干问题的解释（二）》（2020 年修正）第 26 条之规定，被告构成对专利权的侵犯，权利人请求判令其停止侵权行为的，人民法院应予支持，但基于国家利益、公共利益的考量，人民法院可以不判令被告停止被诉行为，而判令其支付相应的合理费用。换言之，在专利侵权纠纷中，人民法院不判令侵权人停止侵权行为必须是基于国家利益、公共利益的考量。

## 案例一　A 公司、B 公司与 C 公司侵害发明专利权纠纷案[1]

**【基本案情】**

### 一、当事人基本情况

A 公司系专利名称为“一种输入过程中删除信息的方法及装置”的专利权人。

B 公司系该专利的被许可人，因其与 A 公司签订《专利实施许可合同》，合同约定 A 公司将涉案专利以普通许可的方式，许可 B 公司实施涉案专利，许可期限自 2012 年 1 月 1 日起 10 年。

C 公司实施了可能侵犯涉案专利权的输入法。

### 二、诉讼过程

A 公司、B 公司认为 C 公司 2017 年 3 月以前多个版本的输入法侵犯其专利权，向法院提起诉讼。一审法院判决，C 公司的输入法落入涉案专利保护范围，其主张的现有技术抗辩不成立，判决 C 公司停止使用涉案发明专利权的行为及停止发行或通过任何方式向第三方提供使用涉案发明专利权的“输入法”产品。C 公司不服，提起上诉。二审法院于 2018 年 11 月 30 日作出判决，驳回上诉，维持原判。C 公司不服二审判决，向最高人民法院申请再审，最高人民法院于 2020 年 12 月 31 日作出判决，撤销一审、二审判决，驳回 A 公司、B 公司有关判令 C 公司立即停止使用侵犯发明专利权的删除信息的方法，立即停止发行或通过任何方式向第三方提供侵害发明专利权的输入法产品的诉讼请求。

---

[1] 参见北京知识产权法院（2015）京知民初字第 1943 号民事判决书、北京市高级人民法院（2018）京民终 498 号民事判决书、最高人民法院（2020）最高法民再 82 号民事判决书。

## 三、涉案专利情况

涉案专利名称为“一种输入过程中删除信息的方法及装置”，专利号200810116×××.8，申请日2008年7月4日，授权公告日2011年9月28日，专利权人A公司。A公司与B公司于2015年4月10日签订《专利实施许可合同》，合同约定A公司将涉案专利以普通许可的方式，许可B公司实施涉案专利，许可期限自2012年1月1日起10年。该合同第3条第4项约定：经A公司授权，B公司有权以自己的名义单独或与A公司共同就本协议所涉专利的侵权行为提起诉讼。

涉案专利保护的是一种输入过程中删除信息的方法及装置，其中权利要求1为方法权利要求，权利要求7为权利要求1相对应的装置权利要求即产品权利要求。涉案专利授权公告文本记载的权利要求1：“一种输入过程中删除信息的方法”，其特征在于，输入区域包括编码输入区和字符上屏区，所述方法包括：当输入焦点在编码输入区时，接收删除键的指令，删除已输入的编码；当所有的编码全部删除完时，暂停接收所述删除键的指令；当所述删除键的按键状态达到预置条件时，继续接收删除键的指令，删除字符上屏区中的字符。

涉案专利授权公告文本记载的权利要求7：“一种输入过程中删除信息的装置，其特征在于，输入区域包括编码输入区和字符上屏区”，所述装置包括：按键处理单元，用于当输入焦点在编码输入区时，接收删除键的指令，并触发编码删除单元；编码删除单元，用于删除已输入的编码；控制单元，用于当所有的编码全部删除完时，暂停接收所述删除键的指令；当所述删除键的按键状态达到预置条件时，继续接收所述删除键的指令，则触发字符删除单元；字符删除单元，用于删除字符上屏区中的字符。双方当事人均认可涉案权利要求1为涉案专利的最大保护范围，且涉案专利权利要求1与权利要求7具有实质相同的保护范围，并同意以涉案专利权利要求1为比对对象。

涉案专利说明书记载：“［0005］上述删除方法存在的问题是，如果用户在删除拼音时，由于着急连续按下删除键，就会在不知不觉中多按下几次，这样就会将拼音删除掉，如果拼音被全部删除掉，而多按的几次删除操作还将继续，则已经上屏的汉字也会被删掉。如果采用长时间按删除键的方式，也会存在同样的问题，即如果用户操作失误，就会多删掉用户不想删除的信息。［0006］本发明所要解决的技术问题是解决现有的删除方法在进行编码删除的时候，由于误操作将已经上屏的字符也删除的问题。［0029］本发明对于输入焦点的控制，可以在所有的编码全部删除完时跳转到字符上屏区，然后根据删除键的按键状态判断是否继续接收删除键的指令。也可以在删除完所有编码后，输入焦点继续停留在编码输入区，而在符合预置条件的时候，所述输入焦点才会跳转到字符上屏区。［0074］等到最后一个拼音被删除后，如果清除键还是处于被按下状态，则终止清除键的作用，系统不会继续执行删除操作……［0077］在长时间按下清除键的情况下，删除操作是在清除键被按下的时候开始执行，删除拼音的个数可以与长按的时间有关系，例如间隔0.1秒删除一个拼音，清除键被按下的时间越长，被删除掉的拼音也越多；如果在删除较长拼音串的过程中，中间抬起了删除键，则没有把全部拼音删除掉。同时，删除拼音的个数也可以不依赖于长按的时间，即只要进入按键的长按状态，就会把所有的拼音都删除掉。还有一种情况，长按的时候可能会设置前几个拼音是规律性间隔时间删除，时间再长就可能快速删除了。本发明在此不作具体限定。”

涉案专利说明书第［0052］段记载：“用户按下删除键的方式主要包括连续按下（也称为多次短按）和长时间按下（长按）。在连续按键时，每一次按键都进行一次删除操作……在长时间按下删除键时，如果删除键不弹起，就会一直执行删除操作。”第［0058］段记载：“根据用户的输入习惯，按键方式可细分为三种：第一种，一次一次地按清除键【C】（短按），以便达到部分删除拼音的目的；第二种，长时间按下清除键【C】（长按），目的是快速删除拼音；第三种，短按和长按相结合的按键方式。”第［0054］段还记载：“在编码窗口中的所有编码都已经删除的情况下，如果用户继续按下删除键（无论是长按还是多次短按），由于输入焦点停留在编码输入区，而不会继续执行删除指令，因此不会把字符上屏区的字符也删除掉。而当符合预置条件时，输入焦点跳转到字符上屏区，用户可以继续删除字符……从而避免了误操作的删除。”

关于本案争议的输入法“快速短按”，一审庭审笔录记载：“（字符）上屏区输入搜狗输入法字符，在编码（输入）区输入拼音，连续以一个非常快的频率点击五次删除键，会删除拼音，没有删除（字符）上屏区的搜狗输入法字符。”C 公司认为：“原告短按的输入并非短按，其手指并没有离开屏幕，实现的效果依然是长按。”2019 年 11 月 5 日，最高人民法院再审审查期间对本案进行第一次询问，C 公司主张，一审庭审演示的“快速短按”实为一次长按，其在一审中已经就此提出了异议。2019 年 12 月 9 日，最高人民法院再审审查期间对本案进行第二次询问，经调取一审法院封存的三星手机实物，当庭拆封并由当事人核对无异议后，当庭进行了演示。B 公司的委托诉讼代理人用三星手机演示其声称的“快速短按”，主张只有用“很快”的速度连续按删除键，才能出现“只删除编码输入区的拼音，不删除上屏文字”。C 公司则主张，一次短按操作需要按下删除键并抬起删除键，而被申请人所声称的“快速短按”并非一般消费者在使用手机时所进行的连续短按，也与涉案专利说明书中的记载不相符；且在操作“快速短按”的过程中一直未抬起删除键，实质是“长按”。法庭当庭指出，在 B 公司的委托诉讼代理人操作其主张的“快速短按”的过程中，用肉眼观察难以确认其手指是否离开屏幕（删除键），双方当事人对此存在重大争议，故法庭要求双方当事人庭后向有关技术人员核实，可否通过技术手段查明 B 公司主张的“快速短按”是否有按键抬起的间隔时间要求，并在庭后提交相关检测报告。此后，双方当事人均未向最高人民法院提交检测报告。

最高人民法院提审后，于 2020 年 12 月 11 日开庭审理本案。经法庭准许，A 公司、B 公司的委托诉讼代理人当庭使用手机再次进行演示。关于 A 公司、B 公司主张的“快速短按”，B 公司的委托诉讼代理人仍然声称其“快速短按”删除键能够实现“只删除编码区拼音，不删除上屏文字”，但 A 公司、B 公司的其他诉讼代理人均未能再现。经合议庭三名成员分别操作，也不能再现B公司所主张的“快速短按”能够“只删除编码区拼音，不删除上屏文字”的技术效果。经演示，对删除键进行“短按”操作时，输入法将编码输入区的拼音串删除后，会继续删除字符上屏区的字符，不能防止误删除字符上屏区的字符。C公司坚持认为，B公司的委托诉讼代理人演示其所主张的“快速短按”时，手指未离开触摸屏（删除键），实为一次“长按”；连续短按操作才符合用户使用的实际情况。A公司、B公司当庭明确：（1）不再主张输入法的“短按”技术方案侵害涉案专利权；（2）输入法的“快速短按”落入涉案专利权保护范围，侵害涉案专利权。法庭再次要求双方当事人庭后向有关技术人员核实，通过技术手段查明“快速短按”的按键抬起时间间隔要求，庭后5个工作日内提交检测报告。此后，A公司、B公司仍然未能提交检测报告。

## 【主要法律问题】

（1）被控侵权输入法是否落入涉案专利的保护范围？

（2）被控侵权输入法所实施的删除功能是否属于现有技术？

## 【主要法律依据】

### 一、《专利法》（2008年修正）[1]

第59条第1款　发明或者实用新型专利权的保护范围以其权利要求的内容为准，说明书及附图可以用于解释权利要求的内容。

第62条　在专利侵权纠纷中，被控侵权人有证据证明其实施的技术或者设计属于现有技术或者现有设计的，不构成侵犯专利权。

### 二、《最高人民法院关于审理侵犯专利权纠纷案件应用法律若干问题的解释》

第2条　人民法院应当根据权利要求的记载，结合本领域普通技术人员阅读说明书及附图后对权利要求的理解，确定《专利法》第59条第1款规定的权利要求的内容。

第14条第1款　被诉落入专利权保护范围的全部技术特征，与一项现有技术方案中的相应技术特征相同或者无实质性差异的，人民法院应当认定被诉侵权人实施的技术属于《专利法》第62条规定的现有技术。

## 【理论分析】

权利要求书中的技术特征是通过语言文字加以表述的，然而语言文字本身具有局限性，无法全面、准确地传达技术特征，专利保护范围也因此出现理解上的偏差。根据世界各国专利法的规定和实践，对权利要求书的解释大致可分为以下三种原则：“周边限定原则”“中心限定原则”和“折衷原则”。“周边限定原则”，是指完全按照权利

---

[1] 本案审理时适用《专利法》（2008年修正）。

要求的文字来确定专利权的保护范围。❶ 该原则强调权利要求书文字表述的准确性，为使公众清楚地了解专利保护范围，而对撰写者提出了极高的表达要求，若在撰写时语言表述稍有欠缺，则会导致专利保护范围的改变。“中心限定原则”，是指将权利要求书中的语言文字作为“中心区域”，结合该专利的发明目的、发明性质和说明书的内容，将“中心区域”外的一定范围也作为本专利保护范围。该解释原则虽然在一定程度上扩大了保护范围，但由于界限模糊易使公众对保护范围的理解产生误差。“折衷原则”，是指以权利要求书的内容为准，结合说明书和附图确定专利权的保护范围。本领域的普通技术人员在阅读权利要求书并参考说明书及附图后，仍不能确定的技术，不属于该项专利的保护范围。❷ 我国采取的解释原则是“折衷原则”，契合了《专利法》（2008 年修正）第 59 条第 1 款之规定，即发明或者实用新型专利权的保护范围以其权利要求的内容为准，说明书及附图可以用于解释权利要求的内容。《最高人民法院关于审理侵犯专利权纠纷案件应用法律若干问题的解释》第 2 条规定，人民法院应当根据权利要求的记载，结合本领域普通技术人员阅读说明书及附图后对权利要求的理解，确定权利要求的内容。2020 年《最高人民法院关于审理侵犯专利权纠纷案件应用法律若干问题的解释（二）》第 4 条进一步规定，权利要求书、说明书及附图中的语法、文字、标点、图形、符号等存有歧义，但本领域普通技术人员通过阅读权利要求书、说明书及附图可以得出唯一解释的，人民法院应当根据该唯一理解予以认定。

专利权是一种法定的“垄断权”，权利人通过公开发明、实用新型和外观设计以换取一定期限的合法保护。但对专利权人的合法保护并非毫无限制。考虑到社会效益，我国《专利法》对专利权人的权利进行了限制，适当控制专利权人行使专利权，以防止专利权被滥用，从而兼顾专利技术使用者和社会公众的利益。现有技术或设计抗辩便为专利权限制的一种手段。现有技术或设计，是指在专利申请日之前已为国内外公众所知的技术和设计。现有技术或设计抗辩，强调被控侵权人实施技术或设计是否属于现有技术或设计，也即被控落入专利权保护范围的技术特征或外观设计，以及与之等同的技术特征或无实质性差异的外观设计是否已由现有技术或现有设计所公开。❸ 在专利侵权纠纷中，如果被控侵权人有证据证明其实施的技术或设计在涉案专利申请日之前，已经是国内外公众所知的技术或设计，或者是无实质性差异的技术或设计，则可将其作为侵权的抗辩理由。

### 一、被控侵权输入法是否落入涉案专利的保护范围

根据《专利法》的规定，专利权利要求保护范围的确定应当从该专利所属领域的普通技术人员的视角，以权利要求所记载的技术内容为准，同时在考虑专利对现有技术贡献的基础上，结合说明书、附图以及现有技术对权利要求的保护范围作出合理解

❶ 周雨沁．论化学领域发明专利中的马库什权利要求［D］．华中科技大学，2013．

❷ 王迁．知识产权法教程（第六版）［M］．北京：中国人民大学出版社，2019：372-373．

❸ 王迁．知识产权法教程（第六版）［M］．北京：中国人民大学出版社，2019：364．

释，而且作出解释时应当考虑专利所要解决的技术问题、所要达到的技术效果。此外，还应避免在专利申请日前，将本领域普通技术人员通过阅读专利权利要求书、说明书及附图无法得出的技术特征作为本专利的保护范围予以认知。

A公司、B公司主张的权利基础为涉案专利的权利要求1及权利要求7，而权利要求1与权利要求7分别为方法及其对应系统的权利要求，各方均同意以权利要求1为标准进行比对，而后将比对结果延及权利要求7。故现仅将被诉侵权产品与权利要求1进行对比，以确定其是否落入涉案专利权的保护范围，即涉案被控的输入法是否实施了涉案专利权利要求1中所述“当输入焦点在编码输入区时，接收删除键的指令，删除已输入的编码”和“当所述删除键的按键状态达到预置条件时，继续接收删除键的指令，删除字符上屏区中的字符”的技术特征。对此，一审、二审法院均认为被控的输入法落入涉案专利的保护范围。

（一）输入法是否具有“输入焦点在输入区时接收指令删除编码”技术特征的认定

关于该技术特征，C公司主张，电脑输入法和手机输入法的光标不一样，电脑输入法有输入焦点，手机输入法不存在输入焦点；输入法不具有“当输入焦点在编码输入区时，接收删除键的指令，删除已输入的编码”这一技术特征。一审法院认为，从本领域技术人员来看，“输入焦点”就是根据当前输入的位置确定的焦点，即当前可进行操作的位置，操作行为包括输入和删除行为。在涉案专利中，编码输入区进行操作的位置为输入焦点；字符上屏区进行操作的位置为输入焦点。C公司认为，输入焦点为光标，既没有涉案专利说明书作为依据，也不符合本领域技术人员的通常理解。同时，一审法院还指出，控制输入焦点的自动切换只是实现涉案专利技术方案的表象，暂停接收和恢复接收才是涉案专利保护范围限定的步骤。涉案专利要解决的技术问题是由于删除过程中，在编码输入区全部删除完后，由于操作习惯导致容易发出错误的操作指令，而输入法程序对此不加辨别地执行产生的。输入焦点是不是会在删除完编码输入区的字符后自动跳转到字符上屏区只是涉案专利要解决技术问题的表象，而不是涉案专利解决技术问题本身。二审法院认为，根据涉案专利说明书的记载，其中并未对“输入焦点”应当理解为“光标”作出限定，并且结合涉案专利说明书第[0003]段的记载“……在用户按下删除键的时候，即将输入焦点前的字符或字符编码删除……”，本领域普通技术人员可以确定涉案专利权利要求1中所记载的“输入焦点”即为根据当前输入的位置确定的焦点，为具体可进行操作的位置，故不支持C公司上诉主张。

（二）输入法是否具有“按键达到预置条件时继续接收指令删除字符”技术特征的认定

关于该技术特征，C公司主张，输入法不具有“当所述删除键的按键状态达到预置条件时，继续接收删除键的指令，删除字符上屏区中的字符”的技术特征。一审法院认为，“暂停接收删除键的指令”的含义是指不再进行删除操作，涉案专利没有限定删除指令的产生方式。因此，一审法院认定输入法具有“当所有的编码全部删除完时，暂停接收所述删除键的指令”的技术特征。虽然涉案专利权利要求中“删除字符上屏区中的字符”这一技术特征描述了通过该步骤在发明中所起的效果，但本领域技术人员仅通过阅读权利要求就可以明确知晓“删除字符上屏区中的字符”的实施方式，在说明书中未限定“删除字符上屏区中的字符”对应的方法流程步骤。因此，“删除字符上屏区中的字符”不属于功能性特征，其保护范围应当包括在涉案专利申请日前，本领域技术人知晓的实现“删除字符上屏区中的字符”的各种具体实施方式。C公司上诉主张，涉案被控侵权的输入法只能删除编码，字符上屏区的删除的操作已经脱离了输入法的控制，删除字符上屏区中字符的动作是由操作系统与应用程序配合执行的，与输入法无关。二审法院认为，涉案专利技术方案所要解决的技术问题在于在编码输入区的字符删除完后，不再进行删除操作，防止上屏区的字符被错误删除，故此需要预设一个条件，从而满足在达到预设条件后再次按下删除键，才会继续删除字符上屏区的字符。但是，对于满足预置条件后，再次按下删除键，字符上屏区中的字符具体如何在屏幕上删除，在涉案专利权利要求1中并未限定，亦不属于其所要保护的技术特征。同时，在输入法领域技术人员看来，从输入法监测到按键信息至字符上屏区显示用户输入或删除的文本，必然需要操作系统、输入法程序和应用程序（消息编辑器）协同处理。因此，只要涉案被控的输入法实施了删除的步骤即落入涉案专利的保护范围，至于删除是由输入法程序单独实现的还是与其他程序配合实现，并不能成为其未落入涉案专利权保护范围的合法抗辩事由。

**二、被控侵权输入法所实施的删除功能是否属于现有技术**

根据《专利法》（2008年修正）第62条规定，在专利侵权纠纷中，被控侵权人有证据证明其实施的技术或设计属于现有技术或现有设计的，不构成侵犯专利权。《最高人民法院关于审理侵犯专利权纠纷案件应用法律若干问题的解释》第14条第1款规定，被诉落入专利权保护范围的全部技术特征，与一项现有技术方案中的相应技术特征相同或者无实质性差异的，即属于《专利法》规定的现有技术。本案中，涉案被控侵权的输入法与C公司所主张的飞利浦9@9r手机所承载的输入法删除方式是否相同或者等同，为现有技术抗辩能否成立的关键问题。一审法院认为，飞利浦9@9r手机在编码输入区是一次按下清除键后全部清空已经输入的内容，而涉案被控侵权的输入法无论在长按删除键的演示方案中还是在快速连续点击删除键的演示方案中，在编码输入区均是逐一字符删除已经输入的内容。飞利浦9@9r手机一次性清空全部已经输入内容，说明其清除键下发的是一次性清空的删除指令，而涉案被控侵权的输入法则是连续多次下发删除指令，仅删除输入焦点前的字符或字符编码。这表明两者实施删除的具体方式不同。涉案被控侵权的输入法在删除过程中对于删除的内容有较大的控制余地，可以保留部分不需要删除的内容，而一次性清空的删除方式控制选择的余地较小，不能保留不需要删除的内容。因此，两者既不相同也不等同。涉案专利要解决的技术问题不是单纯由于用户操作失误，发出了多余的删除指令，而是具体限定了要解决用户在删除过程中由于需要连续发出删除指令，导致操作失误，发出了多余的删除指令。

用户在使用过程中需要连续下发删除指令是涉案专利技术方案有意义的前提，直接限定了涉案专利的保护范围。应当认为涉案专利权利要求中“删除的指令”限定了连续下发的具体实施方式。涉案被控侵权的输入法连续下发删除指令的技术特征与涉案专利的保护范围是相关的，并且该特征与飞利浦 9@9r 手机一次下发删除指令，全部清空已输入内容的特征，既不相同也不等同。因此 C 公司提出的现有技术抗辩不能成立。

二审法院认为，在对涉案专利说明书第［0077］段内容进行理解时，应当根据该段所处的上下文义进行整体认知，因第［0077］段处于“实施例三”项下的具体步骤环节中，而且第［0073］段也明确记载“S702，由于是长按清除键，拼音输入区的拼音被一个一个地删除掉，如果清除键一直没有弹起，则会删掉所有的拼音”，故此不应将第［0077］段所记载的“……同时，删除拼音的个数也可以不依赖于长按的时间，即只要进入按键的长按状态，就会把所有的拼音都删除掉。……”理解为所述的在按下删除键后，仅发出一个删除指令，即清空所有编码输入区内容的限定；而是应当在第［0077］段所处说明书整体位置和上下文相关内容的基础上，认定在按下删除键后，系统仍未发出多个连续删除指令，而从现象上所显示的“拼音都删除掉”不能直接确定即为“一个删除指令”，而且根据本领域普通技术人员的认知，则会根据程序的设置，导致在持续按下删除键后具体是发出“一次性清除指令”，还是“多个连续清除指令”等存在不同情形。在涉案专利说明书已经明确载明为多个清除指令的情况下，无法得出 C 公司上诉所主张的具体解释。

最高人民法院认为，对于输入法的“短按”技术方案，A 公司、B 公司不再主张其侵犯涉案专利权，故不再评述。对于输入法的“长按”技术方案，以及 A 公司、B 公司主张的“快速短按”技术方案，分别认定如下。

（一）关于输入法的“长按”技术方案

根据《专利法》（2008 年修正）第 62 条和《最高人民法院关于审理侵犯专利权纠纷案件应用法律若干问题的解释》第 14 条规定，在认定现有技术抗辩是否成立时，应当在对权利要求限定的技术方案进行技术特征划分后，对照权利要求中的各项技术特征，对应性地确定被诉侵权技术方案中的各项“被诉特征”，以及现有技术中的各项“相应特征”，再行比对以确定各项“被诉特征”与“相应特征”是否相同或者无实质性差异。被诉侵权技术方案中与权利要求的保护范围无关的特定技术特征，或者对认定是否落入权利要求所限定的保护范围没有实质性影响的特定技术特征，在认定现有技术抗辩时不予考虑。在认定“被诉特征”与“相应特征”是否相同或者无实质性差异时，应当围绕涉案专利所要解决的技术问题以及权利要求中争议技术特征在专利技术方案中的功能和技术效果，对二者在手段、功能、效果等方面的差异及其影响程度作出认定。在权利要求 1 没有限定删除已输入的编码（拼音）的具体方式的情况下，无论是“逐个删除”还是“一次性删除”，均已被权利要求 1 中的“删除已输入编码”所覆盖，具体删除方式的不同不会对专利侵权判断产生实质性影响。相应地，在现有技术飞利浦手机长按删除键会删除编码输入区的编码（拼音），公开了与“删除已输入编码”相对应的“相应特征”的情况下，不能仅因输入法与现有技术“删除已输入编码（拼音）”的具体方式有所不同，即认定现有技术抗辩不能成立。最高人民法院认为，根据涉案专利说明书的记载，误删除“（字符上屏区）已经上屏的字符”与误删除“（编码输入区）已经输入的内容（拼音）”是完全不同的两个问题。一审、二审判决认定的“输入法在删除过程中对于删除的内容有较大的控制余地，可以保留部分不需要删除的内容；而（现有技术）一次性清空的删除方式控制选择的余地较小，不能保留不需要删除的内容”，涉及的是编码输入区中已经输入的内容（拼音）的删除，与涉案专利说明书明确记载的所要解决的技术问题不同。在输入法和现有技术飞利浦手机长按删除键时均能够防止误删除“（字符上屏区）已经上屏的字符”，均能够解决涉案专利所要解决的技术问题的情况下，一审、二审判决又以编码输入区已经输入的内容（拼音）的删除方式不同，控制余地不同为由，认定现有技术抗辩不能够成立，没有相应的法律依据，予以纠正。

（二）关于A公司、B公司所主张的输入法“快速短按”技术方案

经最高人民法院两次释明，A公司、B公司始终未能提交客观证据予以证明。在缺乏其他客观证据的情况下，最高人民法院对A公司、B公司有关输入法“快速短按”技术方案构成侵权的主张，不予支持。

**【思考题】**

如何界定专利权的保护范围？

## 案例二 胡某、朱某与A药业侵害发明专利权纠纷案[1]

**【基本案情】**

### 一、当事人基本情况

胡某、朱某于2013年4月2日向国家知识产权局申请了一种名称为“肝素钠封管注射液的质量检测方法”的发明专利（以下简称涉案发明专利），并于2014年8月6日获得发明专利授权。专利证书上记载的发明人为范某、林某，专利权人为胡某、朱某，专利号为ZL20131011××××.6。该专利彼时处于有效期内。

B公司系范某、胡某担任法人代表的涉案药品生产公司。

A药业系B公司的合作对象，负责提供涉案药品的检测方法。

### 二、诉讼过程

2014年6月4日，因双方合作产生矛盾，范某和B公司以A药业合同违约为由对

[1] 参见山东省烟台市中级人民法院（2017）鲁06民初195号民事判决书、山东省高级人民法院（2018）鲁民终870号民事判决书。

A 药业提起了诉讼。该案先后经过山东省高级人民法院一审和最高人民法院二审。2016 年 9 月 29 日，最高人民法院以（2015）民二终字第 323 号民事判决书判令解除双方之间签订的三份协议书。合作关系解除后，A 药业仍使用国家标准 WS1-XG-011-2013 对涉案药品进行检测。由此，胡某、朱某以 A 药业 2016 年 9 月 29 日至本案起诉日 2017 年 4 月 18 日期间，一直使用国家标准 WS1-XG-011-2013 进行涉案药品检测的行为侵犯专利权为由提起诉讼。2017 年 12 月 25 日，山东省烟台市中级人民法院作出一审判决。而后，范某、胡某不服一审判决，提起上诉，2018 年 9 月 30 日，山东省高级人民法院作出二审判决。

## 三、法院判决

2014 年 11 月 13 日，请求人梁某以专利号为 ZL20131011××××. 6 的发明专利的权利要求 1—7 不符合《专利法》第 22 条第 3 款规定、权利要求 6 不符合《专利法》第 33 条规定为由向专利复审委员会提出无效宣告请求，请求宣告涉案发明专利 ZL20131011××××. 6 全部无效。专利复审委员会审查后，于 2015 年 6 月 24 日作出审查决定：宣告 ZL20131011××××. 6 号发明专利的权利要求 6 无效，在权利要求 1—5、7 的基础上继续维持该专利有效。

根据专利证书上的记载，涉案发明专利共有 7 项权利要求。胡某、朱某在本案中主张保护的独立权利要求 1 的内容为："一种肝素钠封管注射液的检测方法，包括鉴别步骤和检查步骤，其特征在于：所述的检查步骤包括 pH 值检查、有关物质检查、渗透压摩尔浓度检查、细菌内毒素检查和氯化物检查；其中所述的有关物质检查包括如下操作：（1）制作溶液：取需要检测的肝素钠注射液作为供试品溶液，取肝素钠对照品与硫酸皮肤素对照品……"专利授权公告文本中的"摘要"载明："……其中，对有关物质检查步骤中的参数进行了改进，是本发明方法对现有技术的贡献关键所在。通过参数的变化，本发明方法可行，解决了现有技术的检验方法不能准确检出产品中杂质，达不到检测限，分离度不佳，达不到系统适用性试验要求等诸多灵敏度不足等问题。"

自 2007 年起，A 药业开始与范某、胡某担任法人代表的 B 公司进行相关合作，合作期间，由范某、B 公司负责提供涉案药品的检测方法，A 药业负责生产涉案药品。2007 年 8 月，A 药业与范某签订《肝素钠注射液注册与经营合作协议书》，约定双方利用各自的资源优势，采取合作经营的方式共同开发和经营 5ml : 500 单位肝素钠注射液（后更名为肝素钠封管注射液）。A 药业负责严格按照国家《药品注册管理办法》开展药品的研发及注册申报工作，并严格按《药品生产质量管理规范》的要求组织该药品的生产；范某承担该品种研发与注册的相关费用并组织销售，以及协助 A 药业对补充申请的申报材料进行完善。双方约定，合作期间，范某或范某指定的代理商是该产品的唯一销售主体。2013 年 8 月，A 药业与范某及由胡某担任法人代表的 B 公司决定在继续双方原有合作的基础上，进一步签订了《补充协议》和《肝素钠封管注射液补充协议书》，就肝素钠封管注射液药品的扩产和新品种开发及委托销售等事项作了进一步约定。

另外，涉案药品的检测技术是自2012年开始申请国家标准的，且一直处于不断试验、改进和完善中。A药业的工作人员和包括范某、胡某在内的B公司有关工作人员均共同参与了该标准的研究、试验、申报等工作。2013年5月9日，国家食品药品监督管理总局向各省、自治区、直辖市（食品）药品检验所下发了批件号为XGB2013-040号国家药品标准制定件，明确标准编号为WS1-XG-011-2013的肝素钠封管注射液的药品标准自2013年11月9日起实施，并在“备注”一栏注明“曾用名：肝素钠注射液”。

一审法院判决，A药业使用国家食品药品监督管理总局药品标准WS1-XG-011-2013进行药品检验的行为侵犯了胡某、朱某的专利号为ZL20131011××××.6的发明专利权；对A药业主张的先用权抗辩与按照该国家标准检测药品不构成侵权不予支持；驳回胡某、朱某主张A药业应停止使用涉案专利方法的行为及应停止销售使用涉案专利方法进行检测所获得药品的诉讼请求。胡某、朱某、A药业不服，提起上诉。胡某、朱某上诉称：一审判决未判决A药业停止使用涉案专利方法的侵权行为错误；一审判决将A药业主观上并无过错作为不停止侵权的理由没有事实和法律依据。A药业上诉请求：撤销一审判决，依法改判驳回胡某、朱某的一审全部诉讼请求。

2018年9月30日，二审法院作出判决，确认A药业使用国家食品药品监督管理总局药品标准进行药品检验的行为侵犯了胡某、朱某的发明专利权；A药业立即停止使用胡某、朱某的发明专利对“肝素钠封管注射液”进行质量检测的行为；A药业立即停止销售使用胡某、朱某的发明专利方法检测所获得的“肝素钠封管注射液”药品。

## 【主要法律问题】

（1）A药业使用的涉案国家药品标准检测方法是否落入涉案专利权的保护范围？

（2）A药业的不侵权抗辩是否成立？

（3）A药业应否停止使用涉案专利方法的行为及应否停止销售使用涉案专利方法进行检测所获得的药品？

## 【主要法律依据】

### 一、《专利法》（2008年修正）[1]

第11条　发明和实用新型专利权被授予后，除本法另有规定的以外，任何单位或者个人未经专利权人许可，都不得实施其专利，即不得为生产经营目的制造、使用、许诺销售、销售、进口其专利产品，或者使用其专利方法以及使用、许诺销售、销售、进口依照该专利方法直接获得的产品。

第59条第1款　发明或者实用新型专利权的保护范围以其权利要求的内容为准，

[1] 本案审理时适用《专利法》（2008年修正）。

说明书及附图可以用于解释权利要求的内容。

第69条 有下列情形之一的，不视为侵犯专利权：（1）专利产品或者依照专利方法直接获得的产品，由专利权人或者经其许可的单位、个人售出后，使用、许诺销售、销售、进口该产品的；（2）在专利申请日前已经制造相同产品、使用相同方法或者已经作好制造、使用的必要准备，并且仅在原有范围内继续制造、使用的……

## 二、《中华人民共和国药品管理法》（2015年修正）[1]

第12条 药品生产企业必须对其生产的药品进行质量检验；不符合国家药品标准或者不按照省、自治区、直辖市人民政府药品监督管理部门制定的中药饮片炮制规范炮制的，不得出厂。

## 三、《最高人民法院关于审理侵犯专利权纠纷案件应用法律若干问题的解释》

第7条 人民法院判定被诉侵权技术方案是否落入专利权的保护范围，应当审查权利人主张的权利要求所记载的全部技术特征。被诉侵权技术方案包含与权利要求记载的全部技术特征相同或者等同的技术特征的，人民法院应当认定其落入专利权的保护范围；被诉侵权技术方案的技术特征与权利要求记载的全部技术特征相比，缺少权利要求记载的一个以上的技术特征，或者有一个以上技术特征不相同也不等同的，人民法院应当认定其没有落入专利权的保护范围。

第15条 被诉侵权人以非法获得的技术或者设计主张先用权抗辩的，人民法院不予支持。有下列情形之一的，人民法院应当认定属于《专利法》第69条第（2）项规定的已经作好制造、使用的必要准备：（1）已经完成实施发明创造所必需的主要技术图纸或者工艺文件；（2）已经制造或者购买实施发明创造所必需的主要设备或者原材料……

## 【理论分析】

先用权抗辩是专利权限制中的一种制度设计，是指先用权人在他人申请产品的专利申请日前已经制造相同产品、使用相同方法或者已经作好制造、使用的必要准备，并且仅在原有范围内继续制造、使用，此时，先用权人可以此为由主张不侵权抗辩。值得注意的是，先用权人主张抗辩的前提为该技术或者设计是必须通过合法手段获取的，否则不能主张抗辩。[2] 首先，“先用”在方式上要求非公开的使用，换言之，只有非公开使用，才能发生先用权抗辩的情形；若公开使用，他人在申请专利时则会因不具备新颖性而无法获得专利权，先用权抗辩便没有适用的空间。其次，“先用”在时间上要求先用权人应在他人申请专利前已制造相同产品、使用相同方法或者已作好制造、使用的必要准备。如果在他人专利申请日后制造相同产品、使用相同方法或者已经作

---

[1] 以下简称《药品管理法》；本案适用2015年《药品管理法》。

[2] 《最高人民法院关于审理侵犯专利权纠纷案件应用法律若干问题的解释》第15条第1款规定：被诉侵权人以非法获得的技术或者设计主张先用权抗辩的，人民法院不予支持。

好制造、使用的必要准备，则不能适用先用权抗辩，此时该行为很有可能构成侵权。先用权人可通过主张先用权抗辩以在原有范围内继续制造、使用该专利，即在他人专利申请日之前已有的生产规模内以及在利用已有的生产设备或者根据已用的生产准备可以达到的生产规模内，继续制造、使用该专利。❶

在专利侵权纠纷诉讼中，人民法院不判令侵权人停止侵权行为必须是基于国家利益、公共利益的考量。❷ 药品标准是一种以公共利益为出发点，由国家行政机关制定，关系民生、公众健康的强制性国家标准。当药品标准包括必要专利时，该标准必要专利既涉及专利之私权利益，又涉及标准之公共利益。当二者产生冲突时，应在尽可能兼顾、平衡二者利益的基础上，更加关注和保护公众利益。

## 一、A 药业使用的涉案国家药品标准检测方法是否落入涉案专利权的保护范围

本案中，一审、二审法院均认为 A 药业使用的涉案国家药品标准检测方法落入涉案专利权的保护范围。一审法院认为，胡某、朱某是涉案发明专利的专利权人，该专利处于有效状态，依法应当受到法律保护，涉案发明专利为标准必要专利。二审法院认为，根据《最高人民法院关于审理侵犯专利权纠纷案件应用法律若干问题的解释》第 7 条规定，要确定 A 药业使用的涉案国家药品标准检测方法是否落入保护范围，应当审查权利要求 1 所记载的全部技术特征与涉案国家药品标准检测方法的全部技术特征是否完全相同，即涉案专利要求 1 记载的全部技术特征构成一项完整的技术方案，每一个技术特征均是必要技术特征。

## 二、A 药业的不侵权抗辩是否成立

关于 A 药业不侵权抗辩的主张涉及两个方面，一是主张对涉案专利享有先用权；二是主张涉案专利已被纳入国家标准，该标准系以 A 公司的名义申请获批，A 公司按照该国家标准检测药品不构成侵权。对此，一审法院与二审法院均认为该主张不能成立。

### （一）A 药业主张先用权抗辩，即在涉案专利申请日之前已经使用了涉案发明专利技术

2012 年 6 月 15 日，A 药业获得涉案药品生产批准，之后对质量检测标准不断改进和变更补充申报，涉案发明专利申请日为 2013 年 4 月 2 日。涉案药品标准于 2013 年 5 月 9 日被采纳为国家标准 WS1-XG-011-2013，晚于涉案发明专利的申请日。虽然 A 药业主张在 2013 年 4 月 2 日之前，其已使用与涉案发明专利相同的药品检测技术并进行了申报，但现有证据均未记载和体现出与涉案发明专利相同的技术检测方案。因此，法院认为，A 药业主张在涉案专利申请日之前已使用涉案发明专利技术的抗辩，缺乏证据，不予支持。

A 药业主张的先用技术缺乏合法来源。先用技术的来源通常有两种，一是先用权

---

❶ 王迁．知识产权法教程（第六版）［M］．北京：中国人民大学出版社，2019：358-359.

❷ 参见《最高人民法院关于审理侵犯专利权纠纷案件应用法律若干问题的解释（二）》（2020 年修正）第 26 条。

人自行研发，二是通过其他合法手段获得。2016 年 9 月 29 日，A 药业和 B 公司、技术人员范某之间的合同关系被判决解除。解除前，A 药业通过合同许可的方式获得了包括与涉案发明专利相同技术的使用权，A 药业使用该技术进行药品检测的行为并不构成侵权；解除后，A 药业已经不能根据双方原有的合同约定继续使用该技术。《最高人民法院关于审理侵犯专利权纠纷案件应用法律若干问题的解释》第 15 条第 1 款规定："被诉侵权人以非法获得的技术或者设计主张先用权抗辩的，人民法院不予支持。"因此，一审法院不支持 A 药业 2016 年 9 月 29 日之后主张其拥有先用权可以继续使用涉案发明专利的抗辩。二审法院认为，一审法院的认定结果并无不当。

（二）A 药业主张涉案专利已被纳入国家标准，该标准系以 A 公司的名义申请获批，A 公司按照该国家标准检测药品不构成侵权

一审法院认为，涉案药品检测技术国家标准的公布时间晚于涉案发明专利的申请日时间，不存在涉案发明专利权与 A 药业享有的其他在先权利相冲突的情形。此外，我国目前尚未建立标准必要专利默示许可制度，A 药业主张使用国家强制性标准不构成侵权的主张缺乏法律依据。二审法院认为，A 药业之所以能够以其名义将涉案"肝素钠封管注射液"质量检测方法申请为国家标准，是基于其与该检测方法的研发方范某、B 公司存在合作关系，但该检测方法的发明人及权利人为范某、胡某、朱某等人，该质量检测方法的相关权利并不会因申请国家标准而有所改变，虽然发明人范某及专利权人胡某、朱某在 A 药业申请国家标准时，并未向国家药监部门提出该标准涉及发明专利，但目前我国的法律法规并无强制性标准未明示所涉必要专利的信息，实施人实施该强制性标准即可不经过专利人许可、不构成侵权。

### 三、A 药业应否停止使用涉案专利方法的行为及应否停止销售使用涉案专利方法进行检测所获得的药品

根据《最高人民法院关于审理侵犯专利权纠纷案件应用法律若干问题的解释（二）》❶ 规定，在专利侵权纠纷诉讼中，人民法院不判令侵权人停止侵权行为必须是基于国家利益、公共利益的考量。具体到案件裁判中，则应当秉持以推广标准使用为原则，以禁止标准使用为例外的司法理念。

（一）关于 A 药业应否停止使用涉案发明专利进行药品检测的行为

一审法院与二审法院作出不同判决。一审法院认为不宜判决其停止使用。理由有以下两点：首先，A 药业为国内目前唯一的涉案药品肝素钠封管注射液的生产企业，若判决停止使用检测技术，导致其无法正常生产和销售涉案药品，将给广大患者的健康带来危害。其次，A 药业主观上并无过错。涉案发明专利权人胡某和发明人范某等人曾经与 A 药业一起参与了涉案药品国家标准有关研究、试验和申报工作。合作期间，胡某和朱某将检测技术另行申请发明专利，但未告知 A 药业，也未向国家药监部门披

❶ 虽然该案于 2018 年审结，该司法解释于 2020 年出台，但并不影响根据该司法解释对如何确定专利权保护范围进行学理上的探讨。

露。A 药业依据以自己名义申报和获得批准的国家药品标准进行涉案药品的检测，无主观过错。综上，一审法院对要求 A 药业立即停止使用涉案发明专利进行检测行为的诉讼请求不予支持。但根据现有的专利法有关规定，A 药业今后若继续使用涉案发明专利进行检测，应当获得许可并支付专利使用费。二审法院认为 A 药业应停止使用涉案发明专利进行药品检测的行为。理由如下：首先，“肝素钠封管注射液”出现前，医护人员可通过对肝素钠进行兑液配药后作封管使用，该药品仅解决了配药麻烦。其次，“肝素钠封管注射液”的作用在于维持静脉注射装置的管腔通畅，并非治疗中必不可少的药物。再次，目前生产“肝素钠封管注射液”的药企并非只有 A 药业一家。最后，A 药业与范某、B 公司之前的合作协议解除是因 A 药业的违约行为，A 药业的违约行为导致了其无法继续使用涉案专利检测方法，具有主观过错。

（二）关于 A 药业是否应当立即停止销售按照涉案发明专利进行检测的涉案药品的问题

一审法院认为，根据《专利法》（2008 年修正）第 11 条的规定，对方法专利进行延伸保护至其产品时仅限于“依照该专利方法直接获得的产品”，涉案药品的发明专利为一种药品的检测技术，为一种作业方法，并非直接生产涉案产品的制造方法。因此，不支持胡某、朱某主张。二审法院认为，A 药业应立即停止销售按照涉案发明专利进行检测的涉案药品，但一审法院适用法律不当。涉案专利为“肝素钠封管注射液”的质量检测方法，已被申请为国家标准。A 药业生产销售的“肝素钠封管注射液”为使用涉案专利进行质量检验的药品，虽然《专利法》第 11 条并未明确使用专利检测方法检测的产品是否受该条规制，但若不使用涉案国家药品标准进行质量检测就无法出厂，无法进入市场销售获利。若不制止 A 药业使用涉案专利方法进行检测，将导致 A 药业的侵权后果不受法律规制，不符合专利法保护专利权人合法权益、打击侵权的立法本意。

**【思考题】**

如何理解标准必要专利？

## 第五节　外观设计的侵权判定

认定外观设计专利侵权行为的前提是确定外观设计专利权的保护范围。根据相关司法解释，外观设计专利权的保护范围由产品类别和产品上采用的外观设计共同确定。具体而言，在相同或相近种类产品上，其保护范围以表示在图片或者照片中的该产品的外观设计为准，简要说明可以用于解释图片或者照片所表示的该产品的外观设计。在与外观设计专利产品相同或相近种类产品上，采用与授权外观设计相同或近似的外观设计，就落入了外观设计专利权的保护范围。他人未经许可，实施受专利权人控制的行为，包括制造、许诺销售、销售或进口，均可能构成侵权行为。[1]

本节主要讨论外观设计的侵权判定与赔偿责任的承担。首先，对于外观设计的侵权判定而言，被诉侵权设计落入涉案专利权的保护范围，是指在与外观设计相同或者相近种类产品上，采用与外观设计相同或近似的外观设计。产品是否为相同或者相近种类应根据外观设计产品的用途予以认定。同时，认定外观设计是否相同或近似时，应当基于一般消费者的知识水平和认知能力，根据专利设计、被诉侵权设计的设计特征，根据外观设计的整体视觉效果进行综合判断。此外，对于生产行为而言，生产侵权产品不仅包括直接的生产行为，还包括间接生产行为，即在委托加工专利产品的情况下，委托人与受托人均为专利法意义上的制造者。“制造”的本义强调产品的形成与该行为之间存在因果关系，制造方式的差异性并不影响认定结果。其次，对于赔偿责任的承担，如果侵权人为生产经营目的使用、许诺销售或者销售不知道是未经专利权人许可而制造并售出的专利侵权产品，能证明该产品来源合法的，不承担赔偿责任。

## 案例一　A 公司与 B 公司侵害外观设计专利权纠纷案[2]

### 【基本案情】

### 一、当事人基本情况

A 公司于 2003 年 7 月 21 日成立，注册资本为 500 万元，经营范围为加工、产销：五金制品、电子配件、液压配件，家用电器，日用电器；销售：模具、建筑、装饰五金件；经营本企业自产产品及技术的出口业务和本企业所需的机械设备、零配件、原辅材料及技术的进口业务，但国家限定公司经营或禁止进出口的商品及技术除外。

B 公司是名称为“门锁（V1）”、专利号为 ZL201130××××.×的外观设计专利权人，涉案专利仍处于有效状态，故 B 公司享有的外观设计专利权应受法律保护。

### 二、诉讼过程

B 公司指控 A 公司门锁为被诉侵权产品，并以 A 公司制造、销售、许诺销售侵害涉案专利权的侵权产品为由，提起诉讼。一审法院作出判决，认为被诉侵权产品落入涉案专利权的保护范围，且 A 公司实施了制造、销售、许诺销售的侵权行为。A 公司不服，提起上诉。广东省高级人民法院于 2017 年 6 月 12 日作出二审判决，撤销一审民事判决，并驳回 B 公司的诉讼请求。B 公司不服二审判决，申请再审，2017 年 10 月 30 日，最高人民法院作出裁定，驳回 B 公司的再审申请。

[1] 王迁．知识产权法教程（第六版）［M］．北京：中国人民大学出版社，2019：385.

[2] 参见广州知识产权法院（2015）粤知法专民初字第 1235 号民事判决书、广东省高级人民法院（2016）粤民终 1134 号判决书和最高人民法院（2017）最高法民申 3201 号裁定书。

## 三、涉案专利情况

B公司于2011年11月30日获得名称为“门锁（V1）”、专利号为ZL201130×××× .×的外观设计专利，且按期缴纳年费，涉案专利至今合法有效。2015年4月17日，B公司委托代理人在广东省佛山市顺德公证处公证人员的陪同下，来到标识有A公司名称建筑物内，支付现金1980元订购了智能锁一把，同时取得了编号为NO.0001865《收据》、名片各一张及宣传画册若干。公证人员对现场环境及《收据》进行拍照，对名片、宣传画册进行了拍照，并于2015年5月4日出具了（2015）粤佛顺德第18314号公证书。现场取得的名片上载有A公司名称、地址、电话等信息，名片上标有注册商标“LEVELLOCK”，宣传画册上显示有一款编号为LIS2018-TDT-1330/36的智能锁图片。

2015年4月22日，B公司委托代理人在广东省佛山市顺德公证处公证人员的陪同下，来到位于佛山市顺德区宝翠花园首层一间标识为“顺丰速运”的门店，B公司委托代理人凭编号为NO.0001865《收据》及订单号码提取物品一箱，并取得《顺丰速运》单据一张。公证人员对现场环境及提取的物品进行拍照，对所附的《产品出货单》进行复印后重新封存物品，并于2015年5月11日出具了（2015）粤佛顺德第19512号公证书。公证书所附收据上载明货款为1980元，并盖有A公司的财务专用章；产品出货单上显示产品规格型号为：LIS2018-TDT-1330，并载有A公司名称、电话、地址。由此，B公司指控该门锁为本案被诉侵权产品，并以A公司制造、销售、许诺销售侵害涉案专利权的侵权产品为由，提起诉讼。

在一审答辩期内，A公司向专利复审委员会请求宣告该项专利权无效。2016年9月22日专利复审委员会作出的第30101号《无效宣告请求审查决定书》，维持涉案专利权有效。该决定书以两份现有设计对比文件为基础，即专利号为200630060×××.×号的中国外观设计专利授权公告文件（对比设计1）和专利号为KR30-2007-0007×××号的韩国外观设计专利授权公告文本及其翻译（对比设计2），作出维持专利权有效的决定。决定要点：对于门锁类产品而言，带有L形门把手的长条形锁属于较为常见的形状，一般消费者对于长条状面板的具体形状以及其表面装饰线条的变化会更加关注，涉案专利相对于对比设计1和对比设计2在面板具体形状、装饰以及有无锁芯上的差别足以引起一般消费者的关注，从而对整体视觉效果构成显著的影响，涉案专利相对于对比设计1和对比设计2的组合具有明显区别。

## 四、具体判决情况

广州知识产权法院（一审法院）作出判决，认为被诉侵权产品落入涉案专利权的保护范围，且A公司实施了制造、销售、许诺销售的侵权行为。A公司不服，提起上诉。根据专利复审委员会第30101号《无效宣告请求审查决定书》，A公司上诉称，对于门锁类产品而言，带有L形门把手的长条形锁属于较为常见的形状，一般消费者对于长条状面板的具体形状以及其表面装饰线条的变化会更加关注。而被诉侵权产品与涉案专利在长条状面板的具体形状以及其表面装饰线条方面有很大的区别，因此不构成近似。特别是使用状态下，电子门锁会产生数字键盘和“welcome”字样，与涉案专利区别，一审法院认定两者近似有误。B公司辩称，被诉侵权产品与涉案专利的整体形状、各组成部分的形状、前后面板表面装饰图案及比例等均相同，两者之间的区别点均属于细微区别，以一般消费者的知识水平和认知能力，难以认为两者在整体视觉效果上存在实质性差异，二者构成相近似设计。一审判决认定事实清楚，适用法律正确。

广东省高级人民法院于2017年6月12日作出二审判决。二审法院比对涉案外观设计专利与被诉侵权产品设计后认为，虽然被诉侵权产品与涉案专利设计的前后面板、内芯板、门把手、锁体的整体形状、位置、比例基本相同或相似。但是被诉侵权设计与涉案专利设计两者前后面板的立体形状、前面板内芯板和外轮廓板上下边的装饰、前面板内芯板和外轮廓板上下边的装饰均有区别；两者前面板的装饰、把手条形装饰线及把手弯曲的弧度则有明显区别；特别是，被诉侵权产品是电子产品，通电后轻触前面板上部，会出现“1-9和*、#号”的发亮键盘，随后会剩余随机两个数字，然后按该两个数字就会解锁成功，随后会出现“welcome”字样及全部数字，而涉案专利无此设计，上述区别对整体视觉效果产生显著影响，故依法认定两者不近似。因此，撤销一审民事判决，并驳回B公司的诉讼请求。

最高人民法院认为，二审判决从五个方面将涉案专利与被诉侵权设计进行比对：(1)前后面板的立体形状，涉案专利是更厚的梯台状，表面为弧面设计。(2)前面板的装饰，前面板中部分割线条及底部靠近短边的装饰，涉案专利缺少一个刷卡指示区。(3)把手有无条形装饰线及把手弯曲的弧度。(4)前面板内芯板和外轮廓板上下边的距离以及装饰。(5)锁体结构的有无。被诉侵权设计通过前面板通电显示界面开锁，而涉案专利无此设计，不论是否构成图形用户界面，二审判决将其作为锁体结构上的差别予以考虑并无不当。此外，上述五个方面均涉及长条形锁的具体形状、锁体结构和装饰线条等，涉案专利正是因为在上述特征上与现有技术具有明显区别而被专利复审委员会维持有效。因此，二审法院综合考虑涉案专利与被诉侵权设计在具体形状、锁体结构和装饰线条上的诸多差异认定两者不近似，亦无不妥。故裁定驳回再审申请。

## 【主要法律问题】

(1)被诉侵权产品与涉案专利是否构成近似？

(2)图形用户界面对外观设计近似性判断的影响？

## 【主要法律依据】

### 一、《专利法》(2008年修正)[1]

第59条第2款　外观设计专利权的保护范围以表示在图片或者照片中的该产品的

[1] 本案审理时适用《专利法》(2008年修正)。

外观设计为准，简要说明可以用于解释图片或者照片所表示的该产品的外观设计。

二、《最高人民法院关于审理侵犯专利权纠纷案件应用法律若干问题的解释》

第 8 条　在与外观设计专利产品相同或者相近种类产品上，采用与授权外观设计相同或者近似的外观设计的，人民法院应当认定被诉侵权设计落入《专利法》第 59 条第 2 款规定的外观设计专利权的保护范围。

第 9 条　人民法院应当根据外观设计产品的用途，认定产品种类是否相同或者相近。确定产品的用途，可以参考外观设计的简要说明、国际外观设计分类表、产品的功能以及产品销售、实际使用的情况等因素。

第 10 条　人民法院应当以外观设计专利产品的一般消费者的知识水平和认知能力，判断外观设计是否相同或者近似。

第 11 条　人民法院认定外观设计是否相同或者近似时，应当根据授权外观设计、被诉侵权设计的设计特征，以外观设计的整体视觉效果进行综合判断；对于主要由技术功能决定的设计特征以及对整体视觉效果不产生影响的产品的材料、内部结构等特征，应当不予考虑。下列情形，通常对外观设计的整体视觉效果更具有影响：（1）产品正常使用时容易被直接观察到的部位相对于其他部位；（2）授权外观设计区别于现有设计的设计特征相对于授权外观设计的其他设计特征。被诉侵权设计与授权外观设计在整体视觉效果上无差异的，人民法院应当认定两者相同；在整体视觉效果上无实质性差异的，应当认定两者近似。

【理论分析】

一、被诉侵权产品与涉案专利是否构成近似

专利申请遵循“单一性原则”，即一项外观设计仅能获得一件外观设计专利申请。若是在同一类的两个产品或者两种不同种类上使用相同的外观设计，则需要提交两份专利设计申请。由于外观设计专利针对的是特定工业产品，所以其保护范围由产品类别和该产品采用的外观设计共同确定。也就是说，只有在与外观设计专利产品相同或者相近种类的产品上，使用了与外观设计专利相同或者近似的外观设计，才落入了外观设计专利的保护范围。“相同”是指被诉侵权设计与授权外观设计在整体的视觉效果上无差异；“近似”是指被诉侵权设计与授权外观设计在整体的视觉效果上无实质性差异。对于“相同或近似”的判断，应以一般消费者的知识水平和认知能力为标准，从整体视觉效果、功能性特征及设计空间大小等因素出发对外观设计的整体效果进行综合判断。[1]

在本案中，一审、二审法院对被诉侵权产品与涉案专利是否构成近似作出了不同认定。

一审法院认为，被诉侵权产品与涉案专利产品均为门锁，属于相同产品。将两者

---

[1] 王迁. 知识产权法教程（第六版）[M]. 北京：中国人民大学出版社，2019：387.

进行比对，主要区别如下：涉案专利门把手前端有一位于门把手中间且为门把手三分之二长的水平横向装饰直线，前面板下端有刻有“LEVELLOCK”字样的长方形的凹槽，前面板上部的长方形显示有“CARDHERE”字样和铃铛形图案，前面板中、下部长方形连接处有一装饰图案，而涉案专利均无此设计。经整体观察，被控侵权产品与涉案专利区别点为细微区别，以一般消费者的知识水平和认知能力，在整体视觉效果上很难识别两者间的实质性差异，构成相近似设计。因此，被诉侵权产品落入涉案专利权的保护范围。

二审法院认为，判断的关键在于，以该类产品的一般消费者的知识水平和认知能力而言，在整体视觉效果上是否存在实质性差异。在进行近似性对比时，授权外观设计区别于现有设计的设计特征相对于授权外观设计的其他设计特征，通常对整体视觉效果更具有影响。以下五个方面应作为近似性对比的重点：第一，前后面板的立体形状，涉案专利为更厚的梯台状，表面为弧面设计。第二，前面板的装饰，前面板中部分割线条以及底部靠近短边的装饰，涉案专利无刷卡指示区。第三，把手有无条形装饰线及其弯曲弧度。第四，前面板内芯板和外轮廓板上下边的距离以及装饰。第五，有无锁体结构。围绕上述重点，二审法院确认，被诉侵权设计与涉案专利外观设计因存在上述差别，对整体视觉效果足以产生显著的影响，以一般消费者的知识水平和认知能力，经过整体观察、综合判断，可以认定两者在整体视觉效果上存在实质性差异，应当认定两者不近似。因此，被诉侵权设计未落入涉案专利权的保护范围。

## 二、图形用户界面对外观设计近似性判断的影响

图形用户界面是用户通过图形与电子设备等硬件进行信息交流的用户界面，用户通过该界面向电子设备传达命令，电子设备通过该界面向用户传达程序运行的结果及其他信息。❶ 在图形用户界面外观设计专利侵权纠纷中，确定外观设计专利权的保护范围，应以专利文件中的图片、照片为准。外观设计专利通常会有主视图、左视图、俯视图等多角度图片。在确定动态图形用户界面外观设计时，还需要结合专利说明书中对该专利状态转换、变化要素、整体变换趋势等方面的描述。同时，还可依据产品类别限定保护范围与简要说明书对产品名称、用途、色彩等表述理解其保护范围。❷

在对被诉侵权产品与涉案专利外观设计进行比对过程中，二审法院把图形用户界面差异作为近似性比对的考量因素之一，主要是基于以下理由：第一，随着科学技术发展，锁类产品逐渐发展为智能化电子锁，借助图形用户界面完成锁具的开关功能日益普遍。人民法院在审理外观设计侵权案件时，应当根据社会发展，考虑图形用户界面对整体视觉效果产生的影响。第二，虽然我国专利法实施以来，对于图形用户界面长期以来未给予保护，但 2014 年 3 月 12 日，国家知识产权局修改了《专利审查指南 2010》第一部分第三章 7.4 第 1 段第（11）项，将图形用户界面纳入外观设计专利的

---

❶ 张小强. 论软件界面的知识产权保护［J］. 法商研究，2006（1）：31-37.

❷ 何培育，马雅鑫. 论图形用户界面外观设计专利侵权认定［J］. 电子知识产权，2018（5）：50-58.

保护客体之中。第三，《最高人民法院关于审理侵犯专利权纠纷案件应用法律若干问题的解释》第 11 条第 2 款规定表明，产品使用时所具有的状态对于判断是否落入外观设计专利权保护范围具有重要影响，应纳入近似性判断考量因素。第四，智能化电子锁具的一般消费者在选择智能化电子锁时都关注使用状态下的图形用户界面。第五，在判断是否构成近似时，需坚持整体观察、综合判断。

【思考题】

整体视觉效果对外观设计侵权认定的影响？

## 案例二　A 公司、B 公司与 C 公司侵害外观设计专利权纠纷案[1]

【基本案情】

一、当事人基本情况

A 公司为涉案外观设计专利权人，该外观设计专利产品的用途为照明。

B 公司、C 公司生产、销售、许诺销售 LED 壁灯星享 8W、LED 客厅吸顶灯星享 128W 等灯具产品。

二、诉讼过程

A 公司以 B 公司、C 公司生产、销售、许诺销售 LED 壁灯星享 8W、LED 客厅吸顶灯星享 128W 等灯具产品侵害本案专利权为由，提起诉讼。一审法院判决，B 公司销售了被诉侵权产品，C 公司未实施制造、销售、许诺销售被诉侵权产品行为。A 公司、B 公司不服一审法院的判决，提起上诉，二审法院于 2018 年 9 月 25 日作出二审判决。

三、具体判决情况

A 公司于 2014 年 7 月 30 日获得名称为“灯具（云海）”、专利号为 ZL20143006××××.4 的外观设计专利权，该外观设计专利产品的用途为照明。

一审、二审法院均认为，被诉侵权设计与授权外观设计专利在整体视觉效果上无实质性差异，两者构成近似，被诉侵权设计落入涉案专利权的保护范围。一审法院判决，B 公司销售了被诉侵权产品，C 公司未实施制造、销售、许诺销售被诉侵权产品行为。A 公司、B 公司不服一审法院的判决，遂提起上诉。二审法院判决，B 公司被诉侵权产品具有合法来源，不应承担赔偿责任；C 公司未经 A 公司许可，制造、销售、许诺销售了侵害涉案专利权的被诉侵权产品，应当承担停止侵害、赔偿损失的民事责任。

---

[1] 参见广州知识产权法院（2016）粤 73 民初 1376 号民事判决书、广东省高级人民法院（2017）粤民终 2900 号民事判决书。

**【主要法律问题】**

（1）B公司所主张的合法来源抗辩是否成立，应否承担赔偿合理开支的民事责任？

（2）C公司应否承担制造、销售、许诺销售被诉侵权产品的侵权责任？

**【主要法律依据】**

一、《专利法》（2008年修正）[1]

第11条第2款　外观设计专利权被授予后，任何单位或者个人未经专利权人许可，都不得实施其专利，即不得为生产经营目的制造、许诺销售、销售、进口其外观设计专利产品。

第59条第2款　外观设计专利权的保护范围以表示在图片或者照片中的该产品的外观设计为准，简要说明可以用于解释图片或者照片所表示的该产品的外观设计。

第70条　为生产经营目的使用、许诺销售或者销售不知道是未经专利权人许可而制造并售出的专利侵权产品，能证明该产品合法来源的，不承担赔偿责任。[2]

二、《最高人民法院关于审理侵犯专利权纠纷案件应用法律若干问题的解释》

第8条　在与外观设计专利产品相同或者相近种类产品上，采用与授权外观设计相同或者近似的外观设计的，人民法院应当认定被诉侵权设计落入《专利法》第59条第2款规定的外观设计专利权的保护范围。

第9条　人民法院应当根据外观设计产品的用途，认定产品种类是否相同或者相近。确定产品的用途，可以参考外观设计的简要说明、国际外观设计分类表、产品的功能以及产品销售、实际使用的情况等因素。

第10条　人民法院应当以外观设计专利产品的一般消费者的知识水平和认知能力，判断外观设计是否相同或者近似。

第11条　人民法院认定外观设计是否相同或者近似时，应当根据授权外观设计、被诉侵权设计的设计特征，以外观设计的整体视觉效果进行综合判断；对于主要由技术功能决定的设计特征以及对整体视觉效果不产生影响的产品的材料、内部结构等特征，应当不予考虑。下列情形，通常对外观设计的整体视觉效果更具有影响：（1）产品正常使用时容易被直接观察到的部位相对于其他部位；（2）授权外观设计区别于现有设计的设计特征相对于授权外观设计的其他设计特征。被诉侵权设计与授权外观设计在整体视觉效果上无差异的，人民法院应当认定两者相同；在整体视觉效果上无实质性差异的，应当认定两者近似。

---

[1] 本案审理时适用《专利法》（2008年修正）。

[2] 参见《专利法》（2020年修正）第77条。

**【理论分析】**

根据《专利法》与《最高人民法院关于审理侵犯专利权纠纷案件应用法律若干问题的解释》，在与外观设计相同或者相近种类产品上，采用与外观设计相同或近似的外观设计的，人民法院应当认定被诉侵权设计落入外观设计专利权的保护范围。人民法院应当根据外观设计产品的用途，认定产品种类是否相同或者相近。本案被诉侵权产品为灯，涉案专利产品为灯具，两者用途相同，属相同种类的产品，可以进行相同或近似的外观设计比对。

人民法院认定外观设计是否相同或近似时，应当以一般消费者的知识水平和认知能力，根据专利设计、被诉侵权设计的设计特征，以外观设计的整体视觉效果进行综合判断；产品正常使用时容易被直接观察到的部位相对于其他部位对外观设计的整体视觉效果更具有影响。在本案中，一审法院经对比观察，涉案专利与被诉侵权产品区别仅在于底盘上的圆孔位、内凹面、实际使用整体视觉效果的差距。经整体观察、综合比对，应认定被诉侵权设计与授权外观设计专利在整体视觉效果上无实质性差异，两者构成近似，被诉侵权设计落入涉案专利权的保护范围。二审法院根据《专利法》（2008 年修正）第 64 条规定[1]、《外观设计专利证书》、专利复审委员会第 32007 号《无效宣告请求审查决定书》，判定本案专利各视图能清楚显示要求保护的外观设计，B 公司关于涉案专利视图错误、无法唯一确定专利产品的上诉理由依据不足，二审法院不予支持。

## 一、B 公司所主张的合法来源抗辩是否成立，应否承担赔偿合理开支的民事责任

本案中，一审、二审法院均支持 B 公司所主张的合法来源抗辩。

一审法院认为，B 公司提交的《铭某公司销售出库单》所记载的客户名称“福煜灯饰照明（通事达）”与销售被诉侵权产品的店铺招牌名称“福煜灯饰”基本一致，送货地址与销售被诉侵权产品的地址相同，产品名称、规格亦与被诉侵权产品外包装箱上记载的名称、型号相同，故可认定该《铭某公司销售出库单》中的产品即被诉侵权产品，故认定 B 公司销售的被诉侵权产品来自铭某公司。

二审法院支持一审法院的认定，认为 B 公司为证明被诉侵权产品合法来源于铭某公司，提交了铭某公司的销售出库单，送货地址、产品名称、规格与被诉侵权产品相同，且有铭某公司的电子银行回单和《证明》证实其真实性和履行情况，可形成被诉侵权产品合法来源于铭某公司的优势证明力。

---

[1] 《专利法》（2008 年修正）第 64 条规定，管理专利工作的部门根据已经取得的证据，对涉嫌假冒专利行为进行查处时，可以询问有关当事人，调查与涉嫌违法行为有关的情况；对当事人涉嫌违法行为的场所实施现场检查；查阅、复制与涉嫌违法行为有关的合同、发票、账簿以及其他有关资料；检查与涉嫌违法行为有关的产品，对有证据证明是假冒专利的产品，可以查封或者扣押。管理专利工作的部门依法行使前款规定的职权时，当事人应当予以协助、配合，不得拒绝、阻挠。

## 二、C 公司应否承担制造、销售、许诺销售被诉侵权产品的侵权责任

一审、二审法院对 C 公司应否承担制造、销售、许诺销售被诉侵权产品的侵权责任存在不同认定。

一审法院认为，关于 A 公司主张 C 公司制造、销售、许诺销售被诉侵权产品，一审法院不予支持。第一，C 公司抗辩被诉侵权产品来源于鑫某公司。根据被诉侵权产品外包装标贴上记载的产品名称及型号与 C 公司所提交的《外协采购合同确认书》《送货单》《鑫某公司 BOM 表》中记载的相应货品名称及型号相一致，且加盖有鑫某公司的印章，且上述证据的真实性有其他证据予以佐证，并有证人到庭确认，上述证据形成证据链，构成优势证据，证实侵权产品来源于鑫某公司。专利权人负有证明侵权成立的证明责任。专利权人承担该证明责任所要提供的是优势证据。如果优势证据无法确立侵权成立，则意味着专利权人未能担负起证明责任，而被控侵权方则会因为侵权不成立而胜诉。[1] 第二，关于 C 公司有无销售被诉侵权产品，因 A 公司未举证证实，应承担举证不能的法律责任。第三，关于 C 公司有无实施许诺销售被诉侵权产品行为的问题。虽 A 公司所提交 C 公司的网页打印件上有名为“星享吸顶灯”的图片，但该图片只呈现产品局部外观，未呈现单个灯头的整体外观，因此一审法院无法判断图片中的产品是否为被诉侵权产品。A 公司应承担举证不能的法律责任。

二审法院认为，C 公司不仅在其官网上许诺销售型号为 PAK417160 的 LED 吸顶灯产品，还以制造商的身份申请该产品和型号为 PAK417130 的 LED 壁灯产品的 3C 认证，并获得证书。型号为 PAK417130 的 LED 壁灯产品为单头产品，型号为 PAK417160 的 LED 吸顶灯产品为 15 头产品，即将单头产品重复排列，整体外观设计特征以单头产品的外观为表征，均与本案专利外观实质相同，为近似外观设计。故构成侵权无疑，但关键是在本案中应由谁承担侵权责任。

### （一）C 公司是否制造了被诉侵权产品

根据《专利法》（2008 年修正）第 11 条规定，未经专利权人许可而为生产经营目的制造、使用、许诺销售、销售、进口专利产品的，属于侵犯专利权行为。这里的“制造专利产品”，制造的本质在于产品的形成与制造存在因果关系，而不在于为自己直接制造还是借他人之手间接制造。直接制造和间接制造均为制造，制造的方式并不影响制造的认定。间接生产行为即委托方要求加工方根据其提供的设计方案制造专利产品，或者专利产品的形成中体现委托方提出的设计要求、是委托方参与的结果、体现了委托方的意志，则可以认定委托方与加工方共同实施了制造行为，均为专利法意义上的制造者。

首先，被诉侵权产品使用的商标为 C 公司所有，标注的 3C 认证、厂名、厂址、电话、网址和电子邮箱等信息均为 C 公司所有，而非其他任何市场主体。企业名称只能

---

[1] J. M. 穆勒. 专利法（第三版）[M]. 沈超，李华，吴晓辉，等译. 北京：知识产权出版社，2013：378.

企业自己使用，不能许可他人使用，为区别不同市场主体的标志，是市场和消费者区分识别市场主体的重要标志，商标是产源标记。3C认证即“强制性产品认证制度”，是我国政府为保护消费者人身安全和国家安全，加强产品质量管理，依照法律法规实施的一种产品合格评价制度。3C认证中的制造商负责产品设计和定型，是产品的设计者；生产厂负责生产、加工产品设计，是产品的加工场所。被诉侵权产品的3C认证申请人为C公司，证书列明的制造商为C公司。因此，C公司为被诉侵权产品的制造者。

其次，C公司提交的反证并不能排除其为被诉侵权产品的制造者。C公司主张被诉侵权产品是三某公司向鑫某公司采购并支付合理对价，但其提交的证据并不能形成完整的证据链。《外协采购合同确认书》《送货单》《俊龙纸箱厂送货单》《采购收货单》涉及型号与本案两款被诉侵权产品相同的产品，显示的时间均在本案被诉侵权产品生产之前，与本案被诉侵权产品生产日期不一致。《广东增值税专用发票》《增值税应税货物或者劳务销货清单》虽然涉及与本案被诉侵权产品相同型号的产品，但无生产时间等其他证据佐证，不能确定其为本案被诉侵权产品。《经销合同》证明的是铭某公司是三某公司照明产品的经销商，不能据此得出铭某公司销售的所有产品全部都是三某公司制造的结论。综合C公司和B公司提交的证据，可以证明，三某公司与鑫某公司之间存在过委托加工与本案被诉侵权产品型号相同的同种类产品的关系，铭某公司是2016年度三某公司照明产品的经销商，但不足以证明被诉侵权产品是三某公司委托鑫某公司加工制造而来。

再次，虽然目前生产方式具有多样性，但制造的本质依旧未变。判断是否存在制造行为需审查行为人是否与他人分工合作共同实施了该行为。《中华人民共和国民法典》第1168条规定，二人以上共同实施侵权行为，造成他人损害的，应当承担连带责任。《现代汉语词典》将“制造”解释为“用人工使原材料成为可供使用的物品”。可见，通识意义上的制造就是产品从无到有的过程，体现了产品形成与制造行为之间的因果关系，无关是否共同合作制造的方式。通识意义上的制造隐含了共同侵权的法律逻辑，包括了存在制造分工、委托制造的情形。本案被诉侵权产品及其外包装全部为C公司的商业标记，并未记载其他生产厂家或制造商的相关信息，彰显的是C公司而非三某公司为被诉侵权产品的制造者身份，一般消费者从产品的所有识别性标记直接得知或者间接查找到的产品制造者都是C公司。C公司允许其区别性标识标注在被诉侵权产品上，表明其愿意对外承担产品责任。根据C公司的举证，本案被诉侵权产品并非鑫某公司自行制造之后销售给三某公司，而是鑫某公司根据三某公司的订单制造而来，产品的形成和产品外观的确定，是代表委托方的三某公司选择的结果。本案被诉侵权产品的制造和流通，很难说没有C公司的分工合作和安排，不是其意定的结果，二者无共同制造产品的意思联络。因此，即使C公司所提交的证据可以表面证明被诉侵权产品是三某公司委托鑫某公司制造而来，C公司亦难以摆脱实质的间接制造者身份。

最后，制造与销售存在差异，关键在于是否决定产品的形成，是否体现生产需求，委托方的主观意愿与产品的加工制造存在因果关系。C 公司为专业的照明器材生产厂家，为经营规模庞大的上市公司，有能力识别委托制造的产品是否侵害他人专利权，应负与其能力和行业地位匹配的较高注意义务，对子公司以其名义委托他人制造的产品，亦应承担审查义务。虽然法人人格独立，但不能任由法人责任排他。实践中产品专业制造商与关联公司联系密切、交易混同，若被诉侵权产品上使用母公司的商业标记而无需承担任何责任，标识的识别功能将无法发挥，从而使市场陷入混乱，难以保障消费者利益，不符合专利法的基本精神。因此，应当认定 C 公司为被诉侵权产品的制造者。

（二）C 公司是否实施了销售、许诺销售被诉侵权产品的行为

C 公司在展销会上展示了星享吸顶灯，作出了销售的意思表示，为许诺销售。许诺销售的目的是销售，与销售具有密不可分的联系。结合 A 公司公证购买两款被诉侵权产品的事实，可以认定 C 公司实施了销售被诉侵权产品的行为。

综上，C 公司未经 A 公司的许可，制造、销售、许诺销售了侵害涉案专利权的被诉侵权产品，应当承担停止侵害、赔偿 A 公司经济损失的民事责任。A 公司关于 C 公司实施了被诉侵权行为的上诉理由成立，一审法院对此认定错误，二审法院予以纠正。

**【思考题】**

如何理解合法来源抗辩制度？

CHAPTER 3 第三章

# 商标法专题

## 本章知识要点

商标法的内容主要包括以下几个方面：（1）商标的概念和类型、商标与相近标志的区别；（2）商标注册的要件，包括目的要件、显著性要件、合法性要件、非冲突性要件和非功能性要件；（3）商标注册和确权的有关程序，包括商标注册的申请、审查、初步审定公告、注册公告以及商标注册异议、商标注册无效、无正当理由连续三年不使用撤销等；（4）商标权行使和保护的相关规定，包括商标使用、商标许可使用、商标权转让、商标侵权行为类型、商标侵权责任、商标侵权抗辩事由、驰名商标的特殊保护等内容。

本章分别选择商标的显著性、商标的注册、注册商标的许可使用与转让、注册商标的保护等四个专题，进行案例研讨。

## 第一节 商标的显著性

商标的显著性是商标法的核心，它不仅是商标注册的核心要件，也是决定商标权能否得以维护和商标权保护水平高低的决定性要素，因此，把握商标显著性的含义、商标显著性的判断标准、商标显著性的取得、商标显著性的丧失与增强，对于理解和掌握商标法的各项制度不仅具有重要的理论意义，也具有重要的实践意义。

（1）商标显著性的含义。商标的显著性可以从商标的区别性和商标的识别性两个方面来理解。商标的区别性，指商标所具有的就某一种商品或服务将某个提供者与其他提供者相区分的功能。对此，《中华人民共和国商标法》（以下简称《商标法》）第8条专门作了规定，即任何能够将自然人、法人或者其他组织的商品与他人的商品区别开的标志，包括文字、图形、字母、数字、三维标志、颜色组合和声音等，以及上述要素的组合，均可以作为商标申请注册。商标的识别性，是指商标具有的将特定商品或服务与特定的经营者相联系的功能。对此，《商标法》第9条也明确规定，申请注册的商标，应当有显著特征，便于识别，并不得与他人在先取得的合法权利相冲突。所以，特定商品上使用的商标能否起着标示商品来源的作用，取决于该商标与其他商标之间的区别程度。[1] 从这个意义上来看，商标注册的显著性要求，保证了商标所具有的最基本功能即识别商品来源功能的发挥。

（2）商标显著性的判断。商标标识的基本类型包括平面商标、立体商标和声音商标，不同类型的商标其显著性的判断标准也有区别。平面商标显著性的判断，包括判断主体、判断的客观标准和主观标准、判断的方法。判断的主体是相关公众；判断的客观标准是商标标志与其所标注商品或服务之间的联系，联系越密切，显著性就越弱，反之，显著性越强，以文字商标显著性的判断为例，通常将这种联系按照由无到有、由弱到强顺序依次区分为通用性、描述性、暗示性、任意性和臆造性文字；判断的主观标准是相关公众会不会将申请注册的商标标志作为指示商品或服务来源的商标；判断的方法是整体认定。对此，《最高人民法院关于审理商标授权确权行政案件若干问题的规定》第 7 条作了明确解释：人民法院审查诉争商标是否具有显著特征，应当根据商标所指定使用商品的相关公众的通常认识，判断该商标整体上是否具有显著特征。商标标志中含有描述性要素，但不影响其整体具有显著特征的；或者描述性标志以独特方式加以表现，相关公众能够以其识别商品来源的，应当认定其具有显著特征。

三维标志商标显著性的判定，除需要三维标志本身的构成形式、指定的商品或服务、相关公众的认知习惯、所属行业实际使用情况等与平面商标相同的要素外，还要考虑三维标志商标的构成元素、视觉效果、使用方式等特殊性要素，以是否能够以该标志区分商品的来源为标准，针对指定使用的商品逐项判定。[2]

声音商标显著性的判断，除与传统可视性商标的显著性判断一样需综合考虑商标本身的构成、指定的商品或者服务、相关公众的认知习惯等因素之外，还应考虑声音商标的听觉感知、声音效果、使用方式、持续使用时间、使用强度、同业经营者对同类声音的使用情况、相关行业商标使用惯例、对声音商标的广告宣传及其效果、相关公众的知晓程度等因素进行综合判定。[3]

（3）商标显著性的取得。《商标法》第 11 条规定：“下列标志不得作为商标注册：（1）仅有本商品的通用名称、图形、型号的；（2）仅直接表示商品的质量、主要原料、功能、用途、重量、数量及其他特点的；（3）其他缺乏显著特征的。前款所列标志经过使用取得显著特征，并便于识别的，可以作为商标注册。”获得显著性规则的合理性在于，使用者对于一个本属于公有领域的词汇经过长期投资，付出代价，对此予以承认并赋予使用人专有性权利，不仅是对市场主体经营成果的认可，也扩大了商标注册标志的资源，有助于维护消费者利益。[4] 因此，获得显著性的本质是事实判断问题，这

---

[1] 何颖，季连帅，韩立丽．商标显著性研究［M］．北京：中国政法大学出版社，2013：20.

[2] 国家知识产权局．商标审查审理指南（2021）［M］．北京：知识产权出版社，2021：281.

[3] 国家知识产权局．商标审查审理指南（2021）［M］．北京：知识产权出版社，2021：303.

[4] 吴汉东．知识产权法学（第五版）［M］．北京：北京大学出版社，2011：251.

需要根据具体案件中当事人提交的使用证据予以判断。[1] 司法实务中，对于获得显著性，通常需要在考量该标志的使用时间、地域范围、规模大小、知名程度、相关公众的认知情况以及其他经营者使用该标志的情况等因素基础上，判断该标志是否与使用主体之间建立起唯一、稳定的联系，从而使得相关公众能够通过该标志区分商品或服务来源为标准进行综合判断。[2]

（4）商标显著性的丧失与增强。商标显著性始终处在动态变化中，如同不具备显著性的描述性标志可以通过商标性使用获得显著性一样，具备显著性的注册商标也可能因为商标权人不当使用、搁置不用而逐渐丧失显著性，还可能因为被他人淡化使用等而减弱显著性，最终被撤销注册。[3] 相反，如果商标的显著性因商标性使用而不断增强成为相关公众广为知晓的驰名商标，则商标权的保护水平也会因之提高，对此我国《商标法》第 13 条作出了明确的规定。

本节案例属于商标侵权纠纷案，主要涉及商标的显著性有无和显著性高低的判断问题。法院在该案中认为显著性的有无关系到商标的注册与否，而显著性的高低则涉及商标禁用权的范围大小问题，同时，法院在该案中所阐释的商标显著性的判断标准，对此类案件也有重要的影响。

## 案例　A 公司与 B 公司侵害商标权纠纷案[4]

### 【基本案情】

### 一、事实调查

A 公司自 1961 年起，在全世界 100 多个国家和地区获得“COFFEE-MATE”商标注册，核定使用商品均包括奶油、食用油脂、植物脂肪、奶精、咖啡奶油、咖啡用植物脂肪制剂等。经查，“COFFEE”系咖啡的英文名称，而《牛津现代英汉大词典》显示，“MATE”的中文含义为配偶、同伴。维基百科中对“COFFEE-MATE”的解释为：“咖啡伴侣是 A 公司的粉末状奶精品牌，于 1961 年开始生产，为世界上第一种奶精。自从 1961 年首度生产后，A 公司也引入了其他数种不同类型的咖啡伴侣，如 1989 年的

---

[1] 最典型的一个例子就是“小肥羊”。小肥羊公司在申请注册商标时多次被商标局以“小肥羊是商品的通用名称不具有显著性”为由驳回申请。经过小肥羊公司的长期使用、扩大宣传，“小肥羊”成为众多消费者知晓的商标，获得了显著性，最终被获准注册。

[2] 刘晓慧. 关于商标是否具有显著特征的司法判断［J］. 中华商标，2020（2）：3.

[3] 朗科“优盘”商标就因商标权人在使用商标时，刻意当作产品名称来使用，不但不告知公众这是自己的商标，而且在为别人提供的 OEM 产品包装上，直接在被提供者的商标后使用“优盘”字样，这样做，商标丧失显著性是不可避免的。

[4] 参见北京市朝阳区人民法院（2017）京 0105 民初 85607 号民事判决书、北京知识产权法院（2019）京 73 民终 3611 号民事判决书。该案适用《商标法》（2013 年修正）第 11 条、第 13 条、第 49 条、第 57 条、第 59 条规定，与《商标法》（2019 年修正）的条文顺序和内容规定相同，故在后文理论分析中不再另行注明。

低脂咖啡伴侣及液态咖啡伴侣等。”

1989年9月10日，A公司经商标局核准，在第29类牛奶、干乳酪、酸乳酪、黄油、乳脂、咖啡用植脂末等商品上取得第360860号“咖啡伴侣”商标的注册，此外，A公司在中国还享有第30类咖啡商品上“NESTLE”商标的注册商标专用权，该商标于2006年被商标局认定为驰名商标。上述商标现均在有效期内。

A公司在中国生产销售的“咖啡伴侣”植脂末产品主要有三种形式：第一种为圆柱形棕色玻璃瓶装，瓶贴正面上方为“ANESTLE”标识，中部显著位置为大号艺术字体分列两行的“Coffeemate”字样，下方为字体稍小的“咖啡伴侣”标识，最下方为一杯咖啡的照片；第二种为圆形塑料小盒包装，其标贴与玻璃瓶装类似，仅中部右侧多了较小字体的“风味饮料”“原味”等字样；第三种为小袋包装，正面上部为“ANESTLE”标识、字体稍小，中部为大号字体的“咖啡伴侣”标识，再下方为字体很小的“植脂末”“调味植脂末”等字样，最下方为一杯咖啡的照片。A公司自2003年开始，在《高速直达》《汽车博览》《Perfect Life》等杂志上多期刊登A咖啡及“咖啡伴侣”植脂末产品的广告，广告中有玻璃瓶装和袋装“咖啡伴侣”植脂末产品的照片。

2006年10月，上海市工商行政管理局杨浦分局对摩某公司未经许可在植脂末产品外包装上使用与A公司“咖啡伴侣”商标相同标识一事进行行政处罚，该案被上海市工商局列为2006年度十大商标违法案件之一。

2009年10月28日，案外人C公司曾向原国家工商行政管理总局商标评审委员会（以下简称商标评审委员会）提交注册商标争议裁定申请书，认为A公司的第360860号“咖啡伴侣”注册商标已经成为社会上约定俗成的咖啡调配品的通用名称，在该类别商品中不具备区别产品来源的作用，不具有显著性，申请将该商标撤销。2011年8月22日，商标评审委员会作出商评字（2011）第18004号《关于第360860号“咖啡伴侣”商标争议裁定书》，认为C公司所提撤销理由不成立，争议商标予以维持。商标评审委员会在该裁定中还查明，2009年9月3日，因涉嫌侵犯A公司“咖啡伴侣”注册商标，昆明市盘龙区工商行政管理局对C公司标有“咖啡伴侣”的产品和包装膜实施扣押强制措施。

2012年起，B公司作为出品商委托案外人生产袋装“咖啡伴旅”植脂末商品，并在各大网络平台销售。该商品外包装袋为红色底色，外包装正面自上而下分别为白色的标识；白色大号字体的“咖啡伴旅植脂末”字样分两行居中，其中“咖啡伴旅”在上、“植脂末”在下；最下方为一杯咖啡的照片。内包装为白色小包，正面上方为“咖啡伴旅植脂末”字样分两行居中，其中“咖啡伴旅”在上、“植脂末”在下；中部为咖啡照片和“Coffee Creamer”字样，最下方为标识、净含量等信息。其中在天猫商城和京东商城中对上述产品的商品描述为“后谷咖啡伴侣植脂末奶精粉奶茶专用”，在1号店中的描述为“后谷云南小粒咖啡咖啡伴侣黑咖啡专用奶精”，在苏宁易购中的描述为“后谷咖啡伴侣植脂末奶精粉奶茶专用”。

## 二、A公司向法院提起诉讼

针对B公司的上述行为，A公司以B公司侵犯其“咖啡伴侣”注册商标专用权为由，将B公司诉至北京市朝阳区人民法院，并请求判令：(1) B公司立即停止侵害A公司“咖啡伴侣”注册商标专用权的行为；(2) B公司赔偿A公司经济损失及维权开支共计100万元。

B公司认为“咖啡伴侣”属于直接表示商品功能和用途的词汇，且实际上已经成为咖啡用植脂末商品的通用名称，并提供众多的中国境内文献、国家图书馆收藏文献、企业核准登记的经营范围等证明“咖啡伴侣”成为通用名称，据此，A公司无权禁止B公司正当使用“咖啡伴旅”字样。同时，2018年3月9日，B公司向商标局提出申请，以“咖啡伴侣”在咖啡相关行业从业者眼中早已成为植脂末等商品的通用名称为由，申请撤销A公司第360860号第29类“咖啡伴侣”商标在“牛奶”等全部核定使用商品上的注册。但2018年12月12日，商标局作出商标撤通字（2018）第Y000051号决定书，驳回B公司的撤销申请，认定第360860号第29类“咖啡伴侣”注册商标不予撤销。

## 三、法院判决

一审法院认为：(1) A公司的“咖啡伴侣”作为“咖啡用植脂末”等商品类别中的商标，其词汇含义本身就包含有与咖啡一同饮用的产品之意，存在一定程度上的对产品特点的描述性，其显著性较弱，对于“咖啡伴侣”商标的禁用权保护范围应当适用相对严格的标准。(2) B公司在网店销售中使用了“咖啡伴侣”等字样的行为，与A公司享有的注册商标专用权的商标标识完全相同，属于在相同商品上使用与注册商标相同的商标，侵犯了A公司的商标专用权，应当承担停止侵权、赔偿损失的责任。(3)“咖啡伴旅”与“咖啡伴侣”虽然读音相同，但“咖啡”作为产品名称不具有识别性，“伴旅”与“伴侣”在字形、含义上不相同。而且B公司在使用“咖啡伴旅”时加入了其他标识进行区分，主观上无明显恶意。因此综合考量两个商标不属于近似标识，不构成商标侵权。

A公司不服一审判决，向北京知识产权法院提出上诉：(1) A公司的“咖啡伴侣”具有较长使用历史和较高市场知名度，这种持续使用必然不断增强“咖啡伴侣”商标的显著性。一审判决未对该事实予以考虑，而认定“咖啡伴侣”商标显著性较低存在错误。(2)“咖啡伴侣”与“咖啡伴旅”在音、形、义方面具有较高近似性，构成近似商标；同时，考虑到“咖啡伴侣”商标的知名度、B公司的主观恶意，应当认定构成商标侵权。一审判决在认定“咖啡伴侣”与“咖啡伴旅”是否构成近似商标，进而是否会造成混淆误认方面存在错误。

二审法院认可一审法院关于“咖啡伴侣”作为商标其识别商品来源的作用相对较低的结论，同时指出，并非商标知名度越高，其显著性越强，二者之间不具有必然的对应关系，“咖啡伴侣”一词由于长期、大量地作为“咖啡用植脂末”商品名称被广泛使用，客观上已经具有泛化的趋势，A 公司不仅未能阻止涉案商标被泛化的结果，而且自身亦存在将“咖啡伴侣”作为指代商品名称进行使用的事实。因此，A 公司的上诉请求均不能成立，应予驳回；一审判决认定事实清楚，适用法律正确，应予维持。

**【主要法律问题】**

（1）注册商标显著性退化为通用名称的判断标准问题。

（2）商标显著性的高低与商标权保护范围的关系问题。

**【主要法律依据】**

《商标法》（2019 年修正）

第 11 条　下列标志不得作为商标注册：（1）仅有本商品的通用名称、图形、型号的；（2）仅直接表示商品的质量、主要原料、功能、用途、重量、数量及其他特点的；（3）其他缺乏显著特征的。前款所列标志经过使用取得显著特征，并便于识别的，可以作为商标注册。

第 49 条　商标注册人在使用注册商标的过程中，自行改变注册商标、注册人名义、地址或者其他注册事项的，由地方工商行政管理部门责令限期改正；期满不改正的，由商标局撤销其注册商标。注册商标成为其核定使用的商品的通用名称或者没有正当理由连续 3 年不使用的，任何单位或者个人可以向商标局申请撤销该注册商标。商标局应当自收到申请之日起 9 个月内做出决定。有特殊情况需要延长的，经国务院工商行政管理部门批准，可以延长 3 个月。

第 59 条　注册商标中含有的本商品的通用名称、图形、型号，或者直接表示商品的质量、主要原料、功能、用途、重量、数量及其他特点，或者含有的地名，注册商标专用权人无权禁止他人正当使用。三维标志注册商标中含有的商品自身的性质产生的形状、为获得技术效果而需有的商品形状或者使商品具有实质性价值的形状，注册商标专用权人无权禁止他人正当使用。商标注册人申请商标注册前，他人已经在同一种商品或者类似商品上先于商标注册人使用与注册商标相同或者近似并有一定影响的商标的，注册商标专用权人无权禁止该使用人在原使用范围内继续使用该商标，但可以要求其附加适当区别标识。

**【理论分析】**

### 一、注册商标显著性退化为通用名称的判断标准问题

在商标法上，商品的通用名称是指能够反映一类商品与另一类商品之间根本区别的规范化称谓，包括法定的通用名称和约定俗成的通用名称。根据《最高人民法院关于审理商标授权确权行政案件若干问题的规定》第 10 条的规定，诉争商标属于法定的商品名称或者约定俗成的商品名称的，人民法院应当认定其属于《商标法》第 11 条第 1 款第（1）项所指的通用名称。依据法律规定或者国家标准、行业标准属于商品通用

名称的，应当认定为通用名称。相关公众普遍认为某一名称能够指代一类商品的，应当认定为约定俗成的通用名称。被专业工具书、辞典等列为商品名称的，可以作为认定约定俗成的通用名称的参考。《商标法》第 59 条规定，注册商标中含有的本商品的通用名称，注册商标专用权人无权禁止他人正当使用。因此，“通用名称”是常见的商标侵权抗辩理由，因为一旦某一商标被认定为通用名称，即认为其属于公有区域，商标权人不可独占，不再涉及侵权问题。即使是注册商标，如果退化为该商品的通用名称，任何单位或者个人都可以根据《商标法》第 49 条第 2 款的规定，向商标局申请撤销该注册商标。

通常认为，注册商标显著性的退化既有内因，也有外因。内因是指商标权人疏于商标性使用或将商标用作其标注商品的通用名称使用，如“优盘”商标；外因是商标权人以外的市场主体包括相关公众和同业竞争者将其作为通用名称使用。在美国商标法实务中，通常认为一件商标是否丧失了显著性，判断标准是看相关标记的主要含义是指称产品的来源或是指称产品本身，判断的主体则是相关公众。典型案例如 1921 年的拜尔公司案❶、1963 年的 Thermos 案❷，法院认为检验（是否成为通用名称）的标准不是公众是否有其他的选择，而是公众对于该字词在使用中的理解是什么。这里的实际情形是，公众已经习惯于使用“Thermos”称呼真空暖水瓶，那么该词汇应当被认为属于通用名称。同样，在欧盟审理的 Levis 案中，欧盟法院判决指出，判断商标是否具有显著性，应当以侵权标志开始使用时相关公众的认知为准。对此，我国《商标审查审理指南》也有同样的看法：判断商标是否具有显著特征，除了要考虑商标标志本身的含义、呼叫和外观构成，还要结合商标指定的商品或者服务、商标指定商品或者服务的相关公众的认知习惯、商标指定商品或者服务所属行业的实际使用情况等，进行具体的、综合的、整体的判断。

结合本案情况，针对“咖啡伴侣”是否已成为植脂末等商品的通用名称问题，在本案之前，其他公司也针对涉案商标曾多次向商标主管部门提出商标争议、商标撤销及无效宣告申请，理由即为“咖啡伴侣”已成为植脂末等商品的通用名称，不具有识别商品来源的作用，不具有显著性，但最终均未得到商标行政主管部门的支持，维持了“咖啡伴侣”的注册商标权。本案中，被告 B 公司再次以“咖啡伴侣”已成为植脂末等商品的通用名称来进行抗辩，并提供了专利文献、国家图书馆收藏文献、企业核准登记的经营范围等大量证据，但商标行政主管部门仍没有支持 B 公司关于“咖啡伴侣”为植脂末商品的通用名称的主张，并且基于在先的行政认定及其他事实、证据，维持了“咖啡伴侣”注册商标权。本案值得注意的是，就 B 公司向法院提供的其单方委托零点公司的调查报告来看，虽然受访的随机公众对于“咖啡伴侣”词汇联想到较

---

❶ Bayer Co. United Drug Co. 272F，505（2d Cir. 1921）. 转引自李明德. 美国知识产权法（第二版）[M]. 北京：法律出版社，2014：505.

❷ King-Seeley Thermos Co. v. Aladdin Industries，Inc.，321 F2d577（2d Cir. 1963）. 转引自李明德. 美国知识产权法（第二版）[M]. 北京：法律出版社，2014：505.

多的是奶类或糖类物品，但仍有小部分受访者（即相关公众）会联想到“雀巢”这一事实也表明，“咖啡伴侣”商标仍具有显著性，这一结论显然也不利于B公司的“咖啡伴侣”商标已经成为植脂末等商品的通用名称的主张。

## 二、商标显著性的高低与商标权保护范围的关系问题

对于商标权的保护范围，《商标法》第57条进行了明确的界定，该条对侵犯商标专用权的行为采用列举方式进行了规定，其中，混淆可能性是商标侵权行为判断的唯一标准，而影响混淆可能性的因素，则是未经许可在相同或相类似商品上使用了相同或相近似商标，那么，商标显著性与混淆可能性或商标相同或相近似之间的关系是什么？商标显著性的高低又是如何影响到商标权的保护范围呢？商标显著性与商标知名度之间的关系又是什么？

对于上述第一个问题，可以从《最高人民法院关于审理商标民事纠纷案件适用法律若干问题的解释》中对商标近似的认定标准和认定原则的规定中找到答案。商标近似的认定标准是将被控侵权的商标与原告的注册商标相比较，其文字的字形、读音、含义或者图形的构图及颜色，或者其各要素组合后的整体结构相似，或者其立体形状、颜色组合近似，易使相关公众对商品的来源产生误认或者认为其来源与原告注册商标的商品有特定的联系；商标近似的认定原则是以相关公众的一般注意力为标准，在比对对象隔离的状态下既要对商标进行整体比对，又要对商标主要部分进行比对，同时还应当考虑请求保护注册商标的显著性和知名度。由此可见，请求保护注册商标的显著性和知名度是对商标近似判断共同并列的考量要素。

对于上述第二个问题，我们可以从驰名商标的特殊保护中找到答案，因为驰名商标是相关公众熟知的具备高显著性的商标。《商标法》第13条规定，为相关公众所熟知的商标，持有人认为其权利受到侵害时，可以请求驰名商标保护。就相同或者类似商品申请注册的商标是复制、摹仿或者翻译他人未在中国注册的驰名商标，容易导致混淆的，不予注册并禁止使用。就不相同或者不相类似商品申请注册的商标是复制、摹仿或者翻译他人已经在中国注册的驰名商标，误导公众，致使该驰名商标注册人的利益可能受到损害的，不予注册并禁止使用。可见，《商标法》对驰名商标给予了远超出普通商标的保护范围，也就是说，商标无论注册与否，其显著性越高，保护范围就越大，两者之间是正相关关系。其原因在于，商标显著性越高，就越容易被傍名牌使用，受假冒侵权行为和不正当竞争行为侵害的程度远甚于普通商标，不仅侵害了商标所有人的合法权益，也欺骗了消费者，扰乱了市场秩序。而当商标为公众所熟知时，商标所有人在所有商品或服务上注册，仅具有理论上的可能性而不具有现实的可操作性，因为商标所有人为阻止被傍名牌使用，需在其不具有利益的商品或服务上，甚至是在不从事交易的国家采取昂贵的法律行动去保护其商标，因此，法律授予的保护最大化远比注册程序中浪费金钱更实际，同时也减少了公共资源的支出。

本案审理中，一审法院认为，注册商标的显著性程度与相关公众对来源的混淆可能性正相关，也与商标专用权保护范围正相关。一审法院的这一观点正是上述原理的

体现，“商标显著性之有无，以及显著性之强弱，将影响及商标之可注册性以及其受保护之范围”。[1]

对于上述第三个问题，可以从商标的使用与商标显著性的获得之间的关系来考察。一般来说，在商业活动中，商标的使用越广泛、越频繁，在相关公众心目中商标与商标权人的之间的联系就越牢固、越紧密，商标的识别商品来源功能即商标的显著性越强。商标的频繁使用过程也就是商标显著性强化的过程。也正因如此，《商标法》第11条对不具有显著性的叙述性标志，认可其经过长期、广泛、大量的使用行为，使其产生了超越了标识内容本身的第二含义，即商标含义后，就可以进行商标注册申请。这个第二含义的形成和强化的过程就是显著性产生和强化的过程，实际上也是知名度的提升的过程。如果市场上存在某个商标，经过使用，其知名度不断上升，但它的显著性却不断降低，或者知名度不断下降，其显著性却不断提升和强化，那么《商标法》第11条的规定就难以成立了。

对于注册商标而言，除因不符合注册条件而被宣告无效外，商标的使用不仅是商标权人的权利，更是商标权人的义务。商标权人依据商标法的规定，通过持续不断的商标使用，扩大和提升商标的显著性和知名度，正是其追求的商业效果和商业目的。商标权人除不当使用使其商标退化为商品通用名称或者无正当理由连续三年不使用等原因被撤销注册外，其注册商标的显著性和知名度难以想象会因其商标使用而减弱。未经许可，他人在相同或相类似的商品上使用与注册商标相同或相近似商标的侵权行为，不仅不能改变注册商标的显著性和知名度，相反，商标权人的维权行为客观上也能够起到强化商标的显著性和知名度的效果。也就是说，未经许可使用他人注册商标的行为不应该也不能产生新的权利，更不应该导致原权利本身的消灭，或限缩原权利的保护范围。

本案中，“咖啡伴侣”作为“咖啡用植脂末”等商品类别中的商标，其词汇含义虽然包含有与咖啡一同饮用的产品之意，但“伴侣”毕竟不是“植脂末”，也不属于对商品性质的直接描述。如果说在A公司自身的宣传单中，对“咖啡伴侣”词汇的释义还存在“雀巢咖啡伴侣”“低脂咖啡伴侣”“液态咖啡伴侣”等将“咖啡伴侣”作为指代某种商品名称进行的使用，也是其明显的主观过错，但这种过错并不能否认其显著性与知名度的正相关关系。

**【思考题】**

（1）通用名称的认定及其对商标注册与撤销的影响。

（2）如何理解商标的显著性的变化？

---

[1] 曾陈明汝. 商标法原理［M］. 北京：中国人民大学出版社，2003：131.

# 第二节　商标的注册

我国《商标法》第 4 条规定：自然人、法人或者其他组织在生产经营活动中，对其商品或者服务需要取得商标专用权的，应当向商标局申请商标注册。不以使用为目的的恶意商标注册申请，应当予以驳回。本法有关商品商标的规定，适用于服务商标。依据该规定，具备注册条件的商标标志，需要取得商标专用权的，应当向商标局申请商标注册。也就是说，商标注册是商标专用权取得的必经程序，而商标标志适格又是商标注册的前提条件。

商标标志的适格性。《商标法》从合法性、显著性、非冲突性和非功能性四个方面作了限定，具体体现在第 4 条、第 9 条、第 10 条、第 11 条、第 12 条、第 13 条第 2 款和第 3 款、第 15 条、第 16 条第 1 款、第 30 条、第 31 条、第 32 条等规定。

商标注册的审核和公告。申请人向商标局提出商标注册申请后，由商标局在法定期限内对申请注册的商标进行审查，包括形式审查和实质审查两个审查阶段。形式审查是对申请人的资格、提交的申请文件、申请的程序等进行审查，形式审查通过后再进入实质审查阶段。实质审查是对商标是否符合《商标法》所规定的注册条件进行审查。经实质审查后，不符合《商标法》规定的注册条件的，予以驳回申请且不予公告；符合《商标法》规定的注册条件的，予以初步审定公告，公告期为 3 个月，在公告期内，在先权利人、利害关系人认为违反《商标法》第 13 条第 2 款和第 3 款、第 15 条、第 16 条第 1 款、第 30 条、第 31 条、第 32 条规定的，或者任何人认为违反《商标法》第 4 条、第 10 条、第 11 条、第 12 条、第 19 条第 4 款规定的，可以向商标局提出异议。公告期满无异议的，予以核准注册，发给商标注册证，并予公告。

注册商标的无效宣告。《商标法》第 44 条和第 45 条分别规定了两类注册商标无效宣告的情形。一类是使用绝对禁用标志注册情形，即《商标法》第 44 条第 1 款规定的已经注册的商标，违反本法第 4 条、第 10 条、第 11 条、第 12 条、第 19 条第 4 款规定的，或者是以欺骗手段或者其他不正当手段取得注册的，由商标局宣告该注册商标无效；其他单位或者个人可以请求商标评审委员会宣告该注册商标无效。这类注册商标的无效宣告没有时间限制，并且商标局既可以依申请宣告无效，也可以依职权宣告无效。另一类是使用相对禁用标志注册情形，即《商标法》第 45 条第 1 款规定的已经注册的商标，违反《商标法》第 13 条第 2 款和第 3 款、第 15 条、第 16 条第 1 款、第 30 条、第 31 条、第 32 条规定的，自商标注册之日起 5 年内，在先权利人或者利害关系人可以请求商标评审委员会宣告该注册商标无效。对恶意注册的，驰名商标所有人不受 5 年的时间限制。这些相对条件涉及的是在先权利人的权利或权益，违反这些相对条件申请注册的商标，注册程序本身并没有瑕疵，商标局不能依职权主动宣告该类注册商标无效，只能根据在先权利人或利害关系人的申请宣告该类商标无效。

本专题选择了三个案例，主要讨论两个问题：一是地名商标的注册问题，通过案例一讨论地名商标的注册无效认定和无效程序的法律适用问题，通过案例二来讨论地名普通商标与地理标志商标的注册冲突问题，由此，对商标法中最为复杂的地名商标注册的相关规定加以梳理，来强化对地名商标的认识，增强地名商标的实务操作能力。二是商标抢注问题，通过案例三讨论商标抢注的成因及商标法为制止商标抢注采取的相关措施。

## 案例一　A 公司与国家知识产权局地名商标确权案[1]

### 【基本案情】

阿尔山是内蒙古自治区兴安盟西北部的阿尔山市（县级市），属于县级行政区划名称，该县矿泉资源丰富，是知名矿泉水水源地，阿尔山矿泉水质好、矿化度高，属国内罕见的优质饮用保健矿泉水。

位于阿尔山市的 A 公司向商标局申请注册中文“阿尔山”商标，商标局于 2011 年 5 月 27 日核准注册，注册号为第 9522017 号，核定使用在第 32 类的水（饮料）、果汁等商品上，专用期限自 2012 年 11 月 14 日至 2022 年 11 月 13 日。

B 公司认为“阿尔山”是县级以上行政区划名称和矿泉水源地名称，属于公共资源，不应为某一企业或个人所垄断，“阿尔山”直接表示了核定商品的原料、产地，缺乏显著性，于 2017 年 2 月 20 日就“阿尔山”商标向商标评审委员会请求宣告无效。

A 公司认为，诉争注册商标经过 A 公司的使用，具有强于地名的含义，具有显著性和识别性，应当被维持注册。

商标评审委员会认定：诉争商标“阿尔山”为县级行政区划名称，A 公司提交的证据不足以证明其已形成了强于地名含义的其他含义，而且核定使用在水（饮料）等商品上，仅仅直接表示了商品的产地、品质等特点，也不足以证明其经过使用取得了显著特征并便于识别，依据《商标法》第 10 条第 2 款和第 11 条第 1 款第（2）项规定，该注册予以无效宣告。

A 公司不服被诉裁定，向北京知识产权法院提起诉讼，请求撤销被诉裁定。北京知识产权法院认为，商标评审委员会认定事实清楚，适用法律正确，符合法定程序，依法应予支持。判决驳回 A 公司的诉讼请求。

A 公司不服原审判决向北京市高级人民法院提起上诉，请求撤销原审判决和被诉裁定。北京市高级人民法院经审理认为，A 公司的上诉主张缺乏事实及法律依据，原

[1] 参见北京知识产权法院（2018）京 73 行初 675 号行政判决书、北京市高级人民法院（2019）京行终 4880 号行政判决书。该案适用《商标法》（2013 年修正）的相关规定，与《商标法》（2019 年修正）的条文顺序和内容规定相同，故在后文理论分析中不再另行注明。

审判决和被诉裁定认定事实清楚，适用法律正确，依法应予维持。

**【主要法律问题】**

（1）地名商标注册无效的认定问题。
（2）地名商标无效宣告程序的法律适用问题。

**【主要法律依据】**

**一、《商标法》（2019年修正）**

第4条　自然人、法人或者其他组织在生产经营活动中，对其商品或者服务需要取得商标专用权的，应当向商标局申请商标注册。不以使用为目的的恶意商标注册申请，应当予以驳回。本法有关商品商标的规定，适用于服务商标。

第10条第2款　县级以上行政区划的地名或者公众知晓的外国地名，不得作为商标。但是，地名具有其他含义或者作为集体商标、证明商标组成部分的除外；已经注册的使用地名的商标继续有效。

第11条　下列标志不得作为商标注册：（1）仅有本商品的通用名称、图形、型号的；（2）仅直接表示商品的质量、主要原料、功能、用途、重量、数量及其他特点的；（3）其他缺乏显著特征的。前款所列标志经过使用取得显著特征，并便于识别的，可以作为商标注册。

第16条　商标中有商品的地理标志，而该商品并非来源于该标志所标示的地区，误导公众的，不予注册并禁止使用；但是，已经善意取得注册的继续有效。前款所称地理标志，是指标示某商品来源于某地区，该商品的特定质量、信誉或者其他特征，主要由该地区的自然因素或者人文因素所决定的标志。

第44条第1款　已经注册的商标，违反本法第4条、第10条、第11条、第12条、第19条第4款规定的，或者是以欺骗手段或者其他不正当手段取得注册的，由商标局宣告该注册商标无效；其他单位或者个人可以请求商标评审委员会宣告该注册商标无效。

第45条第1款　已经注册的商标，违反本法第13条第2款和第3款、第15条、第16条第1款、第30条、第31条、第32条规定的，自商标注册之日起5年内，在先权利人或者利害关系人可以请求商标评审委员会宣告该注册商标无效。对恶意注册的，驰名商标所有人不受5年的时间限制。

**二、《最高人民法院关于审理商标授权确权行政案件若干问题的规定》**

第6条　商标标志由县级以上行政区划的地名或者公众知晓的外国地名和其他要素组成，如果整体上具有区别于地名的含义，人民法院应当认定其不属于《商标法》第10条第2款所指情形。

第11条　商标标志只是或者主要是描述、说明所使用商品的质量、主要原料、功能、用途、重量、数量、产地等的，人民法院应当认定其属于《商标法》第11条第1

款第（2）项规定的情形。商标标志或者其构成要素暗示商品的特点，但不影响其识别商品来源功能的，不属于该项所规定的情形。

【理论分析】

## 一、地名商标注册无效的认定问题

### （一）地名商标的概念和特征

地名商标是指将行政区划的地理名称或其他地理区域的名称、历史地名或者开辟的新城作为文字商标或做文字商标的主要组成部分进行使用或予以注册的商标。地名包括全称、简称、外文名称和通用的中文译名。如"景德镇瓷器""泸州老窖""沙县小吃"等。

与普通商标相比，地名商标具有以下几个方面的特征：（1）地名商标皆为文字商标；（2）地名商标的注册受到更多的限制：如注册前已经作为商标长期使用、商品或服务的来源地限制、注册主体限制等；（3）地名商标注册类型复杂，如普通商标、集体商标、地理标志集体商标、地理标志证明商标等；（4）不同的地名商标其商标权的限制不同，包括正当使用限制、许可使用限制和转让限制等；（5）地名商标兼具来源地识别功能和品质保障功能，地理标志证明商标实际上是商品品质保证书。

### （二）地名商标注册无效的认定规则

注册商标无效，是指已经注册的商标，不具备商标法规定的注册条件而取得注册的，由商标局或商标评审委员会宣告该注册商标无效的制度。对此《商标法》第44条和第45条作了明确的规定，包括商标注册无效的认定标准和认定程序。地名商标注册无效的认定也同样适用这些规定。

关于商标注册的条件，《商标法》第4条、第10条、第11条、第12条、第13条第2款和第3款、第15条、第16条第1款、第30条、第31条、第32条等做了明确的规定，即合法性、显著性、非功能性和非冲突性四个要件，因此，如果注册商标不具备这四个要件，原则上就应该认定其注册无效。具体到地名商标，由于其通常是中文文字标志，与三维标志的功能性无关，所以，只需要认定其是否具备合法性、显著性和非冲突性三个要件。

#### 1. 关于地名商标合法性的认定

对于地名商标合法性的认定，除《商标法》第10条第1款第（7）项的"带有欺骗性，容易使公众对商品的质量等特点或者产地产生误认的"的绝对禁用规定外，集中体现在《商标法》第10条第2款对地名商标禁用性的规定：县级以上行政区划的地名或者公众知晓的外国地名，不得作为商标。但是，地名具有其他含义或者作为集体商标、证明商标组成部分的除外；已经注册的使用地名的商标继续有效。对于该条理解，涉及以下几个方面：

第一，县级以上行政区划的地名或者公众知晓的外国地名属于绝对禁用标志，既不能做未注册商标使用，也不能做注册商标使用。“县级以上行政区划”包括县级行政区划。县级以上行政区划的地名具体以我国民政部门发布的《中华人民共和国行政区划简册》为依据，包括全称、简称，以及省、自治区、直辖市、特别行政区，省会城市、计划单列市、著名旅游城市名称的拼音形式。“公众知晓的外国地名”，是指我国公众知晓的我国以外的其他国家或地区的地名。地名包括全称、简称、外文名称和通用的中文译名，如“东京”“纽约”等。需要明确的是，2020 年修正的《最高人民法院关于审理商标授权确权行政案件若干问题的规定》第 6 条规定：商标标志由县级以上行政区划的地名或者公众知晓的外国地名和其他要素组成，如果整体上具有区别于地名的含义，人民法院应当认定其不属于《商标法》第 10 条第 2 款所指情形。如 LONDON FOG（伦敦雾是一种自然现象）、杭州湾、上海滩、滨州港等商标。

第二，“地名具有其他含义”是指地名作为词汇具有确定含义且该含义强于作为地名的含义，不会误导公众的。如“凤凰”“阳春”等，除了是县级以上行政区划的地名外，“凤凰”还具有幸福、吉祥、和谐、华贵、伟岸、进取、太平等很多美好的寓意，“阳春”有春天、温柔、恩泽等含义，并且这些含义强于作为县级行政区划地名的含义。再如“黄山”作为一个闻名遐迩的风景名胜地，其风景名胜地的含义远强于行政区域的地名含义，因而作为商标进行注册符合商标法规定。

第三，地名作为集体商标、证明商标的组成部分的理解。如果地名仅作为集体商标或证明商标的组成部分，则不需要其具有其他含义，因为按照商标法和国际惯例的要求，集体商标和证明商标均具有不同于普通商标识别特定经营者的特殊识别功能，即集体商标只能由该集体组织内部的各个成员使用以表明其成员资格，证明商标由具有监督能力的组织申请和控制，而只能由该组织以外的单位或者个人使用在核定使用商品上，以证明其商品的原产地、原料、制造方法、质量或者其他特定品质。也就是说，集体商标的团体属性与地名商标由其区域性经营者共同使用要求是一致的，证明商标的品质证明功能也与地名商标指明其地域内产品特定品质是不冲突的。因而，任何地名均可以作为集体商标、证明商标的组成部分进行注册。

需要说明的是，在 2018 年之前，商标局审理的集体商标、证明商标主要是指地理标志集体商标、证明商标，如“潼关肉夹馍”是申请注册在第 30 类“肉夹馍”商品上的地理标志集体商标，“库尔勒香梨”是中国核准注册的第一件地理标志证明商标。2018 年商标局为落实中央政策，扶持地方经济发展，制定了《含县级以上行政区划地名的普通集体商标和证明商标的审查标准》，依据该规定，核准了“沙县小吃”“化隆牛肉面”等一些含县级以上行政区域地名的普通集体商标。

县级以下的行政区划或我国公众不知晓的外国地名虽然不属于该款禁止注册的情形，但若相应地域本身以生产某种商品或提供某种服务闻名，仍要结合申请使用的商品与服务综合判断是否属于误认情形。

第四，在 1988 年 1 月 13 日之前，我国《商标法》和《商标法实施细则》均不禁止“县级以上行政区划的地名或者公众知晓的外国地名”的商标注册，因而，“哈尔滨啤酒”“青岛啤酒”得以注册为商标。依据法不溯及既往的原则，1993 年修正的《商标法》增加了“已经注册的使用地名的商标继续有效”的规定，专指 1988 年 1 月 13 日《商标法实施细则》发布之前已经注册的“县级以上行政区划的地名或者公众知晓的外国地名”商标继续有效。

第五，县级以下行政区划的地名和自然地名（不含县级）注册为商标不具有禁用性。这一类的商标无论是普通商标、证明商标或是集体商标都比较多，在此不再举例说明。

2. 关于地名商标显著性的认定

依据上述对《商标法》第 10 条第 2 款的分析可知，“县级以上行政区划的地名或者公众知晓的外国地名”属于绝对禁用标志，不存在显著性的认定问题，并且地名作为集体商标和证明商标的组成部分不受限制，因而，关于地名商标显著性的认定，仅指将县级以下行政区划的地名和自然地名，申请注册为普通商标的情形。

县级以下行政区划地名和自然地名所具有的公共性特点决定了作为商标具有先天性的弱点，因而地名商标标志如果只是或者主要是描述、说明所使用商品的产地的，则不具有显著性。对此，《商标法》第 11 条第 1 款第（2）项规定，“仅直接表示商品的质量、主要原料、功能、用途、重量、数量及其他特点的”。对于该条款的理解，《商标授权确权案件规定》第 11 条的解释是“商标标志只是或者主要是描述、说明所使用商品的质量、主要原料、功能、用途、重量、数量、产地等的，人民法院应当认定其属于《商标法》第 11 条第 1 款第（2）项规定的情形。商标标志或者其构成要素暗示商品的特点，但不影响其识别商品来源功能的，不属于该项所规定的情形”。

因此，地名商标显著性的认定主要是获得显著性的认定问题。《商标法》第 11 条第 2 款规定，描述性标志“经过使用取得显著特征，并便于识别的，可以作为商标注册”。所以，地名商标申请人必须提交其在注册申请之前，该地名已经作为商标在其指定商品上进行使用并获得了显著性和识别性的相关证明材料。如果该地名商标所指定的商品或服务在当地长期存在并被多个经营者使用的话，那么该地名商标就难以具备显著性。2021 年在全国引起舆情的“逍遥镇胡辣汤”商标，是逍遥镇胡辣汤协会注册的普通商标，由于协会的非营利性质，作为申请人难以证明其在申请日之前已经作为商标使用过并取得了显著性和识别性，因而该地名作为普通注册商标，其显著性难免被人质疑。

3. 关于地名商标非冲突性的认定

依据《商标法》第 30 条和第 32 条的相关规定，申请注册的商标不得与他人已经注册的或者初步审定的商标相同或者近似的，也不得与他人在先取得的合法性权利相冲突。这两条规定同样也适用于地名商标的注册，在商标法体系内，这方面的案例主要是发生在地名普通商标、地名集体商标、地理标志集体商标、地理标志证明商标之间的冲突。在商标法的实务中，人们对解决地名商标与地理标志商标之间的冲突总结出了以下适用规则：（1）当某一地名在先注册为地理标志商标时，该地名不得再注册成普通商标；（2）当某一地名在先注册为普通商标时，该地名仍可再注册成地理标志商标；（3）但当先前地名普通商标高度著名时，该地名不可再注册地理标志商标。

地名商标与地理标志之间的冲突就更为复杂，这主要是地理标志的双规保护模式所造成的。例如，山东东阿阿胶集团的“东阿阿胶”普通商标与原国家质量监督检验检疫总局批准注册的“东阿阿胶”地理标志产品的保护冲突案例就是这方面的典型案例。[1] 从我国的司法实践来看，我国对于地理标志与商标的冲突问题并没有统一的规定，基本上采用了一案一评议，个案处理的解决方式。限于篇幅，在此不予分析。

（三）本案文字“阿尔山”商标注册无效的认定

对照以上的分析可以看出，本案中的中文文字商标“阿尔山”一词，是内蒙古自治区县级行政区划名称，作为A公司的注册商标，其注册是否有效，关键就在于是否符合《商标法》第10条第2款的禁用性规定。

首先，中文“阿尔山”一词是县级以上行政区划名称，属于绝对禁用标志。本案仅仅以中文“阿尔山”一词注册商标，违背了禁用规定。

其次，“阿尔山”一词不具有县级以上行政区划名称以外的其他含义，而且“阿尔山”作为A公司的注册商标，即非集体商标，也非证明商标，注册时间是2011年，不属于1988年之前注册的情形。因此，“阿尔山”一词作为县级以上行政区划名称不属于禁用的例外情形。

综合以上两点，即可以认定中文“阿尔山”商标注册无效。

在这里，需要说明的是，本案在审理中，法院还专门就“阿尔山”商标是否因使用获得显著性的认定问题，作为争议焦点进行了审理。笔者认为，仅以县级以上行政区划地名进行商标注册，只要属于《商标法》第10条第2款的绝对禁用情形，就无需再适用《商标法》第11条的规定进行认定，因为该条仅仅是相对禁用标志是否因使用获得显著性的规定。

## 二、地名商标无效宣告程序的法律适用问题

对于注册商标的无效宣告，《商标法》作了专章规定，在本案的适用中虽不存在争议，但对于地名商标无效宣告程序的法律适用这个特殊问题，有必要结合本案做如下说明。

针对已注册商标的无效宣告，相关规定集中在《商标法》第44条和第45条。其中，第44条是基于绝对事由的无效宣告，第45条是基于相对事由的无效宣告。两者除宣告事由、申请主体的差别外，最主要的不同体现在各自对于期限的要求上：第44条的无效宣告申请不受5年期限的限制，而第45条的无效宣告规定了5年期间——如在

---

[1] “东阿阿胶”“东阿”是山东东阿阿胶集团1978年注册的地名普通商标，2000年被商标局认定为中国驰名商标。2002年东阿县的一批生产企业在原国家质量监督检验检疫总局申请了东阿阿胶的原产地保护并通过了审核，“东阿牌”“福牌”“东阿镇牌”都被纳入了原产地保护（我国加入TRIPS协定后统称地理标志），形成了对该商品法律保护的冲突。

先权人或利害关系人在商标注册之日起5年内不主张撤销，则丧失了撤销的权利。这对于一般商标来说不存在问题，但对于地名商标来说却存在着法律适用的困惑问题：即同样是非善意注册行为，却可以在适用第44条和第45条规定的不同程序之间进行选择，从而决定是否受无效宣告期限的限制。具体情形分析如下：对于地名商标的欺骗性注册误导公众问题，《商标法》中共有两条规定：一条是第10条第1款第（7）项“带有欺骗性，容易使公众对商品的质量等特点或者产地产生误认的”，另一条是第16条第1款“商标中有商品的地理标志，而该商品并非来源于该标志所标示的地区，误导公众的，不予注册并禁止使用；但是，已经善意取得注册的继续有效”，地理标志商标属于地名商标的一种类型，因此上述两条规定同属于商品并非来源于地名标志所标示的地区，造成误导公众的情形，但依据《商标法》第44条第1款和第45条第1款的明确规定，第10条第1款第（7）项宣告商标注册无效应当适用《商标法》第44条的规定，而第16条第1款宣告商标注册无效却适用第45条的规定，由此，形成了同样属于欺骗性的非善意注册行为，适用第44条无效宣告请求权不受期限的限制，但适用第45条则无效宣告请求权受5年期限限制的冲突问题。

**【思考题】**

（1）地名商标注册中非冲突性条件的认定问题。

（2）如何解决欺骗性注册地名商标无效宣告法律适用的冲突问题？

## 案例二　A协会诉商标评审委员会及B公司商标异议复审行政案[1]

**【基本案情】**

**一、事实调查**

纳帕谷（Napa Valley），是美国著名的酒谷、加州著名的葡萄酒产地，位于美国加利福尼亚州旧金山以北的纳帕市，以生产葡萄酒而闻名世界，人们一般就叫它“纳帕”。“纳帕”和“NAPA”已经成为美国酒文化的代名词，新世界葡萄酒行业高贵典雅的品质象征。“NAPA”是葡萄酒原产地名称的主体部分，2012年原国家质量监督检验检疫总局批准了对“Napa Valley”实施地理标志保护。

2005年2月6日，A协会向商标局提出第4502959号“NAPA VALLEY100%及图”地理标志证明商标（以下简称引证商标）的注册申请，并于2007年12月28日获准注册，核定使用在国际分类第33类“产自美国葡萄种植区A的葡萄酒、产自美国葡萄种植区A的起泡葡萄酒、产自美国葡萄种植区A的加气葡萄酒”商品上，专用权期限至

[1] 参见北京市第一中级人民法院（2014）一中行（知）初字第10698号行政判决书、北京市高级人民法院（2016）京行终2295号行政判决书。

2017 年 12 月 27 日。

2005 年 5 月 18 日，B 公司向商标局提出第 4662547 号“螺旋卡帕 SCREWK APPA NAPA”商标（以下简称被异议商标）的注册申请，指定使用在国际分类第 33 类“果酒（含酒精）、开胃酒、烧酒、葡萄酒”等商品上。

## 二、异议的提出与裁定

被异议商标经初步审定公告后，A 协会在法定异议期限内对被异议商标提出异议。A 协会认为，“NAPA”是葡萄酒原产地名称的主体部分，且原国家质量监督检验检疫总局也批准了对“Napa Valley”实施地理标志保护，B 公司在相同、类似商品上使用与该地理标志构成混淆性近似的被异议商标，易使消费者对商品来源产生误认。2013 年 6 月 18 日，商标局作出（2013）商标异字第 07968 号《“螺旋卡帕 SCREWK APPANAPA”商标异议裁定书》（以下简称第 7968 号裁定），以被异议商标指定使用在“葡萄酒、白兰地”等商品上，被异议商标与 A 协会引证的原产地名称纳帕谷（NAPA VALLEY）在读音、外观、文字构成上有明显区别，被异议商标的注册使用不会造成消费者的混淆为由，裁定被异议商标予以核准注册。

A 协会不服第 7968 号裁定，于 2013 年 7 月 5 日向商标评审委员会提出复审申请。

2014 年 4 月 15 日，商标评审委员会作出商评字（2014）第 063937 号《关于第 4662547 号“螺旋卡帕 SCREWK APPANAPA”商标异议复审裁定书》（以下简称被诉裁定）。该裁定认为：被异议商标与引证商标在文字组成、呼叫等方面有区别，被异议商标在类似商品上的注册和使用不会造成相关公众的混淆、误认，因此，被异议商标与引证商标未构成使用在类似商品上的近似商标。被异议商标不属于 2001 年修正的《商标法》第 10 条第 1 款第（8）项所调整的范围，对 A 协会的该项主张不予支持。鉴于 A 协会主张的地理标志“NAPA VALLEY”与被异议商标“螺旋卡帕 SCREWK APPANAPA”在文字组成、呼叫等方面有区别，被异议商标的注册和使用不会使消费者与 A 协会的“NAPA VALLEY”葡萄酒相联系，进而对商品来源产生混淆、误认，因此，A 协会该项主张缺乏事实依据，不予支持。综上，依照 2001 年修正的《商标法》第 33 条、第 34 条的规定，商标评审委员会裁定，被异议商标在复审商品上予以核准注册。

## 三、法院对异议及裁定的审理

A 协会不服被诉裁定，依法向北京市第一中级人民法院提起行政诉讼。

北京市第一中级人民法院认为：本案应适用 2001 年修正的《商标法》进行审理。被异议商标指定使用的“果酒（含酒精）、开胃酒、烧酒、葡萄酒”商品与引证商标核定使用的商品“产自美国葡萄种植区 A 的葡萄酒”等商品虽构成相同或类似商品，对于中国消费者来说，被异议商标的显著识别部分应为中文“螺旋卡帕”，被异议商标的英文部分亦与引证商标在读音、外观、文字构成方面区别明显，被异议商标的注册使用不易造成相关公众的混淆误认，被异议商标未构成使用在类似商品上的近似商标，故被异议商标的申请注册并不违反 2001 年修正的《商标法》第 29 条的规定。因被异议商标与引证商标在文字构成、呼叫等方面区别明显，被异议商标的注册使用不易造成相关公众对于商品的来源产生混淆误认，故被异议商标的申请注册并不违反《商标法》第16条的规定。《商标法》第10条第1款第（8）项所称“有害于社会主义道德风尚或者有其他不良影响”的标志主要是指对中国社会公共利益和公共秩序产生消极、负面的影响的标志。本案中，并无证据表明被异议商标的申请注册或导致不良的社会影响，故被异议商标的申请注册并不违反《商标法》第10条第1款第（8）项的规定。因此法院判决驳回A协会的诉讼请求。

A协会不服一审判决，向北京市高级人民法院提出上诉，请求撤销原审判决及被诉裁定。主要上诉理由为：(1) 被异议商标的申请注册违反了《商标法》第16条的规定。(2) 被异议商标与引证商标构成使用在相同商品上的类似商标，违反了《商标法》第29条的规定。北京市高级人民法院认为：首先，虽然被异议商标中仅包含了地理标志“纳帕谷（Napa Valley）”中的一个英文单词，但“纳帕”和“Napa”分别是该地理标志英文表达方式中最为显著的识别部分，相关公众在葡萄酒商品上见到“NAPA”一词时，即容易将其与“纳帕谷（Napa Valley）”地理标志联系在一起，误认为使用该标志的相关商品是来源于上述地理标志所标示地区的商品。因此，被异议商标的申请注册违反了《商标法》第16条第1款的规定。其次，引证商标由英文“NAPA VALLEY”、数学符号“100%”及图形组合而成，其中的“NAPA VALLEY”为其识别、呼叫和记忆对象，已构成引证商标的主要识别部分。虽然“NAPA”仅是被异议商标英文部分的构成要素之一，并且所占比例较小，但是，由于“纳帕谷（Napa Valley）”在相关公众中具有一定的知名度，容易将使用被异议商标的葡萄酒商品误认为来源于“纳帕谷（Napa Valley）”地理标志标示地区的商品，从而产生混淆误认的后果，因此，被异议商标与引证商标已构成使用在同一种或者类似商品上的近似商标，违背了《商标法》第29条的规定。

## 【主要法律问题】

（1）地理标志的概念、特征以及与商标的关系。

（2）葡萄酒、烈性酒地理标志的特殊保护问题。

（3）如何理解《商标法》第16条第1款规定的禁止注册的情形？

（4）地理标志证明商标是否可以和普通商标进行近似性比对？

## 【主要法律依据】

### 一、《商标法》（2019年修正）[1]

第3条第3款　本法所称证明商标，是指由对某种商品或者服务具有监督能力的

[1] 本案被诉裁定由商标评审委员会于2014年4月15日作出，因此，本案应当适用2001年修正的《商标法》，相关条款除第28条和第29条分别对应2019年修正的《商标法》第30条和第31条外，其他条款顺序相同、内容表述也均相同，文中不再标注。

组织所控制，而由该组织以外的单位或者个人使用于其商品或者服务，用以证明该商品或者服务的原产地、原料、制造方法、质量或者其他特定品质的标志。

第 16 条　商标中有商品的地理标志，而该商品并非来源于该标志所标示的地区，误导公众的，不予注册并禁止使用；但是，已经善意取得注册的继续有效。前款所称地理标志，是指标示某商品来源于某地区，该商品的特定质量、信誉或者其他特征，主要由该地区的自然因素或者人文因素所决定的标志。

第 30 条　申请注册的商标，凡不符合本法有关规定或者同他人在同一种商品或者类似商品上已经注册的或者初步审定的商标相同或者近似的，由商标局驳回申请，不予公告。

第 31 条　两个或者两个以上的商标注册申请人，在同一种商品或者类似商品上，以相同或者近似的商标申请注册的，初步审定并公告申请在先的商标；同一天申请的，初步审定并公告使用在先的商标，驳回其他人的申请，不予公告。

**二、《集体商标、证明商标注册和管理办法》**

第 12 条　使用他人作为集体商标、证明商标注册的葡萄酒、烈性酒地理标志标示并非来源于该地理标志所标示地区的葡萄酒、烈性酒，即使同时标出了商品的真正来源地，或者使用的是翻译文字，或者伴有诸如某某“种”、某某“型”、某某“式”、某某“类”等表述的，适用《商标法》第 16 条的规定。

**三、《商标法实施条例》**

第 4 条　《商标法》第 16 条规定的地理标志，可以依照商标法和本条例的规定，作为证明商标或者集体商标申请注册。以地理标志作为证明商标注册的，其商品符合使用该地理标志条件的自然人、法人或者其他组织可以要求使用该证明商标，控制该证明商标的组织应当允许。以地理标志作为集体商标注册的，其商品符合使用该地理标志条件的自然人、法人或者其他组织，可以要求参加以该地理标志作为集体商标注册的团体、协会或者其他组织，该团体、协会或者其他组织应当依据其章程接纳为会员；不要求参加以该地理标志作为集体商标注册的团体、协会或者其他组织的，也可以正当使用该地理标志，该团体、协会或者其他组织无权禁止。

## 【理论分析】

### 一、地理标志的概念、特征以及与商标的区别

#### （一）地理标志的概念

《TRIPS 协定》专章对地理标志提供一般保护。《TRIPS 协定》第 22 条规定：地理标识是指识别一货物来源于一成员领土或该领土内一地区或地方的标识，该货物的特定质量、声誉或其他特性主要归因于其地理来源。我国《商标法》第 16 条第 2 款规定：地理标志，是指标示某商品来源于某地区，该商品的特定质量、信誉或者其他特征，主要由该地区的自然因素或者人文因素所决定的标志。一般情况下，地理标志由

地理名称和产品通用名称构成。比如吐鲁番葡萄、安溪铁观音、烟台苹果等。

在国际上，地理标志是知识产权客体的一种独立类型，地理标志权也是一种独立的知识产权。我国加入世贸组织后，为落实《TRIPS 协定》的规定，也将地理标志纳入了知识产权保护的范围，由此形成了《商标法》保护和原农业部的《农产品地理标志管理办法》、原国家质量监督检验检疫总局的《地理标志产品保护规定》两个部门规章专门保护的模式。2021 年 1 月生效的《中华人民共和国民法典》（以下简称《民法典》）正式确立了地理标志作为知识产权客体的独立类型。依据《商标法》规定注册的地理标志集体商标和地理标志证明商标，是地理标志商标法保护模式的体现，同时也是《商标法》中地名商标的一个类型。

（二）地理标志的特征

（1）地理标志是一种特殊的地理名称，是特定地域内某种产品的生产、制造、加工者共同使用地理名称，当消费公众对这种地理名称下的特种商品产生了稳定而又特殊的信任感时，该地理名称就可以申请注册地理标志。（2）地理标志与其标示的商品的特定质量和特色密切相关。一般的地理名称之所以能发展成地理标志，关键是商品的特定质量和特色是由产地内的自然因素或人为因素决定的。（3）地理标志既是一种质量证书，又代表了产地信誉，因此有广泛的社会影响。这种社会影响就地域而言，可分为世界性地理标志、全国性地理标志和地区性地理标志；就主体而言，指达到一定数量范围的消费群体。（4）地理标志是商业标志，属于知识产权客体的一种类型，因而，只有当地有关组织向行政主管部门提出申请并经过审核确认的地理标志，才能够受到法律保护。（5）地理标志作为当地经营者共同所有的一种集体性财产无时间限制，即使某一地理标志在一定期间未被使用，也不能由产地外公众随意使用，地理标志的权利主体可以排除产地内外一切不合格主体对其地理标志的非法使用。

（三）地理标志与商标的区别

（1）地理标志用于识别一个产品的特定来源地，而商标用于识别商品或服务的特定经营者。（2）地理标志通常由地理区域的名称预先决定，商标通常包含新奇标志或主观标志。（3）地理标志可以由原产地根据特定标准生产产品的任何人所使用，不能转让或许可该产地之外的人，也不能转让给不属于获得许可的生产者群体的人。商标可以转让或许可给世界上任何地方的任何人，因为其与特定企业而非特定的地区相联系。（4）地理标志无保护期，商标受保护期限制。

在《商标法》中，地名商标依据不同的标准，可以划分为不同的类型。（1）按照发挥功能的不同，划分为地名普通商标（如逍遥镇胡辣汤）、地名集体商标（如沙县小吃）、地理标志集体商标（如潼关肉夹馍）、地理标志证明商标（如库尔勒香梨）。（2）按照注册人身份不同，区分为企业注册的地名商标与团体或协会注册的地名商标。前者主要是含有地名的普通商标（如青岛啤酒），申请企业享有注册商标专用权；后者则包括地名集体商标、地理标志集体商标和地理标志证明商标，商标权归申请注册的团体或协会享有，是地名集体商标或地理标志集体商标的，供其成员共同使用，是地理标志证明商标的，该组织以外的单位或者个人使用。（3）按照行政区划的级别不同，可以区分为县级以上行政区划的地名商标和县级以下的行政区划的地名商标，前者原则上不允许注册商标，后者则注册商标不受限制。

## 二、葡萄酒、烈性酒地理标志的特殊保护问题

在《TRIPS 协定》中，地理标志的保护区分为一般保护和特殊保护。一般保护以欺骗或误导公众为前提，适用于葡萄酒、白酒以外的地理标志产品。[1] 特殊保护是针对葡萄酒、白酒地理标志的强保护措施，即凡是用地理标志去标示并非来源于该标志所指地方的葡萄酒或白酒，以及如果某葡萄酒或白酒的商标中包含有或组合有标示该酒的地理标志并且所标示者并非该酒之来源地，皆禁止使用，不以造成误导公众为前提。[2] 由此可见，一般地理标志保护应以公众受到误导为前提，但酒类地理标志的保护无需考虑误导公众的要素，受到了客观绝对的强保护。

为了落实《TRIPS 协定》的要求，我国《商标法》第 10 条第 1 款第（7）项和第 16 条第 1 款的规定体现了地理标志一般保护的“欺骗”或“误导公众”的要求，但《集体商标、证明商标注册和管理办法》第 12 条针对葡萄酒、白酒地理标志的特殊保护做了明确规定，要求适用《商标法》第 16 条的规定，显然也以“误导公众”为前提。可见，我国商标法对于葡萄酒、白酒地理标志的保护，与《TRIPS 协定》要求的强保护，还存在着一定差距。

必须说明的是，正是《集体商标、证明商标注册和管理办法》对于葡萄酒、白酒地理标志的保护与《TRIPS 协定》要求的强保护，还存在着上述差距，才使得本案的审理增加了难度，即必须认定是否“误导公众”。

## 三、如何理解《商标法》第 16 条第 1 款规定的禁止注册的情形

我国商标法对于这个问题，没有明确的规定。该案件在庭审中存在着两种不同的观点。一种观点认为，在地理标志的认定过程中，也必须严格按照《商标法》第 16 条第 2 款的规定，坚持将地理标志作为一个整体认定的原则。尤其是在地理标志构成要素中的地名部分是由两个或两个以上的指示独立地域范围的词汇构成的情况下，仅包含地理标志中的其中一个构成要素的标志，不应认定为地理标志，否则会不适当地扩大地理标志产品的地域范围，使不具备地理标志产品相关质量、信誉或者其他特征要求的产品被纳入地理标志产品的范围。另一种观点认为，《商标法》第 16 条第 1 款强

---

[1] 如《TRIPS 协定》第 22 条第 3 款规定，如果某商标中包含有或组合有商品的地理标志，而该商品并非来源于该标志所标示的地域，于是在该商标中使用该标志来标示商品，在该成员地域内即具有误导公众不去认明真正来源地的性质，则如果立法允许，该成员应依职权驳回或撤销该商标的注册，或者依一方利害关系人的请求驳回或撤销该商标的注册。

[2] 如《TRIPS 协定》第 23 条第 2 款规定，如果某葡萄酒或白酒的商标中包含有或组合有标示该酒的地理标志，则对于所标示者并非该酒之来源地的商标，如果域内立法允许，成员应依职权驳回或撤销该商标的注册，或应根据一方利害关系人的请求，驳回或撤销该商标的注册。

调的是商标中包含了商品的地理标志并因此导致了“误导公众”的后果，因此，不能单纯地从地理标志本身的构成来确定该条款的法律适用。如果商标中包含了地理标志的主要识别部分，而相关公众在看到该标志时，容易误认为使用该商标标志的商品来源于相关地理标志所标示地区，且该商品符合地理标志产品所具备的由该地区的自然因素或者人文因素所决定的特定质量、信誉或者其他特征，则也应当适用《商标法》第16条第1款的规定予以调整。❶ 此种观点在司法实践中被广泛采用。

北京市高级人民法院就采用了第二种观点。法院认为，将地理标志中的显著识别部分作为普通商标的构成要素，使相关公众误认为使用该普通商标的商品来源于该地理标志所标示地区的，属于《商标法》第16条第1款规定的禁止注册的情形。

### 四、地理标志证明商标是否可以和普通商标进行近似性比对

对于这个问题，庭审中也有两种观点：一种观点认为，地理标志证明商标与普通商标，无论是在商标标志的构成要素、方式等方面，还是在商标的基本功能、适用领域等方面，都存在很多差异，因此不应将地理标志证明商标与普通商标进行近似性比对。❷ 另一种观点则认为，在法律没有特别规定的情况下，地理标志证明商标与普通商标一样受到《商标法》的保护，可以与普通商标进行近似性比对。

实质上，如前所述，地理标志证明商标与普通商标同属于商业标志，都具有“识别”的功能，虽然两者识别的对象不同：即地理标志证明商标识别的是特定产品来源于特定的地域，并且该特定地域的自然因素或人文因素决定了该特定产品所具有的信誉、质量等特定品质；普通商标识别的是产品的特定生产者。但任何普通商标商品都必须表明其产地，这是《产品质量法》的一般规定，也是《消费者权益保护法》赋予消费者知情权的体现，因此，产品制造地和原料来源地都是相关公众是否购买产品的决定因素，因此，来源地混淆，尤其是普通商标商品与地理标志产品的来源地混淆或误认，本身也是上述法律禁止的情形。如果普通商标中含有地名，显然就具备了将其与同为商业标志的地理标志证明商标是否近似，进而被误认产品来源地一致进行比对的前提了，这种情形属于《商标法》调整的范围。本案显然属于在相同或类似商品上，在先申请注册的地理标志证明商标与在后申请注册的含有地名的普通商标是否相同或近似的比对问题，适用2001年修正的《商标法》第29条的规定。

本案审理中，北京市高级人民法院认为，被异议商标指定使用的“果酒（含酒精）、开胃酒、烧酒、葡萄酒”等商品，与引证商标核定使用的“产自美国葡萄种植区A的葡萄酒、产自美国葡萄种植区A的起泡葡萄酒、产自美国葡萄种植区A的加气葡萄酒”商品已构成同一种或者类似商品。引证商标标志“纳帕谷（Napa Valley）”已在中国作为葡萄酒商品上的地理标志予以保护，在相关公众中具有一定的知名度，被

❶ 周波，谷升. 北京法院第十批参阅案例发布［EB/OL］.（2017-12-25）［2022-01-26］. https://www.chinacourt.org/article/detail/2017/12/id/3139331.shtml.

❷ 参见北京市高级人民法院（2013）高行终字第1201号行政判决书。

异议商标标志中“NAPA”虽然所占比例较小，仅是英文部分的构成要素之一，但是，由于相关公众容易将使用被异议商标的葡萄酒商品误认为来源于“纳帕谷（Napa Valley）”地理标志标示地区的商品，从而产生混淆误认的可能，被异议商标的申请注册违反了2001年修正的《商标法》第29条的规定，即被诉裁定的相关认定错误，依法应予纠正。A协会的该项上诉理由成立，法院予以支持。

**【思考题】**

（1）我国立法应该如何保护地理标志？

（2）地理标志与地名商标注册冲突的处理规则。

## 案例三　A公司诉国家知识产权局商标行政管理再审行政纠纷案❶

**【基本案情】**

**一、事实调查**

B公司于2005年2月6日向商标局提出注册申请第4502782号“Furuta”商标（以下简称诉争商标），核准日期为2007年10月21日，核定使用商品为第30类：糖果、饼干等商品，商标专用期限至2017年10月20日。A公司于1986年7月18日创作完成，并于1988年3月30日在日本大阪首次发表的美术作品“Furuta”，登记机关为国家版权局，登记时间为2012年12月26日。

2012年10月22日，A公司针对诉争商标向商标评审委员会提出争议申请，请求撤销诉争商标。其主要理由为：A公司的“Furuta”商标源自企业创建者的姓氏“古田”，在日本享有很高的知名度，已在日本、韩国及中国台湾地区注册。虽然尚未在中国申请注册“Furuta”商标，但已对该商标在中国进行了商业使用。诉争商标与“Furuta”商标相同，指定使用的商品类似，诉争商标的注册和使用将损害其在先商标权和商号权，并使消费者误认商品来源。“Furuta”为其在先享有著作权的作品，诉争商标的注册损害了其著作权。

2013年12月30日，商标评审委员会作出商评字（2013）第143106号《关于第4502782号“Furuta”商标争议裁定书》（以下简称被诉裁定），认为：A公司提交的证据不能证明其“Furuta”商标在诉争商标申请日前已在中国大陆地区使用在饼干等商品上，更不能证明该商标在中国大陆地区具有一定影响或达到驰名商标程度。B公司申请注册诉争商标的行为未构成《商标法》第31条所指的以不正当手段抢先注册他人已

❶ 参见北京市第一中级人民法院（2014）一中行（知）初字第7272号行政判决书、北京市高级人民法院（2017）京行终756号行政判决书、最高人民法院（2019）最高法行再125号行政判决书。

经使用并有一定影响的商标的情形，亦未构成《商标法》第13条第1款所指的复制、摹仿、翻译他人未注册驰名商标的情形。商标评审委员会裁定：诉争商标予以维持。❶

A公司不服，向北京市第一中级人民法院提起诉讼，请求撤销被诉裁定，判决商标评审委员会重新作出裁定。北京市第一中级人民法院认为，在案证据不足以证明在诉争商标申请日前A公司已经在诉争商标核定使用的商品上使用"Furuta"商标并使其具有一定影响，以及B公司具有恶意，故被诉裁定关于诉争商标申请注册未构成以不正当手段抢先注册他人已经使用并有一定影响商标的情形的认定结论正确，判决驳回A公司的诉讼请求。

A公司不服一审判决，向北京市高级人民法院提出上诉，请求撤销一审判决和被诉裁定，判决商标评审委员会重新作出裁定。商标评审委员会与B公司服从一审判决。北京市高级人民法院经审理后判决驳回上诉，维持原判。

## 二、A公司申请再审

A公司不服二审判决，申请再审称：（1）诉争商标构成2001年《商标法》第31条规定的以不正当手段抢注他人在先使用并有一定影响的商标，应予撤销。（2）诉争商标侵犯了A公司的在先著作权，应予撤销。（3）诉争商标侵犯了A公司的在先商号权，应予撤销。（4）B公司注册诉争商标，存在明显的主观恶意。（5）B公司在评审及原审阶段提交的公司年度报表、采购合同及相关发票等证据，与本案诉争商标的使用情况无任何关联性，所提交证据不仅没有任何一处明确注明"Furuta"商标的字样，而且证据形成日期大多数均晚于A公司对诉争商标提起撤销或无效宣告申请的日期，故上述证据并不能证明在A公司对诉争商标提起撤销和无效宣告申请之前，有过任何实际宣传和使用情况；据以证明其在先权利的《商标设计合同书》明显系伪造，是对中国法律制度和司法公正的无视。综上，请求法院撤销一审、二审判决和被诉裁定，责令国家知识产权局重新作出裁定。

国家知识产权局提交意见称，A公司在商标争议程序中提交的证据不能证明"Furuta"商标在诉争商标申请日之前已经在中国大陆地区使用在饼干等商品上，更不能证明该商标在中国大陆地区有一定影响或已为相关公众所熟知。诉争商标未构成《商标法》第31条所称的"以不正当手段抢先注册他人已经使用并有一定影响的商标"。A公司在商标争议程序中未提交其在诉争商标申请日前在中国大陆地区从事经营活动的相关证据，不能证明"Furuta"作为其商号在饼干等行业内享有知名度，其关于诉争商标的注册侵犯其在先商号权的主张不能成立。A公司在商标争议程序中未提出诉争商标侵犯其在先著作权的主张，该主张不属于本案的审理范围。综上，请求本院驳回A

❶ 因为本案中被诉裁定是于2013年12月30日作出的，所以本案应适用2001年《商标法》。2001年《商标法》第31条体现为2019年《商标法》第32条，该条规定："申请商标注册不得损害他人现有的在先权利，也不得以不正当手段抢先注册他人已经使用并有一定影响的商标。"后文理论分析部分适用2019年《商标法》第32条的规定。

公司的再审申请。

B公司提交意见称，（1）B公司注册诉争商标符合法律规定，A公司提交的证据材料，不能证明其在诉争商标申请日前在中国在先使用“Furuta”商标并具有一定影响。（2）A公司在日本登记注册的商号是日文，其在华子公司登记名称是“富璐达公司”，A公司对“Furuta”不享有在先商号权。（3）“Furuta”商标为简单的字母组合，设计形式非常简单，不能成为著作权法保护的客体。（4）A公司原审中自认其在诉争商标申请日前并未在中国销售过“Furuta”商标的商品。而且，从2011年开始，A公司准备进入中国市场时，曾主动联系B公司商谈合作，因此，B公司在本案中不存在恶意。综上，A公司对“Furuta”商标没有在先权利，诉争商标没有违反《商标法》第31条的规定，依法应维持注册，请求法院驳回A公司的再审申请。

最高人民法院再审认为，本案争议焦点问题为：诉争商标的注册是否违反了《商标法》第31条的规定。具体分为三个问题：（1）A公司关于诉争商标的注册构成以不正当手段抢先注册其在先使用并有一定影响的商标的主张能否成立；（2）A公司关于诉争商标的注册侵害其在先商号权的主张能否成立；（3）A公司关于诉争商标的注册侵害其在先著作权的主张能否成立。对于第一个问题，最高人民法院认为，诉争商标与A公司在先使用并具有一定影响的“Furuta”商标相同，且诉争商标核定使用的糖果、饼干等商品与A公司“Furuta”商标使用的巧克力等商品构成类似商品。B公司作为同行业经营者，对A公司在先使用并具有一定影响的“Furuta”商标应有所知晓，在此情况下，仍注册诉争商标，违反了《商标法》第31条的规定，A公司该项申请再审理由成立。对于第二个问题，最高人民法院认为，证据证明在诉争商标申请日前，“Furuta”作为A公司的商号已经在先使用并具有一定知名度。而且，诉争商标与A公司在先使用的商号“Furuta”相同，诉争商标核定使用的糖果、饼干等商品与A公司经营的巧克力等商品构成类似商品。A公司的该项申请再审理由成立。对于第三个问题，本案中，“Furuta”标识为简单的英文字母组合，难以认定构成著作权法保护的作品，因此，A公司关于诉争商标的注册侵害其在先著作权的主张不能成立，对A公司提交的证明其为“Furuta”标识著作权人的相关证据不予评述。

## 【主要法律问题】

（1）诉争商标的注册是否构成以不正当手段抢先注册他人在先使用并有一定影响的商标？

（2）诉争商标的注册是否侵害A公司的在先商号权？

（3）诉争商标的注册是否侵害A公司的在先著作权？

## 【主要法律依据】

### 一、《商标法》（2019年修正）

第9条　申请注册的商标，应当有显著特征，便于识别，并不得与他人在先取得的合法权利相冲突。

第 32 条　申请商标注册不得损害他人现有的在先权利，也不得以不正当手段抢先注册他人已经使用并有一定影响的商标。

第 48 条　本法所称商标的使用，是指将商标用于商品、商品包装或者容器以及商品交易文书上，或者将商标用于广告宣传、展览以及其他商业活动中，用于识别商品来源的行为。

二、《最高人民法院关于审理商标授权确权行政案件若干问题的规定》

第 18 条　《商标法》第 32 条规定的在先权利，包括当事人在诉争商标申请日之前享有的民事权利或者其他应予保护的合法权益。诉争商标核准注册时在先权利已不存在的，不影响诉争商标的注册。

第 19 条第 1 款　当事人主张诉争商标损害其在先著作权的，人民法院应当依照著作权法等相关规定，对所主张的客体是否构成作品、当事人是否为著作权人或者其他有权主张著作权的利害关系人以及诉争商标是否构成对著作权的侵害等进行审查。

第 21 条　当事人主张的字号具有一定的市场知名度，他人未经许可申请注册与该字号相同或者近似的商标，容易导致相关公众对商品来源产生混淆，当事人以此主张构成在先权益的，人民法院予以支持。当事人以具有一定市场知名度并已与企业建立稳定对应关系的企业名称的简称为依据提出主张的，适用前款规定。

第 23 条　在先使用人主张商标申请人以不正当手段抢先注册其在先使用并有一定影响的商标的，如果在先使用商标已经有一定影响，而商标申请人明知或者应知该商标，即可推定其构成“以不正当手段抢先注册”。但商标申请人举证证明其没有利用在先使用商标商誉的恶意的除外。在先使用人举证证明其在先商标有一定的持续使用时间、区域、销售量或者广告宣传的，人民法院可以认定为有一定影响。在先使用人主张商标申请人在与其不相类似的商品上申请注册其在先使用并有一定影响的商标，违反《商标法》第 32 条规定的，人民法院不予支持。

## 【理论分析】

### 一、诉争商标构成以不正当手段抢先注册他人在先使用并有一定影响的商标

#### （一）禁止商标抢注的原因

商标抢注行为是商标专用权注册取得制的负面产品，该行为不仅违背了诚实信用的基本原则，而且也严重破坏了公平竞争的市场秩序。为此，2019 年修正的《商标法》专门对禁止商标抢注做了全面的规定，主要是第 4 条增加了禁止不以使用为目的的恶意注册，第 9 条规定不得与他人在先取得的合法权利相冲突，第 13 条第 2 款规定禁止在相同或类似商品上抢先注册他人未在中国注册的驰名商标，第 13 条第 3 款规定禁止在不相同或者不相类似商品上抢注他人已经在中国注册的驰名商标，第 15 条规定禁止代理人、代表人以自己名义抢注被代理人、被代表人商标，第 16 条规定禁止抢注

地理标志，第32条规定不得损害他人现有的在先权利，也不得以不正当手段抢先注册他人已经使用并有一定影响的商标等。并且在商标异议、商标注册无效宣告程序中也做了相应的修改。

（二）对《商标法》第32条后半句的理解

“不得以不正当手段抢先注册他人已经使用并有一定影响的商标”，其立法目的是维护在商标注册制度之下基于正当使用商标所产生的合法权益：一方面，对商标的在先使用如果尚未在社会中形成一定影响，即积累起一定的商业信誉，是不足以阻止他人对相同商标进行注册的。另一方面，虽然已经在先使用，但尚未产生一定影响的商标本身在商业上的价值也并不大，他人也很难有抢注的动机。❶“在先使用”应当是以商标的方式来使用，起到识别商品来源的作用。对于“有一定影响”的认定标准理论界尚无定论。有学者认为，应从“相关公众是否知晓”，即商标与其商品或服务的联系已在一定范围的消费者中建立来判断是否“有一定影响”。❷《商标审查审理指南（2021）》中也指出“有一定影响”，是指一定范围内为相关公众所知晓，并指出可以通过提供证据材料来证明“有一定影响”。《最高人民法院关于审理商标授权确权行政案件若干问题的规定》也指出，证明在先商标有一定的持续使用时间、区域、销售量或者广告宣传的，可以认定为有一定影响。所以，商标使用的时间、区域、销售量以及相关宣传情况可以用来判断商标是否在实际使用过程中产生相应的影响，进而判断相关公众的知晓程度。“相关公众”是指，商标所标识的商品的生产者或服务的提供者，商品或服务的消费者，商品或服务在经销渠道中所涉及的经营者及相关人员等。“不正当手段”的含义是要求申请人主观上为恶意，即《商标法》并没有为一般注册商标申请人申请商标注册施加过重的调查他人在先使用并有一定影响的商标的注意义务，只要注册商标申请人不是明知或应知他人在先普通未注册商标而抢注，其注册申请就不受在先普通未注册商标的影响。❸《最高人民法院关于审理商标授权确权行政案件若干问题的规定》第23条第1款、第2款的规定，在先使用人主张商标申请人以不正当手段抢先注册其在先使用并有一定影响的商标的，如果在先使用商标已经有一定影响，而商标申请人明知或者应知该商标，即可推定其构成以“不正当手段抢先注册”。但商标申请人举证证明其没有利用在先使用商标商誉的恶意的除外。即在这里的“抢注”强调的是恶意，在商标尚未进行注册的前提下，他人难以通过查阅商标登记簿来知晓商标注册的情况，所以善意注册的行为不为法律所禁止。在实践中，是否构成“以不正当手段抢先注册其在先使用并有一定影响的商标”应根据案件情况并结合在案证据综合认定。

---

❶ 王迁．知识产权法教程（第五版）［M］．北京：中国人民大学出版社，2016：434.

❷ 冯晓青，刁佳星．抢注未注册商标的司法认定研究——以《中华人民共和国商标法》第三十二条规定为视角［J］．南都学坛，2018（1）：64-69.

❸ 王太平．我国普通未注册商标与注册商标冲突之处理［J］．知识产权，2020（6）：34-45.

依据上述分析可知，“不得以不正当手段抢先注册他人已经使用并有一定影响的商标”的适用，通常需要具备四个构成要件：（1）他人未注册商标在诉争商标申请日之前已经使用并具有一定影响；（2）诉争商标与在先商标相同或近似；（3）诉争商标所使用的商品与在先商标使用的商品为同一种或者类似商品；（4）诉争商标申请人具有恶意。

（三）诉争商标具备了“以不正当手段抢先注册他人已经使用并有一定影响的商标”上述四个要件

第一，综合A公司提交的证据，证明2004年A公司的“Furuta”标识的商品已经由C公司多次向南方地区的经销商销售，“Furuta”已经起到识别商品来源的功能，即在诉争商标申请日前，A公司已经在中国在先使用“Furuta”商标并具有一定影响。第二，诉争商标与A公司在先使用并具有一定影响的“Furuta”商标相同。第三，诉争商标核定使用的糖果、饼干等商品与A公司“Furuta”商标使用的巧克力等商品构成类似商品。第四，B公司作为同行业经营者，对A公司在先使用并具有一定影响的“Furuta”商标应有所知晓，在此情况下，仍注册诉争商标，具有主观恶意。因此，B公司构成以不正当手段抢注他人在先使用并具有一定影响的商标的情形。

## 二、诉争商标的注册侵害了A公司的在先商号权

商号权也即字号权。《最高人民法院关于审理商标授权确权行政案件若干问题的规定》第21条规定：当事人主张的字号具有一定的市场知名度，他人未经许可申请注册与该字号相同或者近似的商标，容易导致相关公众对商品来源产生混淆，当事人以此主张构成在先权益的，人民法院予以支持。《商标审查审理指南（2021）》将字号权作为一种在先权利予以保护，并规定了适用的要件：（1）在系争商标申请注册之前他人已在先登记或使用其字号；（2）该字号在中国相关公众中具有一定的知名度；（3）系争商标的注册与使用容易导致相关公众产生混淆，致使在先字号权人的利益可能受到损害。

本案中，根据对在案证据的分析，在宣传报道中，如部分报纸和杂志上记载了“日本制果公司Furuta”“Furuta甜食公司”和“Furuta制果株式会社”等内容，从报道内容看，上述不同名称指向同一主体，即A公司，从使用方式看，均将“Furuta”作为商号使用。上述证据证明在诉争商标申请日前，“Furuta”作为A公司的商号已经在先使用并具有一定知名度。而且，诉争商标与A公司在先使用的商号“Furuta”相同，诉争商标核定使用的糖果、饼干等商品与A公司经营的巧克力等商品构成类似商品。因此，诉争商标的注册侵害了A公司的在先商号权，A公司的该项申请再审理由成立。

## 三、诉争商标的注册不构成侵害A公司的在先著作权

根据《商标审查审理指南（2021）》，诉争商标侵犯在先著作权的使用条件为：（1）在系争商标申请注册之前他人已在先享有著作权；（2）系争商标与他人在先享有

著作权的作品相同或者实质性相似；（3）系争商标注册申请人接触过或者有可能接触到他人享有著作权的作品；（4）系争商标注册申请人未经著作权人的许可。根据《最高人民法院关于审理商标授权确权行政案件若干问题的规定》第19条第1款、第2款的规定，当事人主张诉争商标损害其在先著作权的，人民法院应当依照著作权法等相关规定，对所主张的客体是否构成作品、当事人是否为著作权人或者其他有权主张著作权的利害关系人以及诉争商标是否构成对著作权的侵害等进行审查。商标标志构成受著作权法保护的作品的，当事人提供的涉及商标标志的设计底稿、原件、取得权利的合同、诉争商标申请日之前的著作权登记证书等，均可以作为证明著作权归属的初步证据。

《著作权法》（2020年修正）第10条第1款第（2）项规定："署名权，即表明作者身份，在作品上署名的权利。"第12条第1款规定："在作品上署名的自然人、法人或者非法人组织为作者，且该作品上存在相应权利，但有相反证明的除外。"上述规定表明，现行法律对于作品作者身份的认定，采用推定方式。一般来讲，在作品上署名的人即为作者。除法人作品或委托作品等特殊情形外，作者在作品完成之时即为著作权人，其有权将其依法享有的权利转让或者许可他人使用。在一些特殊情形下，作者行使署名权的方式不是在作品上直接署名，而是采用其他适当方式表明其作者身份。他人对于其作者身份提出异议的，应当依法提供相反的证据。没有相反证据而仅持有异议的，对其异议依法不应采信。当事人主张诉争商标损害其在先著作权的，人民法院应当依照著作权法等相关规定，对所主张的客体是否构成作品、当事人是否为著作权人或者其他有权主张著作权的利害关系人以及诉争商标是否构成对著作权的侵害等进行审查。其中最核心的问题是对所主张的客体是否构成作品进行审查，如果不构成作品，就不可能存在侵害在先著作权的情形。如何判断所主张的客体是否构成作品需要根据个案加以认定。司法实践中普遍认为独创性的含义包括"独立完成"和"具有一定的创作性"两个方面，具体如何认定还需要结合个案情况综合判断。

本案中，"Furuta"标识为简单的英文字母组合，简单的常见图形、字母、短语等一般难以认定构成著作权法保护的作品。因此，诉争商标的注册并不侵害A公司的在先著作权。

综上，在本案中，诉争商标的注册侵害了A公司的在先商号权，构成以不正当手段抢先注册他人在先使用并有一定影响的商标，诉争商标的注册违反了2001年《商标法》第31条的规定，被诉裁定和一审、二审判决结论错误，应予纠正。

**【思考题】**

（1）2019年修正的《商标法》对禁止商标恶意抢注行为的相关规定。

（2）商标权与商号权的冲突应该如何解决？

## 第三节 注册商标的许可与转让

注册商标许可他人使用，是指商标注册人通过法定程序允许他人使用其注册商标的行为。商标的使用既可以是商标所有人的自行使用，也可以是商标所有人以外的第三人的被许可使用。许可他人使用注册商标，通常是以订立使用许可合同的方式，商标使用许可合同可以是独立的许可协议，也可以是包含在其他合同中的商标使用许可条款，如附随于技术转让、特许经营等合同中的商标使用规定。商标许可使用主要有普通许可、排他许可、独占许可三种类型，不同类型的许可，权利义务也不相同。

根据《商标法》和《商标法实施条例》的规定，在商标许可使用期间，(1) 许可人应当监督被许可人使用其注册商标的商品质量。被许可人应当保证使用该注册商标的商品质量。(2) 被许可人必须在使用该注册商标的商品上标明被许可人的名称和商品产地，否则，由工商行政管理部门责令限期改正；逾期不改正的，责令停止销售，拒不停止销售的，处10万元以下的罚款。(3) 许可他人使用其注册商标的，许可人应当在许可合同有效期内向商标局备案并报送备案材料。备案材料应当说明注册商标使用许可人、被许可人、许可期限、许可使用的商品或者服务范围等事项，由商标局公告。商标使用许可未经备案不得对抗善意第三人。

注册商标转让，广义上是指通过协议转让、接受赠送、继承、继受等方式从原商标注册人处取得其注册商标所有权的行为。狭义上仅指注册商标的协议转让，即转让人和受让人之间通过签订转让合同或协议的方式转让注册商标的行为。注册商标的协议转让需双方共同到商标局提出转让申请，注册商标因继承、接受赠送、继受等事由发生移转的，接受该注册商标专用权的当事人应当向商标局提出转让申请，提交申请时，应当附送有关证明文件或者法律文书，用以证明其有权利继受该注册商标专用权。转让注册商标时，应将注册人名下在同一种商品上的近似商标，或者在类似商品上的相同或者近似商标一并办理转让。其流程包括：申请—受理—审查—公告—核发《核准转让注册商标证明》。对容易导致混淆或者有其他不良影响的转让，商标局将不予核准。经审查予以核准的商标转让，商标局予以公告，受让人自公告之日起享有商标专用权。

## 案例 A公司与B公司商标权属纠纷上诉案❶

### 【基本案情】

#### 一、事实调查

A公司是由泰国B公司与其他几家公司共同投资成立的有限公司，投资各方1995年签订的合资合同（以下简称“95年合资合同”）经深圳市外商投资主管机关审批合格，随后，A公司被原深圳市工商行政管理局核准登记注册。

1996年12月26日，A公司和B公司签订了《商标使用许可合同》，约定B公司同意将第878072号商标许可给A公司独家使用，期限自1996年12月26日至1999年12月26日，A公司按当年销售额的3%支付商标使用费。

1998年8月31日，合资各方签订了“98年合资合同”将A公司登记注册地变更为北京，“98年合资合同”签订后，经原北京市对外经济贸易委员会批准，1998年9月30日，A公司完成了相关变更登记手续，并取得营业执照。

1998年10月28日，A公司和B公司签订《商标独占使用许可合同》，约定B公司在中国境内享有第878072号商标独占所有权；B公司授权A公司为该商标独占使用者；B公司授权A公司全权处理有关该商标诉讼案方面的事宜；A公司每年7月31日前支付B公司1月1日至6月30日产品销售额5%的费用；合同将在1998年10月28日生效，直到2006年12月6日终止。

2000年11月1日，A公司与B公司针对第878072号商标和第878073号商标分别再行签订了《商标使用许可合同》，两份合同均约定商标许可使用费为产品销售额的3%，合同在2006年12月7日生效，直到2016年10月6日终止。同时，B公司与A公司于2009年6月1日，就第1289559号、第723201号、第1264582号、第5608276号商标的独占许可使用事宜签订了《商标使用许可合同》，均约定按照总销售额的3%支付商标许可使用费，合同自2009年6月1日起生效，到2016年10月6日终止。

涉案商标注册、转让及相关诉讼的事实。目前涉案的17枚“红牛”系列商标均在B公司名下，且均处于有效状态。2014年12月18日，A公司与B公司签订《商标转让协议》，约定A公司将其申请注册的第5546456号图形商标、第5617039号“红牛及图”商标、第5926691号“纤牛”等12个商标转让至B公司名下。2016年10月14日，A公司作为原告向广东省佛山市中级人民法院提起民事诉讼，请求B公司继续履行1998年在泰国所签订的《商标使用许可合同》，该案后移送至北京知识产权法院，A公司随后提出撤诉申请，该院于2019年6月25日裁定准予撤诉。2017年9月19日，

❶ 参见北京市高级人民法院（2018）京民初166号民事判决书、最高人民法院（2020）最高法民终394号民事判决书。

A 公司作为原告起诉 B 公司至北京市东城区人民法院，要求确认第 878072、878073、1289559、1264582、5608276、1219609 号注册商标及其他在类似商品上注册的与上述商标相同或近似的商标归 A 公司所有，后于 2018 年 8 月 14 日 A 公司申请撤回起诉，北京市东城区人民法院于 2018 年 8 月 14 日出具准予撤诉的民事裁定。

涉案商标申请注册、维权、广告宣传等事实。涉案“红牛”系列商标均系 B 公司向商标局申请注册，经审查后核准注册，目前涉案商标均在 B 公司名下。

## 二、A 公司的诉讼请求及法院的判决

A 公司向一审法院起诉请求：(1) 确认 A 公司对“红牛”系列商标享有所有者的合法权益；(2) 判令 B 公司向 A 公司支付广告宣传费用共计 37.53 亿元。一审庭审中，A 公司确认第一项诉讼请求为：确认“红牛”系列商标由 A 公司单独享有所有权，若不能对此予以确认，则确认“红牛”系列商标由 A 公司和 B 公司共同所有。

一审法院认为，(1) A 公司关于确认其对“红牛”系列商标享有所有者合法权益的诉讼请求缺乏事实和法律依据。“95 年合资合同”中第 14 条和第 19 条，以及“98 年合资合同”中第 14 条并非对商标所有权进行约定，B 公司“提供”商标并不能直接解释为转让或者转移商标的专用权。(2) A 公司关于判令 B 公司向其支付广告宣传费用共计 37.53 亿元的诉讼请求不应予以支持。A 公司并未举证证明其与 B 公司就“红牛”系列商标广告宣传费用的分担进行过约定。作为被许可方的 A 公司，为了获取消费者的青睐和赢得市场占有率，可以自行决定是否进行市场宣传，而且 A 公司亦无证据证明涉案广告宣传行为是基于 B 公司的要求所致，同时 B 公司亦未因 A 公司宣传而增加产品销量，额外获得除商标许可费用之外的其他商业利益。在 A 公司出于自身商业利益的考虑，且已经就相关广告宣传费用计入公司运营成本的情况下，其要求 B 公司承担相关费用的请求缺乏事实及法律依据。一审法院判决：驳回 A 公司的全部诉讼请求。

A 公司上诉请求：(1) 撤销一审判决，依法改判 A 公司对第 878072、878073、1289559、1264582、5608276、1219609、5035427、969643、11227127、11460102、5035426、3478098，24144331、11227115、5033257、5926693、5033255 号注册商标享有合法权益，或发回一审法院重新审理。(2) 由 B 公司承担本案一审及二审的全部诉讼费用。后 A 公司在补充上诉意见中将上诉请求变更为：(1) 撤销一审判决，发回一审法院审理。(2) 由 B 公司承担本案全部诉讼费用。事实和理由如下：(1) 一审法院存在诉讼请求变更而未重新指定举证期、遗漏 A 公司诉讼请求等严重程序违法情形，依法应当撤销一审判决并发回重审。(2) 一审判决对“95 年合资合同”和“红牛”系列商标等有关基础事实认定不清或认定错误，依法应当予以撤销并发回重审。(3) A 公司依法依约定应享有所主张的商标权益：第一，依据此前多方签订的 50 年有效期的协议书和“95 年合资合同”，A 公司应当享有“红牛”系列商标所有者的合法权益。第二，A 公司享有的所有者合法权益的权能介于注册商标专用权与商标许可使用权之间。

B公司辩称，（1）A公司已将第一项诉讼请求明确确认为单独享有“红牛”系列商标所有权或与B公司共有，严重违反禁止反言原则，一审判决不存在漏审漏判的情形。（2）B公司对“红牛”系列商标自始享有清晰完整独立的所有权，A公司提起本案诉讼属于滥用诉权。（3）“95年合资合同”“98年合资合同”约定的本意是B公司许可A公司使用“红牛”系列商标，A公司依据约定要求享有“红牛”系列商标所有权缺乏事实依据和法律依据。（4）A公司在一审中明确表示有效期为50年的协议书不作为证据使用，但又以此为依据提起上诉，违反诚信原则。（5）A公司依据其所谓的贡献要求享有“红牛”系列商标所有权缺乏事实及法律依据，严重违背注册商标权取得制度及商标许可使用制度。

二审法院认为，本案争议焦点为：（1）一审法院是否违反法定程序。（2）A公司是否享有或者与B公司共同享有“红牛”系列商标的商标权。诉讼请求的变更一般是指诉讼请求数量的变化或者诉讼请求所涉及的法律关系的变化。本案不存在诉讼请求数量增加或减少的情况，本案中，A公司在起诉状中提出对“红牛”系列商标享有“商标所有者的合法权益”，在开庭时主张享有所有权。根据商标法规定，“商标所有者的合法权益”或者商标所有权通常称之为商标权，A公司在本案起诉状中所列明的案由亦为商标权权属纠纷。因此，从A公司起诉状文字表述和开庭陈述来看，A公司的诉讼请求既没有发生数量上的变化，也不存在法律关系的实质变化，故A公司有关上诉主张不能成立，法院不予支持。

**【主要法律问题】**

（1）A公司是否受让获得“红牛”系列商标专用权？

（2）A公司在被许可使用“红牛”商标期间，能否基于其长期大力的生产投入和广告宣传而取得由此形成的市场声誉或共享商标权？

**【主要法律依据】**

**一、《商标法》（2019年修正）**

第42条　转让注册商标的，转让人和受让人应当签订转让协议，并共同向商标局提出申请。受让人应当保证使用该注册商标的商品质量。转让注册商标的，商标注册人对其在同一种商品上注册的近似的商标，或者在类似商品上注册的相同或者近似的商标，应当一并转让。对容易导致混淆或者有其他不良影响的转让，商标局不予核准，书面通知申请人并说明理由。转让注册商标经核准后，予以公告。受让人自公告之日起享有商标专用权。

第43条　商标注册人可以通过签订商标使用许可合同，许可他人使用其注册商标。许可人应当监督被许可人使用其注册商标的商品质量。被许可人应当保证使用该注册商标的商品质量。经许可使用他人注册商标的，必须在使用该注册商标的商品上标明被许可人的名称和商品产地。许可他人使用其注册商标的，许可人应当将其商标使用许可报商标局备案，由商标局公告。商标使用许可未经备案不得对抗善意第三人。

二、《商标法实施条例》

第 31 条　转让注册商标的，转让人和受让人应当向商标局提交转让注册商标申请书。转让注册商标申请手续应当由转让人和受让人共同办理。商标局核准转让注册商标申请的，发给受让人相应证明，并予以公告。转让注册商标，商标注册人对其在同一种或者类似商品上注册的相同或者近似的商标未一并转让的，由商标局通知其限期改正；期满未改正的，视为放弃转让该注册商标的申请，商标局应当书面通知申请人。

第 32 条　注册商标专用权因转让以外的继承等其他事由发生移转的，接受该注册商标专用权的当事人应当凭有关证明文件或者法律文书到商标局办理注册商标专用权移转手续。注册商标专用权移转的，注册商标专用权人在同一种或者类似商品上注册的相同或者近似的商标，应当一并移转；未一并移转的，由商标局通知其限期改正；期满未改正的，视为放弃该移转注册商标的申请，商标局应当书面通知申请人。商标移转申请经核准的，予以公告。接受该注册商标专用权移转的当事人自公告之日起享有商标专用权。

第 69 条　许可他人使用其注册商标的，许可人应当在许可合同有效期内向商标局备案并报送备案材料。备案材料应当说明注册商标使用许可人、被许可人、许可期限、许可使用的商品或者服务范围等事项。

第 71 条　违反《商标法》第 43 条第 2 款规定的，由工商行政管理部门责令限期改正；逾期不改正的，责令停止销售，拒不停止销售的，处 10 万元以下的罚款。

三、《最高人民法院关于审理商标民事纠纷案件适用法律若干问题的解释》

第 3 条　《商标法》第 43 条规定的商标使用许可包括以下三类：（1）独占使用许可，是指商标注册人在约定的期间、地域和以约定的方式，将该注册商标仅许可一个被许可人使用，商标注册人依约定不得使用该注册商标；（2）排他使用许可，是指商标注册人在约定的期间、地域和以约定的方式，将该注册商标仅许可一个被许可人使用，商标注册人依约定可以使用该注册商标但不得另行许可他人使用该注册商标；（3）普通使用许可，是指商标注册人在约定的期间、地域和以约定的方式，许可他人使用其注册商标，并可自行使用该注册商标和许可他人使用其注册商标。

第 4 条　《商标法》第 60 条第 1 款规定的利害关系人，包括注册商标使用许可合同的被许可人、注册商标财产权利的合法继承人等。在发生注册商标专用权被侵害时，独占使用许可合同的被许可人可以向人民法院提起诉讼；排他使用许可合同的被许可人可以和商标注册人共同起诉，也可以在商标注册人不起诉的情况下，自行提起诉讼；普通使用许可合同的被许可人经商标注册人明确授权，可以提起诉讼。

## 【理论分析】

### 一、A 公司未获得“红牛”系列商标专用权

依据民法的一般原理，物权的原始取得，是指不以他人的权利及意思为依据，而

是依据法律规定直接取得。物权的继受取得，是指以他人的权利及意思为依据取得物权。依据《商标法》的相关规定，商标专用权的取得也有原始取得和继受取得两种方式。本案中，A公司对于“红牛”系列商标是否享有注册商标专用权，取决于其是否依据《商标法》的规定原始取得或继受取得。

（一）A公司并非原始取得涉案“红牛”系列商标专用权

我国商标法对于商标专用权的取得采取了注册取得制，《商标法》第4条明确规定：自然人、法人或者其他组织在生产经营活动中，对其商品或者服务需要取得商标专用权的，应当向商标局申请商标注册。据此，商标专用权的注册申请获得核准注册的，注册申请人自核准注册之日起获得商标专用权，注册申请人便是该商标专用权的原始取得人。

本案双方当事人提供的证据表明，涉案“红牛”系列商标专用权均属于B公司通过注册程序原始取得的，A公司并不是涉案“红牛”系列商标专用权的注册申请人，因此，不能原始取得“红牛”系列商标专用权。

（二）A公司未曾以继受取得方式获得涉案“红牛”系列商标专用权

商标专用权的继受取得，是指以原商标专用权人的商标专用权及其意思为依据而取得的商标专用权，其权利的范围、内容等都以原有的权利为依据，主要包括商标专用权的转让、继承和继受三种取得方式。商标专用权的转让，是根据转让合同，由出让人向受让人有偿或无偿地移转商标专用权；商标专用权的继承，是指商标专用权由公民个人享有的，该公民死亡时，其商标专用权作为遗产根据继承程序，由合法继承人继承被继承人的商标专用权；商标专用权的继受，是指作为注册商标所有人的企业被合并或被兼并时，其商标专用权移转给合并或兼并后的企业所有。需要注意的是，依据我国商标法的相关规定，注册商标专用权的继受取得（包括受让、继承、继受），都必须向到商标局办理注册商标专用权移转手续，经商标局审查核准的，自核准公告之日起，商标专用权移转给受让人或继承人。[1] 也就是说，商标局的审查核准是商标专用权继受取得的必经程序。

在本案中，“红牛”系列商标专用权是否从原始取得人B公司移转给A公司，取决于双方是否签订了商标专用权转让协议，以及在签订协议后双方是否共同向商标局提出申请，并由商标局审查核准发布公告。本案证据表明，B公司与A公司之间未曾签订涉案“红牛”系列商标专用权的转让协议，“95年合资合同”和“98年合资合同”中约定的B公司“提供”商标并不能直接解释为转让或者转移商标的专用权，只能解释为许可A公司使用，而且双方之间随后签订的《商标使用许可合同》也证明了双方之间仅仅存在着涉案商标许可使用关系，不存在转让关系。退一步来说，即便将“提供”商标解释为转让或者转移商标的专用权，依据《商标法》42条的规定，只要

[1] 《商标法》（2019年修正）第42条的规定、《商标法实施条例》第32条的规定。

双方未共同向商标局提出转让申请，并且未经商标局核准转让并发布公告，商标专用权不发生移转。对此，A 公司不能提供相关证据支持自己的主张。因此，对于涉案“红牛”系列商标专用权，A 公司继受取得商标的主张不能得到法院的支持。

**二、A 公司在被许可使用“红牛”商标期间，不能基于其长期大力的生产投入和广告宣传而取得由此形成的市场声誉或共享商标权**

这主要是因为，商标的市场声誉是以商标为载体的，不能脱离商标而独立存在；我国现有法律法规并没有将商标的市场声誉作为权利的客体进行保护；《民法典》第 322 条规定的添附制度并不能适用于商标市场声誉从而成为商标权共有的依据。

（一）商标的市场声誉以商标为载体，不能脱离商标而独立存在

商标的市场声誉，又称商标商誉，通常是指相关公众尤其是相关消费者群对商标商品或服务的知名度、美誉度与市场亲和度等的概括性评价。消费者选择与购买商标商品与服务，通常直接受相应商标商品市场商誉之影响，同时也受相关企业市场信誉的辐射。❶

就商标与商誉的关系而言，一方面，商标应作为商誉的象征而存在，它只是商誉的标记，这基本已经成为商标领域的共识。商标侵权诉讼保护的并非商标标记，而是它所代表的商誉。Frankfurter 法官对商标和商誉之间的关系如此解释：“违法者之所以可以将本来属于他人的标记标注在自己的商品上并通过出售而获利，是因为他攫取了该标记所产生的商誉。”另一方面，商标本身还是创造商誉的工具。消费者首先通过商标对商品产生认知，有了这种认知所带来的兴趣和光顾，商标所有人就拥有了某种价值，这种“价值”正是商誉。❷

商标与商誉的这种不可分离关系，决定了谁拥有商标专用权谁就拥有该商标的商誉，即使该商誉是在商标许可使用期间由被许可人长期投入和宣传而产生的，也仍然不能改变这种关系。

（二）现行法律并没有将商标声誉作为一项完整民事权利的客体进行保护

一般来说，商标商誉仅是一个市场概念，而不是一个严格的法律术语。商标商誉依附在注册商标上，商标法对商誉的保护是通过对商标的保护而实现的。世界各国迄今都无法将商誉视为一项完整的民事权利或者一项充分的知识产权。我国《民法典》第 123 条并没有将商誉作为知识产权的客体进行界定，现行法律法规中，商誉并没有成为一项独立的知识产权或者其他民事权利。一方面，《反不正当竞争法》第 11 条“经营者不得编造、传播虚假信息或者误导性信息，损害竞争对手的商业信誉、商品声誉”的规定，只是认可商誉是一项在竞争法上可保护的法益，而不是一项可独立保护的权利。另一方面，商标法通过对商誉的载体即商标的保护来实现对商标商誉的间接

❶ 陶鑫良，张冬梅．被许可使用“后发商誉”及其移植的知识产权探析［J］．知识产权，2012（12）：8．

❷ Mishawaka Rubber & Woolen Mfg. Co. v. S. S. Kresge Co.，316 U. S. 203，86 L. Ed. 1381，62 S. Ct. 1022，53 U. S. P. Q. 323（1942）．转引自李阁霞．论商标与商誉［M］．北京：知识产权出版社，2014：79．

保护。所以，作为请求权基础的商标商誉权是不存在的。

本案中，尽管A公司是“红牛系列商标”在中国市场从零价值至数百亿市值的唯一投入方和贡献者，但由于现行法律法规中不存在其作为请求权基础的商标商誉权，因而，A公司诉求法院支持其对于商标商誉合法权益的主张，是没有法律依据的。

（三）商标市场声誉不能适用民法添附制度从而使A公司与B公司共享涉案商标权

所谓添附，是指不同所有人的物结合在一起而形成不可分离的物或具有新物性质的物，如果要恢复原状在事实上不可能或者在经济上不合理，在此情况下，确认该新财产的归属问题。添附作为取得所有权的基本方法之一，是一种基本的民事制度。民法确认添附制度的基本价值主要是：保存价值、鼓励创造价值，并平衡所有权取得人与丧失人之间的利益。有鉴于此，我国《民法典》第322条规定，因加工、附合、混合而产生的物的归属，有约定的，按照约定；没有约定或者约定不明确的，依照法律规定；法律没有规定的，按照充分发挥物的效用以及保护无过错当事人的原则确定。因一方当事人的过错或者确定物的归属造成另一方当事人损害的，应当给予赔偿或者补偿。那么，商标商誉因被许可人在被许可期间的投入而得以大大提高，被许可人是否可以援引添附制度而共享商标权？对此，理论界有不同的看法，本书赞同本案法院的观点，本书认为，被许可人不能援引民法添附制度而与许可人共享商标权。

首先，添附制度规定在《民法典》物权编中，是针对有形财产“因加工、附合、混合而产生的物的归属”问题的规定。而作为商标权客体的商标是无形财产，不具备适用添附制度的前提条件。而且商标许可使用期间，即便被许可人努力投入经营，受市场或政策等各种因素的影响，商标商誉可能增加也可能减少，因此，商标商誉与民法有形财产“因加工、附合、混合而产生的物”的添附情形是完全不同的。

其次，我国民法对于添附物归属的规定，基本规则是“有约定的，按照约定”，也就是说，添附规则属于民法中的任意性规范，可以为当事人约定归属。如果“没有约定或者约定不明确的，依照法律规定”，但《民法典》物权编没有对此指向物权归属。如果法律没有规定，“按照充分发挥物的效用以及保护无过错当事人的原则确定”，该规则同样没有给出明确的归属标准，这也可以理解为是给予裁判者的自由裁量权。结合本案，从民事权利意思自治的角度来看，如果比照适用添附制度，本案中的商标使用许可合同并没有约定商标商誉增加的归属问题，并且《商标法》和相关法律对此也没有规定，商标商誉的增加自然应该由法院“按照充分发挥物的效用以及保护无过错当事人的原则确定”，并不能够得出共有商标权的结论。

最后，有必要说明的是，本案案情与王老吉红罐凉茶知名商品包装装潢的归属有着本质上的区别。王老吉商标商誉的载体不仅有王老吉商标，同时也有王老吉红罐凉茶知名商品包装装潢，在王老吉商标使用许可合同期间，王老吉商标商誉的提升完全归功于被许可人加多宝公司，而且红罐凉茶知名商品包装装潢也是由加多宝公司设计创造的，因此，最高人民法院在（2017）最高法民再152号民事判决书中指出：“在商标许可合同终止后，为保有在商标许可期间其对王老吉红罐凉茶商誉提升所作出的贡献而享有的权益，将王老吉红罐凉茶改名加多宝的基本事实向消费者告知，其主观上并无明显不当；在客观上……不构成虚假宣传”，这也是“无特别约定则创造决定归属”的基本原则的体现。[1] 而本案中，红牛商标商誉在中国的提升显然是A公司投入的结果，如果A公司能够为这种商誉提升找到一个区别于红牛商标的载体，那么援引红罐凉茶知名商品包装装潢也是可行的，但A公司没能找到类似的载体（该争议商标商品的包装装潢权益也属于B公司所有），只是错误地将商标商誉等同于商标权，而向法院提出共享商标权益或共享商标权的诉求，显然是没有法律依据的。

**【思考题】**

（1）商标与商誉的关系。

（2）如何避免商标使用许可合同的法律风险？

## 第四节　商标权的保护

商标权的保护包括商标侵权的表现形式、侵权的抗辩事由、侵权责任的承担和驰名商标的特殊保护等内容。本节主要探讨商标侵权惩罚性赔偿、商标平行进口和驰名商标跨类保护三个主要法律问题。

惩罚性赔偿，是指侵权人以恶意、故意、欺诈等方式实施加害行为而致权利人受到损害的，权利人可以获得实际损害赔偿之外的增加赔偿，以对侵权人施以惩罚，阻止其重复实施恶意行为，并警示他人采取类似行为。[2]《商标法》2013年修正时首次将惩罚性赔偿制度引入了知识产权领域，其中第63条第1款规定，侵犯商标专用权的赔偿数额，按照权利人因被侵权所受到的实际损失确定；实际损失难以确定的，可以按照侵权人因侵权所获得的利益确定；权利人的损失或者侵权人获得的利益难以确定的，参照该商标许可使用费的倍数合理确定。对恶意侵犯商标专用权，情节严重的，可以在按照上述方法确定数额的1倍以上3倍以下确定赔偿数额。赔偿数额应当包括权利人为制止侵权行为所支付的合理开支。《商标法》2019年修正时，又将惩罚性赔偿的区间进一步扩大为“1倍以上5倍以下”。[3] 商标惩罚性赔偿的适用应同时具备以下三

---

[1] 红牛商标判决引关注 专家透析背后“市场声誉权益”［EB/OL］.（2019-12-24）［2022-02-10］. http://www.dzshbw.com/news/2019/shangye_1224/249109.html.

[2] 李适时. 中华人民共和国民法总则释义［M］. 北京：法律出版社，2017：559.

[3]《商标法》（2019年修正）第63条第1款规定，侵犯商标专用权的赔偿数额，按照权利人因被侵权所受到的实际损失确定；实际损失难以确定的，可以按照侵权人因侵权所获得的利益确定；权利人的损失或者侵权人获得的利益难以确定的，参照该商标许可使用费的倍数合理确定。对恶意侵犯商标专用权，情节严重的，可以在按照上述方法确定数额的1倍以上5倍以下确定赔偿数额。赔偿数额应当包括权利人为制止侵权行为所支付的合理开支。

个要件：一是商标侵权行为的存在；二是主观上的“恶意”侵权；三是客观上的“情节严重”。

商标平行进口，通常是指在国际贸易中当某一商标获得两个或两个以上的国家的保护，且这两个或两个以上的国家的商标权属于同一个商标权人所有或者商标权人之间有许可和控制关系，未经进口国商标所有人或者被授权人的许可，第三人进口并销售使用注册商标的商品的行为。由此可见，商标平行进口包括以下几个的特点：第一，平行进口商品是合法获得的，不是走私的；第二，平行进口商品是同品牌“正宗商品”，而并非假货、冒牌货；第三，进口商品上标注的商标与本国商标权人的注册商标来源于同一商标权人；第四，进口商的进口行为未得到本国商标权人的许可。[1] 商标平行进口行为的产生主要是由于各国经济发展水平的不同，受产品的原材料价格、关税政策、劳动力的价格、消费者的收入和消费水平影响，同一种商品在不同国家有不同的价格，从而在进口国销售可以获得高于出口国销售的利润。商标平行进口行为是否合法，不同国家选择了不同的态度，有的国家允许，有的国家禁止，这主要是各个国家的产业政策的区别。与商标平行进口行为相关的法理主要是商标权的地域性和商标权的权利用尽。《TRIPS 协定》第 6 条规定：“就本协定下的争端解决而言，在遵守第二条和第四条规定的前提下，本协定不得用于处理知识产权的权利用尽问题。”可见，《TRIPS 协定》并未对平行进口中商标的权利用尽问题作出明确规定，而是采取了交给各国自主判定的宽松态度。目前我国《商标法》及相关法律对于平行进口是否合法并没有界定，但对于跨境电商的平行进口行为，司法实践中普遍认为，商标商品平行进口行为是合法的。

关于驰名商标的定义，过去曾经有过不同的定义，依据《商标法》（2019 年修正）第 13 条的规定，驰名商标是指为相关公众所熟知的商标。关于驰名商标的认定标准、认定机构、认定程序和认定效力等问题，《商标法》（2019 年修正）总结和汲取了我国司法和执法的实践经验，明确规定了“被动认定、按需认定、个案认定、个案保护”规则，有效纠正和防止了驰名商标异化保护的情况。“被动认定”是指认定机构应商标权人的请求，对涉案商标权纠纷中的商标是否驰名进行认定。“按需认定”是指根据审理案件的必要性进行认定。“个案认定”是指一案一认定，涉案商标曾经被认定为驰名商标受保护的纪录只能作为证据存在。“个案保护”是指涉案认定的驰名商标仅能在所涉案件中产生相应的法律效力。

本节案例一主要探讨商标侵权惩罚性赔偿的法律适用问题。在分析论证商标侵权判断标准的基础上，对商标惩罚性赔偿的司法适用进行探讨，明确“主观恶意”和“情节严重”的适用规则和证明标准，并提出精细化计算确定赔偿数额的基数和倍数的方法和路径，对知识产权类案件惩罚性赔偿制度的具体法律适用提供了范例，彰显了

[1] 章宁旦. 广东自贸区首批涉平行进口商标侵权案宣判［EB/OL］.（2019-07-11）［2021-2-21］. http://ipr.mofcom.gov.cn/article/gnxw/sf/zz/zzsb/201907/1938801.html.

依法严格保护知识产权的坚定立场，对支撑国家创新驱动发展战略和维护健康的市场竞争秩序具有积极意义。案例二探讨了商标平行进口行为涉及的相关法理问题，我国商标法对于商标平行进口行为是否构成侵权行为，并没有明确的规定，该案例表明了我国司法政策对商标平行进口行为合法性予以认可的态度，这显然是对跨境电商商标平行进口行为的认可。案例三探讨了驰名商标的特殊保护，主要包括驰名商标的认定标准和驰名商标“被动认定、按需认定、个案认定、个案保护”规则的适用问题。

## 案例一 A公司与B公司侵害商标权纠纷再审案[1]

### 【基本案情】

#### 一、事实调查

A公司是一家专业研发、生产、销售家居照明及商业照明的大型照明企业，其前身为中山绿某灯饰厂，成立于1996年，生产“欧普”牌节能灯和吸顶灯。1999年确定“欧普”作为公司的名称，企业更名为A公司，并于2008年10月于上海成立总部。经过近20年的发展，现有员工近万人，产品涵盖光源、灯具、照明控制等领域，拥有上海、中山、吴江等多个生产基地，在国内设有10余家子公司或分公司及30多家办事处，国内销售网点超过3万家，遍布全国，产品远销世界十几个国家和地区。A公司是第1424486号“OPPLE欧普”图文、第4426527号“欧普”注册商标的权利人，核定使用商品为第11类，包括灯、日光灯管、电灯、灯罩、照明器械及装置等，其中第1424486号“OPPLE欧普”注册商标多次被认定为广东省著名商标，并于2007年被认定为中国驰名商标。

B公司于2010年6月11日成立，注册资本50万元，经营范围包括橡胶和塑料制品业。B公司是第13984166号“OUPUTE”注册商标注册人，有效期自2015年7月7日至2025年7月6日，核定使用范围是第11类，包括灯、日光灯管、电灯、照明器械及装置、节日装饰彩色小灯、手电筒、发光二极管（LED）照明器具、冷冻设备和机器、水供暖装置等；也是第13984578号“欧普特”注册商标注册人，有效期自2015年9月7日至2025年9月6日，核定使用范围是第21类，包括除蚊器、蝇拍、家务手套、清洁用布、牙刷、手动清洁器具等。B公司股东邓某某曾于2011年12月8日申请注册第10280630号“OPT欧普特”商标，被商标局驳回。B公司在其生产、销售、许诺销售的台灯、小夜灯等灯类产品及相关宣传网页上使用“欧普特”“OUPUTE欧普特”等标识，并将相关产品在沃尔玛、卜蜂莲花等各大实体超市销售，在天猫、京东等线上销售。后B公司生产的灯具等商品因质量不合格被行政机关处罚。商标评审委

[1] 参见广州市南沙区人民法院（2016）粤0115民初4434号、广州知识产权法院（2017）粤73民终387号、广东省高级人民法院（2019）粤民再147号民事判决书。

员会裁定对B公司的第13984166号“OUPUTE”商标予以无效宣告。B公司不服，向人民法院提起行政诉讼，后被判决驳回诉讼请求。

## 二、A公司诉B公司商标侵权

2016年8月，A公司在网络交易平台发现B公司所销售的灯类产品带有“欧普特”“OUPUTE欧普特”标识，认为自身商标权受到侵犯，遂向广州市南沙区人民法院起诉B公司商标侵权。

一审法院认为：应从整体观察的角度来判断商标是否近似，首先，B公司使用的标识与A公司第1424486号“OPPLE欧普”注册商标组合部分及组成内容不相同；其次，被控侵权标识“OUPUTE”与“OPPLE”文字不同，B公司标识“欧普特”中间的“普”做了字形变化，“欧普特”三字与A公司“OPPLE欧普”注册商标中的“欧普”二字字体不相似；最后，“欧普”属于臆造词，没有特别含义，被控侵权标识中的“欧普特”亦是臆造词，不能简单地断定“欧普特”三字中具有较高显著性的是“欧普”二字。综上，B公司使用的标识，均与A公司“OPPLE欧普”注册商标不相近似，以一般消费者的注意力，足以与A公司的“OPPLE欧普”注册商标加以区分，故对A公司主张B公司侵犯其“OPPLE欧普”注册商标专用权的请求不予支持。

## 三、二审认定不侵犯商标权

A公司不服上述判决，向广州知识产权法院提起上诉。二审法院认为：认定商标相同或者近似按照以下原则进行：（1）以相关公众的一般注意力为标准；（2）既要进行对商标的整体比对，又要进行对商标主要部分的比对，比对应当在比对对象隔离的状态下分别进行；（3）判断商标是否近似，应当考虑请求保护注册商标的显著性和知名度。法院认为：首先，“欧普”与被控侵权标识中的“欧普特”进行比对，两者在文字的组成、字形及读音方面均有明显区别；其次，将被控侵权标识与上述A公司的注册商标进行整体比对，“OUPUTE”与“OPPLE”在字母组成、字体、字体的设置效果及读音方面存有明显区别，而且被控侵权标识中的“OUPUTE”已被核准注册，核定使用的范围包括电灯及灯，且被控侵权标识中并不包含图形，故从整体而言，两者在组成要素及整体结构方面存有明显区别。综上所述，被控侵权标识与A公司的涉案注册商标不构成近似。

## 四、再审认定商标侵权

A公司不服上述判决，向广东省高级人民法院申请再审。

A公司申请再审称：（1）B公司使用的“欧普特”标识是对A公司“欧普”商标的复制、摹仿，主观上具有傍名牌的恶意。（2）被诉侵权标识带有“欧普特”，与“欧普OPPLE及图”“欧普”商标构成近似，侵害了A公司的商标专用权和企业名称权。（3）一审、二审判决均未正确认定B公司的法律责任。B公司主观恶意深、生产规模庞大、侵权产品销量巨大、销售范围极广。B公司不仅在沃尔玛、卜蜂莲花、大润发、华润万家等各大实体超市销售，还在天猫、淘宝网、京东、阿里巴巴批发网等线上销售；同时还销往西欧、北美等国家和地区。仅在天猫网店的公证书就显示销售10万余笔，销售额数百万元。（4）A公司诉请B公司赔偿经济损失及合理费用300万元系惩罚性赔偿诉请。B公司明知“欧普”等商标为广东著名商标、中国驰名商标，仍恶意摹仿、注册、使用多个与A公司驰名商标近似的商标，且在相同商品上使用“欧普特”等标识，在京东商城上以“欧普特官方旗舰店”的名称经营，B公司的股东还另外注册成立“华辉欧普特公司”，产品质量不合格，侵权持续时间长，侵权产品种类丰富、销售渠道多、销售范围广、销售量巨大，情节特别严重，故根据我国《商标法》第63条的规定，本案应适用惩罚性赔偿，按A公司商标许可费36.5万元/年的3倍合理确定基数，再以该基数的3倍计算赔偿数额，判决B公司赔偿A公司经济损失及合理费用300万元。综上，B公司的行为侵害了A公司的商标专用权和企业名称权，原审认定事实和适用法律不当，判决错误。

广东省高级人民法院再审认为：根据《商标法》（2013年修正）第57条规定以及《最高人民法院关于审理商标民事纠纷案件适用法律若干问题的解释》第9条、第10条的规定，诉争商标与A公司商标构成近似，B公司侵犯了A公司的商标权。❶

**【主要法律问题】**

（1）本案赔偿数额应当如何确定？

（2）对B公司是否应当适用惩罚性赔偿？如何适用？

**【主要法律依据】**

**一、《商标法》（2013年修正）**

第63条　侵犯商标专用权的赔偿数额，按照权利人因被侵权所受到的实际损失确定；实际损失难以确定的，可以按照侵权人因侵权所获得的利益确定；权利人的损失或者侵权人获得的利益难以确定的，参照该商标许可使用费的倍数合理确定。对恶意侵犯商标专用权，情节严重的，可以在按照上述方法确定数额的1倍以上3倍以下确定赔偿数额。赔偿数额应当包括权利人为制止侵权行为所支付的合理开支。人民法院为确定赔偿数额，在权利人已经尽力举证，而与侵权行为相关的账簿、资料主要由侵权人掌握的情况下，可以责令侵权人提供与侵权行为相关的账簿、资料；侵权人不提供或者提供虚假的账簿、资料的，人民法院可以参考权利人的主张和提供的证据判定赔偿数额。权利人因被侵权所受到的实际损失、侵权人因侵权所获得的利益、注册商标许可使用费难以确定的，由人民法院根据侵权行为的情节判决给予300万元以下的赔偿。

❶ 本案被诉侵权行为发生于2016年，虽然被诉侵权行为持续至2020年本案再审期间，但由于再审只在原审诉讼请求范围内进行审理，故本案应适用2013年修正的《商标法》。

## 二、《商标法》(2019 年修正)

第 63 条 侵犯商标专用权的赔偿数额，按照权利人因被侵权所受到的实际损失确定；实际损失难以确定的，可以按照侵权人因侵权所获得的利益确定；权利人的损失或者侵权人获得的利益难以确定的，参照该商标许可使用费的倍数合理确定。对恶意侵犯商标专用权，情节严重的，可以在按照上述方法确定数额的 1 倍以上 5 倍以下确定赔偿数额。赔偿数额应当包括权利人为制止侵权行为所支付的合理开支。人民法院为确定赔偿数额，在权利人已经尽力举证，而与侵权行为相关的账簿、资料主要由侵权人掌握的情况下，可以责令侵权人提供与侵权行为相关的账簿、资料；侵权人不提供或者提供虚假的账簿、资料的，人民法院可以参考权利人的主张和提供的证据判定赔偿数额。权利人因被侵权所受到的实际损失、侵权人因侵权所获得的利益、注册商标许可使用费难以确定的，由人民法院根据侵权行为的情节判决给予 500 万元以下的赔偿。人民法院审理商标纠纷案件，应权利人请求，对属于假冒注册商标的商品，除特殊情况外，责令销毁；对主要用于制造假冒注册商标的商品的材料、工具，责令销毁，且不予补偿；或者在特殊情况下，责令禁止前述材料、工具进入商业渠道，且不予补偿。假冒注册商标的商品不得在仅去除假冒注册商标后进入商业渠道。

## 三、《最高人民法院关于审理商标民事纠纷案件适用法律若干问题的解释》

第 9 条 《商标法》第 57 条第（1）（2）项规定的商标相同，是指被控侵权的商标与原告的注册商标相比较，二者在视觉上基本无差别。《商标法》第 57 条第（2）项规定的商标近似，是指被控侵权的商标与原告的注册商标相比较，其文字的字形、读音、含义或者图形的构图及颜色，或者其各要素组合后的整体结构相似，或者其立体形状、颜色组合近似，易使相关公众对商品的来源产生误认或者认为其来源与原告注册商标的商品有特定的联系。

第 10 条 人民法院依据《商标法》第 57 条第（1）（2）项的规定，认定商标相同或者近似按照以下原则进行：（1）以相关公众的一般注意力为标准；（2）既要进行对商标的整体比对，又要进行对商标主要部分的比对，比对应当在比对对象隔离的状态下分别进行；（3）判断商标是否近似，应当考虑请求保护注册商标的显著性和知名度。

第 13 条 人民法院依据《商标法》第 63 条第 1 款的规定确定侵权人的赔偿责任时，可以根据权利人选择的计算方法计算赔偿数额。

## 【理论分析】

## 一、关于赔偿数额的确定方法

根据《商标法》（2013 年修正）第 63 条规定，我国商标侵权损害赔偿额的确定有两条路径可选：一是补偿性赔偿的确定。赔偿数额的确定遵循以下顺序：按照权利人因被侵权所受到的实际损失确定，实际损失难以确定的，可以按照侵权人因侵权所获得的利益确定；权利人的损失或者侵权人获得的利益难以确定的，参照该商标许可使用费的倍数合理确定。同时，对于恶意侵权、情节严重的违法行为，适用惩罚性赔偿制度，按照上述方法确定数额的1—3倍确定赔偿数额。二是法定赔偿的确定。当权利人因被侵权所受到的实际损失、侵权人因侵权所获得的利益、注册商标许可使用费均难以确定的，由人民法院根据侵权行为的情节判决给予300万元以下的赔偿。这些规定不仅体现了对权利人经济损失的补偿，更体现了对故意侵权的惩罚，使侵权者不敢侵权、不再侵权，从而有效遏制商标侵权行为。但对于法定赔偿的性质以及法定赔偿与惩罚性赔偿的关系问题，理论界和实务界还存在不同的看法。目前的司法实践中，涉及商标侵权纠纷的损害赔偿问题，绝大多数案件均适用法定赔偿条款，适用惩罚性赔偿条款的案件并不多见。

本案损害赔偿数额的确定，A公司认为，由于B公司侵权行为给A公司造成的损失或者B公司获得的利益均难以确定，故应当以涉案商标许可使用费的倍数合理确定本案赔偿数额。依据《最高人民法院关于审理商标民事纠纷案件适用法律若干问题的解释》第13条关于“人民法院依据《商标法》第63条第1款的规定确定侵权人的赔偿责任时，可以根据权利人选择的计算方法计算赔偿数额”的规定，A公司的主张得以支持。对该计算方式的相关要素认定如下。

（一）涉案商标许可使用费的确定

A公司主张其授权给销售商的涉案商标许可使用费为36.5万元/年，为支持该主张，A公司向法院提交了其与产品销售商瑞某公司、文某公司签订的《商标授权许可协议》《家居照明事业部零售渠道区域运营商合同》、银行转账凭证、《欧普照明发货托运单》、“OPPLE欧普照明”商标授权店铺的现场照片等证据予以证实。在《商标授权许可协议》中约定涉案商标的许可费为36.5万元/年，在《家居照明事业部零售渠道区域运营商合同》中约定涉案商标的使用费为每天1000元，两者相互对应。且根据《欧普照明发货托运单》、银行转账凭证以及“OPPLE欧普照明”商标授权店铺的现场照片，可以证实A公司与瑞某公司、文某公司已经实际履行了《商标授权许可协议》及《家居照明事业部零售渠道区域运营商合同》。结合涉案商标具有较高的知名度，上述证据对于证明“A公司授权给销售商的涉案商标许可使用费为36.5万元/年”这一事实，已达到高度盖然性的证据标准，因此法院予以采信。

（二）本案应计赔的侵权时长的确定

B公司于2010年6月成立，于2015年7月、9月分别获准注册商标“OUPUTE”和“欧普特”，于2016年2月因生产质量不合格的灯类产品被行政处罚。故现有证据足以证明，B公司于2016年2月之前已经开始生产被诉灯类产品。根据A公司在一审、二审、再审中提交公证购买B公司被诉灯类产品的证据以及在再审庭审中当庭登录淘宝网店显示销售被诉灯类产品的情况，再结合B公司在再审中提交其经营的京东平台“欧普特官方旗舰店”的后台销售记录，足以证明B公司于2016年2月开始至2020年

1月的4年时间持续侵权。由于本案为再审案件，根据A公司在原审中的诉讼请求，本案计算赔偿的侵权时间应截至二审判决作出之日即2017年11月30日，故本案应计赔的侵权时长为21个月，折合为1.75年。

（三）合理倍数的确定

根据《商标授权许可协议》及《家居照明事业部零售渠道区域运营商合同》的约定，A公司授权许可涉案商标给销售商使用的范围仅限于在销售商的经营场所使用和宣传涉案商标，经营销售区域仅为销售商所在的地市。而本案B公司被诉侵权行为的性质为生产、销售和许诺销售被诉侵权产品，销售方式包括线上和线下，范围为全国甚至全球，可见B公司使用涉案商标的程度和范围要比A公司授权销售商的大得多。因此，本案商标许可使用费至少应按“A公司授权给销售商的涉案商标许可使用费36.5万元/年”的2倍计算，即73万元/年。故此，本案赔偿基数应确定为73万元/年×1.75年共计127.75万元。

## 二、关于惩罚性赔偿的适用规则

根据《商标法》的规定，对于恶意侵犯商标专用权且情节严重的侵权行为，可以适用惩罚性赔偿。可见，惩罚性赔偿的适用必须具备以下要件：一是侵权行为的存在；二是主观上的恶意；三是侵权情节严重。但对于“恶意”认定，以及“恶意”与“故意”的关系，在2021年《最高人民法院关于审理侵害知识产权民事案件适用惩罚性赔偿的解释》（以下简称2021年《适用惩罚性赔偿的解释》）发布之前，理论界和实务界存在不同观点。有学者认为，“故意”包含直接故意与间接故意，《商标法》惩罚性赔偿条款中的“恶意”应当归属于直接故意的心理状态之中，即明知自己的行为会侵犯他人商标权，仍然积极追求损害结果发生的一种心理状态。[1] 也有学者认为，商标法中的“恶意”是较为严重的故意。惩罚性赔偿是在填平规则外的一种惩戒手段，主要目的是以发挥法律的威慑作用来制止侵权，故惩罚性赔偿针对造成严重后果、具有较大主观恶意的行为人。恶意侵权者不仅主观上明知会侵害他人商标权而希望侵权结果发生，而且还要具有较为恶劣或邪恶的动机。[2] 还有学者从实践角度考虑，认为“恶意”与“故意”不宜区分，以防止对“恶意”的认定和适用产生分歧，导致司法的不统一。2021年《适用惩罚性赔偿的解释》的发布，彻底结束了这一争议。2021年《适用惩罚性赔偿的解释》第1条第2款规定，本解释所称故意，包括《商标法》第63条第1款和《反不正当竞争法》第17条第3款规定的恶意，从而使《商标法》与《民法

---

[1] 朱丹. 侵犯商标专用权惩罚性赔偿责任的司法适用［J］. 人民法院报，2014（8）；张红. 恶意侵犯商标权之惩罚性赔偿［J］. 法商研究，2019（4）：159-170.

[2] 芮文彪，凌宗亮. 新《商标法》加大损害赔偿力度的理解与适用［J］. 中华商标，2015（2）.

典》《专利法》《著作权法》中的惩罚性赔偿条款均一致使用了“故意”的表述。[1]

结合本案，是否适用惩罚性赔偿的关键就在于B公司侵权行为是否具备恶意要件和侵权情节严重要件。A公司认为B公司恶意实施侵权行为，作为同行业大量生产、销售侵权产品且产品质量不合格，情节严重，主张按照涉案商标侵权赔偿数额的合理倍数确定惩罚性赔偿金的计算标准。

（一）关于恶意的认定

本案在审理中，法院认为恶意是行为人的主观状态，属于“明知”仍故意为之，“故意”与“恶意”并无实质上的差别。据此法院认定具备主观“恶意”要件。首先，B公司明知他人享有商标权，仍故意实施侵权行为。A公司起源于广东省，A公司的涉案商标早在2007年就多次被认定为广东著名商标、中国驰名商标，B公司作为同一地区同一行业的经营者明知A公司及其商标享有较高的知名度和美誉度，但其仍故意摹仿、使用多个与A公司驰名商标近似的商标，且使用在相同商品上，主观恶意明显。其次，B公司明知其不享有相关商标权利，仍然故意实施商标侵权行为。商标局早在2011年10月就以第10119638号“欧普特”商标、第10090119号“OPTE欧普特”与涉案商标近似为由，驳回申请人在第11类上的注册申请，故B公司在申请注册“欧普特”商标时，显然已经充分知晓“欧普特”商标不能用在第11类商品上。但在本案中，B公司仍然故意将其注册在第21类的“欧普特”商标跨类别地使用于第11类的灯类商品上，可见B公司侵犯A公司商标权、攀附A公司商誉的主观意图明显。据此，足以认定B公司属于恶意侵犯商标专用权情形。

（二）关于情节严重的认定

“情节严重”是指被控侵权人从事的侵犯商标专用权的行为从方式、范围、所造成的影响等方面均对权利人产生了较大损失和消极影响。本案中，首先，B公司生产并且在京东商城、天猫商城、淘宝商城以及阿里巴巴批发网等多渠道、多途径销售被诉侵权产品，侵权持续时间长，从本案起诉至再审期间均未停止侵权，且侵权产品种类多，销售数量巨大，其仅在天猫网“OUPUTE旗舰店”其中一款台灯产品的月销量就达1561件，截至2016年8月的总销量就达63935件。其次，B公司不仅在商品上使用被诉侵权商标，还在网站以“欧普特官方旗舰店”的名称经营，并且不断扩大生产规模，另行成立了新的公司“华辉欧普特公司”，专门从事灯饰产品的研发与生产。再

[1] 《专利法》（2020年修正）第71条规定，侵犯专利权的赔偿数额按照权利人因被侵权所受到的实际损失或者侵权人因侵权所获得的利益确定；权利人的损失或者侵权人获得的利益难以确定的，参照该专利许可使用费的倍数合理确定。对故意侵犯专利权，情节严重的，可以在按照上述方法确定数额的1倍以上5倍以下确定赔偿数额。《著作权法》（2020年修正）第54条规定，侵犯著作权或者与著作权有关的权利的，侵权人应当按照权利人因此受到的实际损失或者侵权人的违法所得给予赔偿；权利人的实际损失或者侵权人的违法所得难以计算的，可以参照该权利使用费给予赔偿。对故意侵犯著作权或者与著作权有关的权利，情节严重的，可以在按照上述方法确定数额的1倍以上5倍以下给予赔偿。《民法典》第1185条规定，故意侵害他人知识产权，情节严重的，被侵权人有权请求相应的惩罚性赔偿。

次，B公司的侵权行为不仅造成市场混淆，而且侵权产品还因生产质量不合格被行政处罚，给A公司通过长久努力积累起来的商业信誉带来负面评价。最后，B公司注册的经营范围和批准的经营项目并不包含照明灯具的制造，加上灯类产品属于国家强制认证产品，产品质量不合格极易引发安全事故，损害消费者利益，影响社会公共安全。由此可见，B公司的侵权行为影响大，后果较为严重，足以认定属于情节严重情形。

根据以上分析认定，B公司的主观恶意明显，侵权情节严重，故本案应适用惩罚性赔偿，以加大对恶意侵权行为的惩罚力度。再审法院根据《商标法》（2013年修正）第63条第1款的规定，综合考虑本案B公司的主观恶意程度、侵权行为的性质、情节和后果等因素，判决B公司按照上述确定的赔偿额的3倍向A公司支付赔偿金。

**【思考题】**

（1）商标侵权损害赔偿额的确定标准是什么？

（2）如何理解知识产权惩罚性赔偿与法定赔偿的关系？

## 案例二　A公司与B公司侵害商标权纠纷案[1]

**【基本案情】**

**一、事实调查**

德国OBO公司为第3214870号OBO商标、第G663678号商标的注册人，两个商标核定使用商品类别分别为第9类“避雷器”等，以及第6类“避雷装置元件”等，均在有效期内。德国OBO公司与A公司在2016年就第3214870号商标签订《商标许可协议》后，又在2017年就第G663678号商标签订了《商标许可协议》，上述两份商标许可协议均约定：A公司在中国大陆地区拥有两个商标的排他性许可权，并界定“排他性许可权”是指“不排除许可方自身使用商标的情况下，被许可方是区域内唯一的被授权方”；“根据本协议条款和条件，许可方在此向被许可方授予且被许可方同意获得一项允许被许可方在区域内且在期限内为下列目的使用商标的免许可费的、排他的和不可转让的许可：(a) 实施产品的营销、销售和分销活动，包括在广告材料、标识等上使用或与广告材料、标识等相关而使用；(b) 与许可方共同保护商标并为商标进行抗辩，或如果许可方声明不采取任何步骤或措施对商标实施保护和进行保护，则被许可方单独行事；(c) 许可方可自行决定事先书面批准的该等其他目的”；“本协议不从许可方处向被许可方转让商标的任何所有权或权益，使用商标的许可限于本协议中所明确允许的使用”；“未经许可方事先书面批准，被许可方不应将标有商标、以商标

[1] 参见广州市南沙区人民法院（2018）粤0115民初2362号民事判决书、广州知识产权法院（2019）粤73民终6944号民事判决书。

生产或者分销的产品出口至或者将其提供以销售至区域外的任何国家”。

德国OBO公司还分别签署商标维权授权委托书，委托A公司在中华人民共和国境内有权单独以自己的名义进行商标维权，具体包括通过提起民事诉讼等方式对商标侵权人主张权利、获得赔偿等。上述商标许可使用、商标维权委托期限均在有效期内。德国OBO公司作出确认书，确认A公司为瞬态过电压和雷电防护系统（TBS）等OBO产品在中国大陆的独家代理商，授权有效期自2016年1月1日至2019年12月31日。

根据涉案公证书记载，A公司代理人与公证人员在鹤山文化中心建筑现场发现多个配电箱中分别显示使用了带有OBO（图略）标识的产品，生产商为B公司。

2017年9月，B公司与德国OBO公司授权的新加坡经销商Asia Sun Power Pte Ltd.的下游销售商The White and Bai Pte Ltd.订立三份销售合同，约定The White and Bai Pte Ltd.向B公司销售德国OBO公司原厂的浪涌保护器，并提供原产地证明。

2018年4月20日，A公司向广东省广州市南沙区人民法院提起诉讼，请求判令B公司停止侵害涉案注册商标权及不正当竞争行为，赔偿A公司经济损失、维权合理支出以及刊登启事消除影响。一审庭审中，A公司和B公司均确认B公司进口的等电位连接器等电气元件拼装后即为被诉侵权产品，二者除防伪标签外，其余均一致。法院认为，B公司提交的证据已经足以证实涉案产品是由商标权利人德国OBO公司合法授权销售并经合法报关手续进口至我国境内的正品。被诉侵权产品和A公司在国内经销的产品在标识附着情况、产品性状等方面均不存在差异，销售过程中没有改变产品的性状和与之附着的商标标识，亦没有对产品进行分拆、变造、破坏等，未破坏商标识别功能和质量保障功能，不会导致消费者混淆误认。从国家公共政策看，B公司通过正常的交易行为进口了涉案产品，履行了正常的进口报关手续，并未违反我国公共政策和法律禁止性规定，不应受到司法否定性评价。因此，B公司不构成侵权。

## 二、A公司提起上诉

A公司不服一审判决，向广州知识产权法院提起上诉。A公司上诉请求：（1）撤销（2018）粤0115民初2362号民事判决，依法改判支持A公司的全部诉讼请求；（2）本案一审、二审诉讼费由B公司承担。主要理由为：第一，一审判决认定“平行进口”行为不构成商标侵权，存在事实认定及法律适用错误：（1）一审判决认定B公司销售的被诉侵权产品为合法进口的正品，履行了正当合法进口报关手续，属于事实认定错误；（2）一审判决以“B公司提交的证据链条完整且能明确指向待证事实，A公司对此亦不能提供任何证据予以反驳”为由，认定“该涉案产品原产地为匈牙利，为德国OBO公司生产的正品”，系理解和适用法律错误；（3）一审判决认定被诉侵权产品未损害商标的质量保障功能，与A公司产品之间不存在实质性差异，属于事实认定和法律适用错误；（4）即便被诉侵权产品的确来源于德国OBO公司，是合法取得的德国OBO公司生产和销售的正品，其销售行为也构成对A公司商标使用权的侵害。第二，一审法院认定B公司行为不构成不正当竞争，属于认定事实和法律适用错误。

B公司答辩称：一审法院认定事实清楚，适用法律正确，请求二审法院予以维持。

第一，B公司在一审中已经提供充分的证据，证明被诉侵权产品是从新加坡合法进口的正品，并非假冒产品。B公司所售被诉侵权产品均是从涉案OBO注册商标的权利人德国OBO公司授权的新加坡总经销商的下级经销商处合法采购，被诉侵权产品是正品，其确实来源于商标权人所授权的主体，并非假冒产品。第二，本案的性质是平行进口问题，而我国目前法律及司法实践并未禁止产品的平行进口，B公司并未侵害A公司的商标使用权，A公司无权以其商标许可使用权否定B公司平行进口的权利。

二审法院认为，本案为侵害商标权及不正当竞争纠纷。根据双方当事人的上诉和答辩意见，本案的争议焦点是：(1) 被诉侵权产品是否为德国OBO公司制造、销售的正品；(2) B公司是否构成侵害注册商标权；(3) B公司是否构成不正当竞争。经过审理，二审法院驳回了上诉，维持了一审判决。

在此，本案例仅对商标平行进口行为是否构成商标侵权问题进行分析。

## 【主要法律问题】

(1) B公司所售的产品是否为平行进口的正品？

(2) B公司的商标平行进口行为是否侵害涉案商标权？

## 【主要法律依据】

《商标法》(2019年修正)

第1条 为了加强商标管理，保护商标专用权，促使生产、经营者保证商品和服务质量，维护商标信誉，以保障消费者和生产、经营者的利益，促进社会主义市场经济的发展，特制定本法。

第57条 有下列行为之一的，均属侵犯注册商标专用权：(1) 未经商标注册人的许可，在同一种商品上使用与其注册商标相同的商标的；(2) 未经商标注册人的许可，在同一种商品上使用与其注册商标近似的商标，或者在类似商品上使用与其注册商标相同或者近似的商标，容易导致混淆的； (3) 销售侵犯注册商标专用权的商品的；(4) 伪造、擅自制造他人注册商标标识或者销售伪造、擅自制造的注册商标标识的；(5) 未经商标注册人同意，更换其注册商标并将该更换商标的商品又投入市场的；(6) 故意为侵犯他人商标专用权行为提供便利条件，帮助他人实施侵犯商标专用权行为的；(7) 给他人的注册商标专用权造成其他损害的。

## 【理论分析】

### 一、B公司所售的产品是否为平行进口的正品

通常认为，商标平行进口行为的构成要件包括：第一，平行进口商品是合法获得的，不是走私的；第二，平行进口商品是同品牌“正宗商品”，而并非假货、冒牌货；第三，进口商品上标注的商标与本国商标权人的注册商标来源于同一商标权人；第四，进口商的进口行为未得到本国商标权人的许可。在平行进口的四个构成要件中，确定

平行进口的产品是合法渠道购得的正品，而不是通过非法渠道获得的假冒产品，是四个要件中的核心要件，也是判断商标平行进口行为是否构成商标侵权的基础。具体来说，主要可从以下两个方面考虑：一是产品的来源是否正当，二是产品的质量是否具有保证。

（一）被诉侵权产品的来源正当

本案中，德国 OBO 公司出具确认函证明 Asia Sun Power Pte Ltd. 系德国 OBO 公司的授权经销商，德国 OBO 公司在新加坡的分支机构新加坡 OBO 公司出具货物原产地证明、Asia Sun Power Pte Ltd. 出具交货单、信函等证据证明被诉侵权产品系德国 OBO 公司生产，并由德国 OBO 公司在新加坡的授权经销商 Asia Sun Power Pte Ltd. 供货给 The White and Bai Pte Ltd. 。进一步地，B 公司提供销售合同、发票、报关单等证据证明被诉侵权产品购自 The White and Bai Pte Ltd. ，经合法履行进口报关手续，进口至我国国内销售。上述证据形式合法，记载的产品名称、数量、价格、重量以及进口时间等相互印证，形成完整证据链，足以证明被诉侵权产品合法来源于德国 OBO 公司的授权经销商，购买及进口流程清晰、手续齐全，符合一般市场交易习惯。

（二）被诉侵权产品与 A 公司产品间不存在实质差异

本案中，被诉侵权产品系德国 OBO 公司制造的成品，无需另行组装，未经 A 公司进口、销售，产品上未附带 A 公司防伪、质检标签，与实际情况相符。至于售后服务，A 公司提供相对完善的售后服务，是增强其产品竞争优势的一种销售策略，在被诉侵权产品未造成消费者混淆的前提下，售后服务的差异不属于产品的实质差异。因此，被诉侵权产品合法来源于德国 OBO 公司授权经销商，与 A 公司产品无实质差异。

## 二、B 公司的商标平行进口行为是否侵害涉案商标权

我国商标法对商标平行进口行为未作明确规定。对于商标平行进口是否侵权，理论界通常有两种相反的观点，一种观点认为，商标权具有地域性，平行进口行为违背了商标权人的意愿，也扰乱了其全球定价体系，对其中国独家经销商的独占利益造成损害；而且商品在进口国与出口国的等级、品质、售后服务方面存在重大差异，平行进口会对消费者的利益造成损害。另一种观点则认为，商标法虽然保护商标权人的权利，但同时也禁止其利用其优势地位人为地进行市场分割，获取垄断利益；基于保障商品正常流通的考虑，“商标权用尽”理论也是商标平行进口的合法依据；商标平行进口行为是否违法应当以该行为是否损害了商标的识别来源功能为依据，而不应当考虑该行为是否损害了商标权人的独占利益。

近年来，国内司法机关对商标平行进口的合法性也基本持肯定态度。例如，关于平行进口是否构成侵害商标权的问题，北京市高级人民法院认为：若被控侵权商品确实来源于商标权人或其授权主体，此时商标权人已经从“第一次”销售中实现了商标的商业价值，而不能再阻止他人进行“二次”销售或合理的商业营销，否则将阻碍市场的正常自由竞争秩序建立的进程，因此“平行进口”应被司法接受，不认定构成侵

害商标权。[1] 2016 年 12 月 30 日，最高人民法院印发的《关于为自由贸易试验区建设提供司法保障的意见》指出，要“妥善处理商标产品的平行进口问题，合理平衡消费者权益、商标权人利益和国家贸易政策”。但上述司法文件并未对如何具体判断商标平行进口的合法性进行任何说明。近期国内各地法院判决的经典案例中，法院主要从进口商品是否合法取得，进口商品与授权销售商品是否存在实质性差异，消费者混淆的可能性是否存在，以及商标所承载的商誉是否受到损害四个方面来综合判断商标平行进口的合法性。这一审理思路符合商标法的立法宗旨与基本价值，也与其他国家或地区在处理商标平行进口问题上的态度相符，顺应了国际贸易的发展趋势，有利于实现商标权利人、经营者，以及消费者之间的利益平衡。

在本案审理中，法院认为，需要回归商标权的本质属性、基本功能和根本目的，综合考量平行进口行为产生和存在的社会经济基础，合理平衡商标权人、被许可使用人、平行进口人和消费者的利益，准确划定商标侵权行为和正当使用行为的法律界限。《商标法》第 1 条规定：为了加强商标管理，保护商标专用权，促使生产、经营者保证商品和服务质量，维护商标信誉，以保障消费者和生产、经营者的利益，促进社会主义市场经济的发展，特制定本法。上述规定开宗明义地阐释了我国商标法的立法宗旨和根本目的，判断平行进口行为是否侵害了涉案商标权，不能偏离上述规定。具体论述如下。

（一）从保护商标权的角度来看

普遍认为，商标的功能包括三种：识别来源功能、质量保证功能和商誉承载功能。商标是区分商品与服务来源的标识，商标的市场价值来源于对特定商业主体的指向关系。识别来源功能是商标的基本功能，商标法保护商标的基本功能以及在识别来源功能的基础上衍生出的质量保证功能和商誉承载功能。被诉侵权行为是否损害商标基本功能是本案侵权认定的核心。对商标其他功能的损害是否构成商标侵权，应立足商标的识别来源功能这一关键，判断损害商标的其他功能是否引起商标的识别来源功能受损，进而判断是否构成侵害商标权。

首先，被诉侵权行为未损害涉案商标的识别来源功能。商标作为一种区分商业主体的标识，其为法律所认可和保护的并非标识本身，而是标识与商业主体之间唯一的、确定的指向关系，使消费者能够在准确识别商业主体的前提下作出符合其真实意思表示的选择。因此，商标侵权行为的判定必须建立在实际影响或割裂了商标标识与商标权人指向关系的基础上。本案中，被诉侵权产品系商标权人制造并由其授权经销商投放市场销售的正品，产品正面显著位置附有 OBO 品牌标识。B 公司作为产品进口和销售者，未损毁、遮盖产品本身附带的 OBO 品牌标识，亦未在产品上附加其他标识，商标与商品来源的对应关系明确、真实，无论是 B 公司、富某公司还是终端消费者，均

---

[1] 北京市高级人民法院民三庭. 当前知识产权审判中需要注意的若干法律问题（商标）[EB/OL].（2016-05-10）[2022-03-28]. http://www.chinaiprlaw.cn/index.php?id=4075.

可清晰识别产品来源于商标权人，涉案商标识别功能正常发挥。B公司平行进口行为仅改变产品销售渠道而未对产品标识、包装进行改动，未割裂产品与商标权人之间的固有联系，不损害涉案商标识别功能。

其次，被诉侵权产品未损害涉案商标的质量保证功能。一般而言，标有同一商业标识的产品具有基本相同的品质，符合消费者通过该标识对产品进行认知的经验和期待。消费者通过商标识别产品来源，进而根据消费经验对产品质量作出评价并进行选择，商标质量保证功能由此得以发挥。本案中，被诉侵权产品与A公司产品均系德国OBO公司在其匈牙利工厂制造的产品，德国OBO公司作为商标权人和制造者，对被诉侵权产品的质量有充分的控制能力，被诉侵权产品未损害涉案商标的质量保证功能。

最后，被诉侵权产品未损害涉案商标的商誉承载功能。商誉是经营者通过长期诚信经营和大量宣传资源投入，在相关公众中形成有关产品质量、服务的积极评价和正面印象。本案中，被诉侵权产品系商标权人制造、销售的正品，在产品性状、质量和标识未经更改的前提下，其承载的德国OBO品牌商誉并未受损。

（二）从保障消费者利益的角度来看

商标权根本目的是建立和巩固商品与消费者的特定联系。市场经济中，消费者利益不仅是公共利益的重要组成部分，也是商标权人和其他市场经营者实现自身利益的基础，更是市场经济健康发展的重要指标和基石，我国商标法亦将保障消费者利益作为根本目的之一。平行进口产品标识真实、明确，产品合法来源于商标权人，产品质量有保障的情况下，一般不会损害消费者权益，反而会因产品类型增多而丰富消费者的选择，激发市场竞争活力，长远来看会使消费者获益。具体到本案，首先，被诉侵权产品系富某公司向B公司采购、使用，富某公司是本案被诉侵权产品的直接消费者，需要对其权益是否受损进行评判。本案消费者关注的重点在于产品品牌、原产地，消费者对产品来源于国外、需要进口报关的事实具备一定认知，至于产品的销售渠道、销售价格以及是否提供原厂售后服务，则未作要求。因此，B公司平行进口行为符合消费者需求，至于B公司选择何种采购渠道，属于其经营自由的范畴，未损害消费者利益。其次，合同订立后，无论B公司进货价格如何变动，双方均以合同价格履行，B公司因平行进口行为节省的进货成本不影响合同价格，未给消费者造成经济损失。最后，被诉侵权产品系德国OBO公司制造、销售的正品，品质始终未脱离商标权人的控制。由于富某公司与B公司明确约定配电箱产品整体由B公司提供售后服务，即使被诉侵权产品与A公司销售产品在售后服务方面存在区别，在消费者既未选择A公司产品也未约定提供原厂售后服务的情况下，均属消费者真实意思表示自行选择的结果，不会对消费者权益产生损害。

（三）从促进市场经济发展的角度来看

商标应市场竞争需要产生，商标基本功能的有序发挥和商标权保护体系的规范运作，促进和维护着市场经济健康发展。因此，商标法所能给予商标权的保护，是通过打击侵权行为、营造公平竞争的市场经济秩序，而不是通过赋予商标权人垄断性权利而限制自由竞争。在商标权人已经通过销售实现经济利益的前提下，平行进口对商标权人造成的损害有限，不宜在产品后续流通环节赋予商标权人更多的垄断利益。否则，商标权保护程度一旦超过我国市场经济发展水平或市场公平竞争需求范围，会造成权利滥用，损害市场经济健康发展。本案中，B 公司正当取得被诉侵权产品并进口销售，并未违反诚实信用原则的基本要求，被诉侵权产品未损害商标基本功能和消费者权益的前提下，其后续流通符合市场经济鼓励自由竞争的基本精神，司法对此应予确认。

综上，B 公司平行进口行为未损害涉案商标基本功能、消费者利益，亦未扰乱市场经济的基本秩序，不构成侵害商标权。

随着国际贸易的发展，商标商品平行进口数量逐渐增多。我国《商标法》虽然没有明确表明商标平行进口的合法性，但理论界与实务界普遍承认商标平行进口的合法性。目前，仅关注平行进口的合法性问题已不能满足目前我国加大知识产权保护的社会发展需求，更应该注重司法实践中平行进口商标的保护问题。司法实践中存在争议的是，法院可否直接将权利用尽原则作为断案的依据。在本案中，一审法院将权利用尽原则作为裁判的依据，二审法院予以纠正，并指出，“在我国商标法及司法解释并未明确采纳权利用尽原则，该原则亦未成为该领域通行学术观点的情况下，不宜直接引用该原则作为论据，论证裁判理由”。

**【思考题】**

（1）如何理解商标侵权的判断标准？

（2）如何看待商标权利用尽原则？

## 案例三　A 公司诉 B 公司、国家知识产权局商标权无效宣告请求行政纠纷再审案❶

**【基本案情】**

### 一、事实调查

A 公司 1988 年成立于我国台湾地区，是一家从事高档床上用品设计、生产、销售的现代化大型家纺企业。1995 年，A 公司在湖南设立台商独资企业，并通过办事处、经销商等方式在我国大陆地区建立起全国性的销售网络；1997 年、1999 年，通过赞助冠名湖南卫视王牌综艺节目《快乐大本营》《乡村发现》。1997 年 4 月 4 日，A 公司的关联公司 C 公司在我国申请注册第 1182822 号“富麗真金及图”商标，后获得注册，

❶　参见北京知识产权法院（2017）京 73 行初 9377 号行政判决书、北京市高级人民法院（2019）京行终 2369 号行政判决书、最高人民法院（2020）最高法行再 229 号行政判决书。

核定使用商品为第 24 类：床罩；枕套；被子；被罩；床单；垫套；装饰织品（台布窗帘）；被絮；褥子等。专用期限至：2028 年 6 月 13 日。A 公司于 2009 年 1 月 28 日经核准受让取得上述商标。

2001 年 2 月 12 日，陈某某申请注册第 1751420 号“富丽真金”商标，后获得注册，核定使用商品为第 20 类：床架（木制）；家具；头靠（家具）；垫子（床垫）；床；金属沙发；沙发；弹簧床垫；屏风（家具）；衣帽架等。专用期限至：2022 年 4 月 20 日。2007 年，陈某某等自然人注册成立 B 公司，B 公司经核准受让取得上述商标。

2015 年 A 公司发现 B 公司使用第 1751420 号“富丽真金”商标展开一系列“买家具、送家纺”活动，打出“源自台湾、系出名门”的广告用语，并且故意使用繁体“麗”字贴靠富丽真金家纺 LOGO，遂向法院提起不正当竞争之诉，经过湖南省长沙市中级人民法院一审、湖南省高级人民法院二审，B 公司的上述行为被认定为不正当竞争。❶

A 公司认为 B 公司的第 1751420 号“富丽真金”商标违反 2001 年《商标法》第 10 条第 1 款第（7）项、第（8）项，第 13 条，第 41 条第 1 款的规定。遂向商标评审委员会提出商标无效宣告请求，并提交以下证据：（1）商标档案信息；（2）驰名认定批复（2010 年）；（3）A 公司及其商标所获荣誉；（4）广告合同及其发票；（5）销售合同及其发票；（6）宣传页面及领导视察照片；（7）在先民事判决书、行政裁定书；（8）家具公司及其商标信息查询。

商标评审委员会作出商评字（2017）第 127796 号《关于第 1751420 号“富丽真金 FULIZHENJIN”商标无效宣告请求裁定书》，认定：（1）在案证据不足以证明诉争商标带有欺骗性易使公众对商品的质量等特点或产地产生误认，甚至造成不良影响，故诉争商标的申请注册未违反 2001 年《商标法》第 10 条第 1 款第（7）项、第（8）项的规定；（2）在案证据不足以证明引证商标在诉争商标申请注册之前已在其核定使用的商品上达到驰名程度，故诉争商标的申请注册未违反《商标法》第 13 条的规定；（3）在案证据不足以证明家具公司采用欺骗手段取得诉争商标的注册，也不足以证明诉争商标的申请注册存在扰乱商标注册秩序、损害公共利益的情形，故诉争商标的申请注册未违反 2001 年《商标法》第 41 条第 1 款的规定。综上，商标评审委员会裁定：诉争商标予以维持。

## 二、A 公司提起诉讼

A 公司不服上述裁定，向北京知识产权法院提起行政诉讼，并补充提交以下证据：（1）企业信息查询；（2）《快乐大本营》视频片尾截图（1998 年）；（3）媒体报道（2000 年）。北京知识产权法院认为，诉争商标的申请注册日期为 2001 年 2 月 12 日，A 公司提交的驰名商标认定批复、所获荣誉、合同及其发票的形成时间均在诉争商标申

❶ 参见湖南省长沙市中级人民法院（2015）长中民初字第 01755 号民事判决书、湖南省高级人民法院（2016）湘民终字第 545 号民事判决书。

请日之后，A公司在一审诉讼中提交的《快乐大本营》视频片尾截图显示的企业名称亦与A公司的名称并不一致。因此，A公司提交的在案证据不足以证明引证商标在诉争商标申请日前在床罩、被子及床单商品上已达到驰名商标程度，故诉争商标的注册未违反2001年《商标法》第13条第2款的规定。在案证据尚不足以证明诉争商标的申请注册扰乱了正常的商标注册管理秩序，有损于公平竞争的市场秩序。A公司提交的证据旨在证明诉争商标的转让中存在问题，而商标申请注册与转让是不同的两个行为，即使A公司所述问题存在亦不能影响诉争商标申请注册行为的效力，不能证明诉争商标的申请注册系以欺骗手段或者其他不正当手段取得的。因此，诉争商标的申请注册未违反2001年《商标法》第41条第1款的规定。

A公司不服上述判决，向北京市高级人民法院提起上诉，主要上诉理由是：(1) B公司注册诉争商标具有明显恶意，构成对A公司在先驰名商标的复制、摹仿，违反了2001年《商标法》第13条第2款的规定；(2) 诉争商标注册文件涉嫌伪造，B公司系以欺骗手段取得诉争商标注册，其实际使用行为证明其注册诉争商标具有明显的主观恶意，违反了2001年《商标法》第41条第1款的规定及诚实信用原则。

国家知识产权局、B公司服从一审判决。

二审法院认为，引证商标于2010年被认定为驰名商标，距离诉争商标申请日较远，且在案证据不足以证明引证商标在诉争商标申请日前达到驰名商标的状态。因此，诉争商标的注册未违反2001年《商标法》第13条第2款的规定；在案其他证据均难以证明诉争商标申请注册时系采用欺骗手段获准注册。此外，在案证据亦不足以认定诉争商标系通过其他不正当手段获准注册。A公司的相关上诉理由不能成立，二审法院不予支持。

## 三、A公司申请再审

A公司不服二审判决，向最高人民法院申请再审，主要理由为：(1) 家具公司及其原商标申请注册诉争商标具有明显的恶意，诉争商标本身构成对家纺公司在先注册的第1182822号驰名商标的复制、摹仿，违反了2001年《商标法》第13条第2款的规定。(2) 诉争商标系以欺骗手段取得诉争商标的注册，违反2001年《商标法》第41条第1款及诚实信用原则。(3) 家具公司及其关联公司在商标转让阶段以欺骗手段获得诉争商标的行为，同样违反2001年《商标法》第41条第1款及诚实信用原则。

B公司提交意见称：(1) 诉争商标原申请人在申请诉争商标时尽到了合理注意义务，驰名商标遵循按需认定原则，在诉争商标申请之前，引证商标远未达到驰名的程度，本案诉争商标是否违反2001年《商标法》第13条第2款应当严格基于诉争商标申请时的事实、法律进行认定。诉争商标的注册申请不会导致相关公众“混淆”，也未对引证商标形成“淡化”。本案无认定引证商标为驰名商标的必要。(2) 诉争商标在转让程序中材料存在瑕疵，不能推定诉争商标申请时系通过欺骗手段取得。

最高人民法院通过审理认为，本案争议焦点为：(1) 诉争商标是否违反2001年《商标法》第13条第2款的规定；(2) 诉争商标是否违反2001年《商标法》第41条第 1 款的规定。最高人民法院最终认定诉争商标违反 2001 年《商标法》第 13 条第 2 款的规定，但没有违反 2001 年《商标法》第 41 条第 1 款的规定，即不构成采取虚构或者隐瞒事实真相骗取商标注册的行为。

## 【主要法律问题】

（1）诉争商标是否违反 2001 年《商标法》第 13 条第 2 款的规定？

（2）诉争商标是否违反 2001 年《商标法》第 41 条第 1 款的规定？

## 【主要法律依据】

### 一、《商标法》（2019 年修正）[1]

第 13 条　为相关公众所熟知的商标，持有人认为其权利受到侵害时，可以依照本法规定请求驰名商标保护。就相同或者类似商品申请注册的商标是复制、摹仿或者翻译他人未在中国注册的驰名商标，容易导致混淆的，不予注册并禁止使用。就不相同或者不相类似商品申请注册的商标是复制、摹仿或者翻译他人已经在中国注册的驰名商标，误导公众，致使该驰名商标注册人的利益可能受到损害的，不予注册并禁止使用。

第 14 条第 1 款　驰名商标应当根据当事人的请求，作为处理涉及商标案件需要认定的事实进行认定。认定驰名商标应当考虑下列因素：（1）相关公众对该商标的知晓程度；（2）该商标使用的持续时间；（3）该商标的任何宣传工作的持续时间、程度和地理范围；（4）该商标作为驰名商标受保护的记录；（5）该商标驰名的其他因素。

第 44 条第 1 款　已经注册的商标，违反本法第 4 条、第 10 条、第 11 条、第 12 条、第 19 条第 4 款规定的，或者是以欺骗手段或者其他不正当手段取得注册的，由商标局宣告该注册商标无效；其他单位或者个人可以请求商标评审委员会宣告该注册商标无效。

### 二、《最高人民法院关于审理涉及驰名商标保护的民事纠纷案件应用法律若干问题的解释》（2020 年修正）

第 9 条第 2 款　足以使相关公众认为被诉商标与驰名商标具有相当程度的联系，而减弱驰名商标的显著性、贬损驰名商标的市场声誉，或者不正当利用驰名商标的市场声誉的，属于《商标法》第 13 条第 3 款规定的“误导公众，致使该驰名商标注册人的利益可能受到损害”。

## 【理论分析】

### 一、诉争商标违反了 2001 年《商标法》第 13 条第 2 款的规定

我国对于驰名商标的保护，始于 2001 年《商标法》，该法第 13 条规定了未注册驰

[1] 本案审理时适用《商标法》（2001 年修正），相关法条对应于《商标法》（2019 年修正）第 13 条、第 14 条、第 44 条，理论分析中所引用法条均为《商标法》（2001 年修正）。

名商标和注册驰名商标的特殊保护措施，第14条规定驰名商标的认定标准，第41条规定了注册驰名商标的撤销制度（2013年《商标法》修改为无效）。

本案诉争商标于2001年注册，引证商标1997年注册，因而适用2001年《商标法》。依据2001年《商标法》第13条第2款的规定，要认定诉争商标注册无效，就必须认定：（1）诉争商标复制、摹仿了引证商标；（2）引证商标在诉争商标注册前已经是驰名商标；（3）诉争商标的使用误导公众，致使该驰名商标注册人的利益可能受到损害。

第一，诉争商标复制、摹仿了引证商标。本案中，诉争商标为中文“富丽真金”的简体及对应的拼音，引证商标为“富麗真金”及螺旋状图形。将两个商标相比对，主要构成要素、识别部分均包括“富麗（丽）真金”字样，仅是繁体与简体的区别，且中文呼叫一致，构成近似。从二者核定使用的类别来看，诉争商标核定使用的“床架、家具、床”等商品在第20类，引证商标核定使用的“床罩、被子、床单”等商品在第24类，虽然属于不同群组，但均属家居生活用品范畴，在用途、生产部门、销售渠道、消费群体等方面存在一定重合，具有很强的关联性和互补性，足以使相关公众认为诉争商标与驰名商标具有相当程度的联系。

第二，引证商标在诉争商标注册前已经是驰名商标。A公司提交了大量证据以证明引证商标权利人对其商标及商品做了大量的宣传，其提供了诉争商标申请日前引证商标相关知名度的证据：A公司1998年至2001年的审计报告，证明家纺公司的相关产品1998年至2000年的销量很大，销售网络遍布全国各个地区；部分合作的商场对于2001年之前富麗真金家纺商品销售情况的说明，1997年至1999年与部分商场签订的合同，湖南卫视总编室针对“富麗真金”1997年至2003年的广告宣传情况出具的证明及提供的视频，湖南卫视《乡村发现》制片人对“富麗真金”的冠名、广告播出情况的证明，《乡村发现》栏目经营经理对“富麗真金”在节目中广告播出的证明；A（湖南）公司1997年至2001年在湖南电视台播出的《快乐大本营》、1999年1月至2000年12月在湖南电视台播出的《乡村发现》热播电视栏目中投放了“富麗真金”家纺产品的广告等。A公司还提交了国家图书馆检索报告，2000年11月，《江南都市报》《信息日报》的经济新闻中提道：“由伊丽莎白婚纱摄影公司、富麗真金床上用品、香江家具城、戴梦得珠宝、庄吉服饰、大成建材超市、天天渔港大酒店、艳阳天婚庆公司等南昌市颇具知名度的八大商家”。以上证据足以体现引证商标的宣传情况、实际使用情况及相关公众对其知晓程度，可以认定引证商标在诉争商标申请日前在“床罩、被子及床单”商品上已为相关公众所熟知。

第三，诉争商标的使用误导公众，致使该驰名商标注册人的利益可能受到损害。从诉争商标的注册及使用来看，B公司存在明显恶意。在湖南省高级人民法院545号案的庭审中，B公司法定代表人陈某某称：“考虑到A公司的富麗真金品牌在市场上有一定的名气，但其注册在第24类，所以我选择在第20类注册了简写的富麗真金加拼音的商标。”B公司和A公司同处湖南省经营关联行业，在明知引证商标的知名度和显著性的情况下，理应遵守诚实信用原则，注意合理避让而不是恶意攀附引证商标的知名度和良好商誉。但根据再审查明的事实，B 公司在其产品外包装、门店名片、宣传资料上，多处标注的企业名称含有“富麗真金”字样，在门店宣传资料中宣称该企业品牌源自中国台湾地区，系出名门。并且在产品包装、说明书、宣传展示资料上使用的商标标注字样为“富麗真金”，而非其注册的诉争商标。在 B 公司的家居卖场、店招、宣传册、广告栏、门店名片上，亦大量使用了“富麗真金”标识或文字。在 B 公司的网站、微信和门店宣传资料上，宣传购买“富麗真金”床垫，赠送“富麗真金”春秋被、舒适枕等床上产品。依据 2009 年《最高人民法院关于审理涉及驰名商标保护的民事纠纷案件应用法律若干问题的解释》第 9 条第 2 款的规定，足以使相关公众认为被诉商标与驰名商标具有相当程度的联系，而减弱驰名商标的显著性、贬损驰名商标的市场声誉，或者不正当利用驰名商标的市场声誉的，属于 2001 年《商标法》第 13 条第 2 款规定的“误导公众，致使该驰名商标注册人的利益可能受到损害”，B 公司的使用行为明显是误导公众，致使 A 公司的利益可能受到损害的行为。

综上，诉争商标的注册系对 A 公司在中国已注册驰名商标在不同或不相类似商品上的复制和摹仿，误导公众，致使 A 公司的利益可能受到损害的行为，违反了 2001 年《商标法》第 13 条第 2 款，应不予注册并禁止使用。

### 二、诉争商标并未违反 2001 年《商标法》第 41 条第 1 款的规定

根据该条规定可知，欺骗手段通常是指诉争商标注册人在申请注册商标时，采取了向商标行政主管机关虚构或者隐瞒事实真相、提交伪造的申请书或者其他证明文件，以骗取商标注册的行为。

A 公司主张诉争商标在申请注册之时和转让之时均系采取欺骗手段。根据上述证据可知，诉争商标转让时提交的营业执照注册号对应的为陈某某名下的其他个体工商户，B 公司在二审诉讼中提交的情况说明亦承认营业执照系由陈某某名下“株洲市文某家具经营部”涂改个体工商户名称并加盖“株洲市普某床具厂”印章而来。由此可以认定诉争商标由株洲市普某床具厂转让给 B 公司的转让手续明显存在伪造情形。但本案应考察的是诉争商标注册时有无欺骗或不正当手段，2001 年《商标法》第 41 条规定的主要是相关行为人之欺骗或不正当手段是否影响相关商标获准注册，并非所有的不当行为均导致违反 2001 年《商标法》第 41 条之后果。A 公司以在国家企业信用查询系统中查询不到株洲市普某床具厂的工商登记信息为由，主张诉争商标注册采取了欺骗手段事实依据不足，故认定诉争商标注册未违反 2001 年《商标法》第 41 条第 1 款并无不当。

## 【思考题】

（1）对于驰名商标的特殊保护，我国商标法是如何逐步完善的？

（2）如何理解驰名商标跨类保护中的“误导公众，致使驰名商标注册人的利益可能受到损害”要件？

CHAPTER 4 第四章

# 反不正当竞争法专题

## 本章知识要点

（1）诚实信用原则作为《中华人民共和国反不正当竞争法》（以下简称《反不正当竞争法》[1]）中认定不正当竞争行为的一般条款，是每个经营者在生产经营活动中都应当遵循的基本准则。在具体认定时，应当首先排除该行为不属于《反不正当竞争法》中明确列举的不正当竞争行为，并且只有该行为确实对其他经营者的合法权益造成了损害，违反诚实信用原则和公认商业道德而具有不正当性，不制止不足以维护公平竞争秩序的情况下，才可以适用《反不正当竞争法》第 2 条的规定予以规制。同时，认定过程不能违反或偏离《反不正当竞争法》第 1 条的立法目的，避免因不适当扩大不正当竞争范围而妨碍自由、公平竞争。（2）市场经营者为了在市场竞争中取得优势地位，有时会采取各种不正当竞争行为，如仿冒行为，其在自己的商品或者服务上不正当地使用他人的标志，使自己的商品或者服务与他人经营的商品、服务相混淆，牟取不正当利益。具体表现为擅自使用其他经营者特有的、为公众所周知的注册商标、商品的包装、装潢、名称或者各种质量标志，导致消费者混淆和市场混乱。这种仿冒行为又被称作“搭便车”行为，它使本应属于正当经营者的利益为不正当竞争者所获，破坏了公平竞争的市场秩序，应当受到《反不正当竞争法》规制。（3）2019 年《反不正当竞争法》修改了与商业秘密有关的条款，目的是加大对商业秘密的保护。新法从商业秘密的侵权方式、侵权主体、侵权范围、侵权损害赔偿、民事诉讼举证责任五个方面入手，改善了以往权利人举证难、保护难的问题，有效地保护了权利人的利益。但与此同时，新法之下法院的自由裁量权也进一步扩张，如何正确理解和适用新修法条，平衡各方利益，维护公平、自由的竞争秩序，需要在今后的司法实践中进一步探索和研究。（4）在《反不正当竞争法》修改之前，对于网络中的不正当竞争纠纷，大多通过《反不正当竞争法》第 2 条“一般条款”来调整，但是“一般条款”作为原则性条款，过分介入司法实践会损害法律的权威性，为了应对互联网领域不断出现的新型不正当竞争行为，2017 年《反不正当竞争法》

[1] 若无特殊说明，本书中的《反不正当竞争法》均指 2019 年《反不正当竞争法》。

第 12 条设立了“互联网专条”，这对于网络世界中类似的竞争纠纷提供了更明确的解决之路。

## 第一节　不正当竞争认定原则

《反不正当竞争法》以“一般条款+具体事例”的条文结构来规制不正当竞争行为。“具体事例”即《反不正当竞争法》第二章列举的各类不正当竞争行为；而“一般条款”指的是《反不正当竞争法》第 2 条第 1 款的规定，即经营者在生产经营活动中，应当遵循自愿、平等、公平、诚信的原则，遵守法律和商业道德。该条因具有抽象性、概括性的特征，在司法实践中发挥着一般条款的功能。由于一般条款是《反不正当竞争法》的原则性规定，不具有明确的构成要件，在司法实践中存在着广泛的解释空间，故明确《反不正当竞争法》一般条款的适用逻辑显得尤为重要。

本节主要探讨不正当竞争行为中一般条款的适用问题，本节案例涉及未经许可在关键词广告中使用商标的行为的定性问题，该案例是适用一般条款的典型案例。司法实践中，由于一般条款的抽象性等特点，使得该原则性条款的适用标准难以精准确定。法院在分析论证网络竞价排名中商标隐性使用不构成商标侵权的判断基础上，对竞价排名行为进行积极探索，对一般条款的司法适用进行全面深入的分析，处理好了一般条款与具体事例的关系，确立了二者协调适用的相关规则，使得《反不正当竞争法》的体系更加完善。

### 案例　A 公司诉 B 公司等不正当竞争纠纷案[1]

#### 【基本案情】

#### 一、当事人基本情况

A 公司设立于 1989 年 2 月 1 日，经营范围包括摄影、婚纱礼服的出租、零售、商业特许经营（限“金夫人”商标、商号）等。其于 2002 年 12 月 28 日获准注册第 1979849 号“金夫人 GOLDENLADY 及图”（指定颜色）商标，核定服务项目（第 42 类）为摄影、出租婚纱礼服，有效期至 2022 年 12 月 27 日。2006 年 10 月 12 日，商标局作出批复，认定 A 公司使用在第 42 类摄影、出租婚纱礼服的服务项目上的“金夫人 GOLDENLADY 及图”注册商标为驰名商标。2007 年 11 月，中国市场与品牌管理委员

---

[1] 参见江苏省南京市玄武区人民法院（2016）苏 0102 民初 120 号民事判决书、江苏省南京市中级人民法院（2016）苏 01 民终 8584 号民事判决书、江苏省高级人民法院（2017）苏民申 2676 号民事裁定书。

会授予A公司中国市场连锁加盟十佳首选品牌。2008年6月，中国品牌研究院授予“金夫人”品牌为中国婚纱摄影行业标志性品牌，有效期为两年。2010年12月26日，商务部国际贸易经济合作研究院信用评级与认证中心授予A公司“诚信中国·十大诚信企业”荣誉证书。

B公司设立于2003年9月2日，注册资本为380万元，经营范围包括婚纱摄影、礼服出租、零售、婚庆礼仪服务等。

C公司为国内知名搜索引擎服务提供商，面向市场经营者推出竞价排名推广服务。

## 二、A公司提起侵权诉讼

A公司发现在C公司搜索栏中输入关键词为“金夫人”，搜索栏下方第一行文字显示“金夫人集团官方网站”，第二行文字显示“中国十大杰出婚纱影楼、全国婚纱摄影名店、美国PPA认证”，第三行至第六行文字显示“金夫人婚纱摄影”全国各主要城市站以及“全球旅拍”“作品赏析”等。页面下方出现搜索信息，第一条为“上海婚纱摄影KOREA品牌MACITOO拍婚纱3.7折优惠”，第二条为“南京婚纱摄影NO.1中国高端影楼领军品牌米兰尊荣”，第三条为“金夫人婚纱摄影【官网】婚纱摄影、婚纱照、婚纱影楼首选、百万用户”。点击第一行“金夫人集团官方网站”后显示：“金夫人婚纱摄影集团，中国婚纱摄影行业受欢迎品牌，300万新人共同选择，金夫人专注婚纱摄影26年，遍布全国27座省市，拥有300余家连锁经营店，外景拍摄遍布全球……”A公司据此认为B公司使用“金夫人”作为搜索关键词，并参加C公司的竞价排名推广服务，使其公司的标题、描述及网址链接可以在搜索结果页面显示，构成商标侵权，即使不构成商标侵权，也应是虚假宣传的不正当竞争行为，故向江苏省南京市玄武区人民法院提起诉讼。

## 三、法院判决

一审法院认为：（1）在婚纱摄影服务类别中，A公司与B公司向社会公众提供的是同一种类型的服务。（2）消费者如果在“金夫人”的关键词下搜索婚纱摄影服务企业信息时，希望获取的搜索结果应是与A公司存在关联的全部信息，而非在与A公司有关的信息中又混杂了其他企业的无关信息；同时，与A公司没有任何关联关系的B公司的企业信息，非常显著地出现在“金夫人”驰名商标的信息搜索结果中，极大提高了B公司网站信息的被点击率和被关注度，以及其提供的婚纱摄影服务被购买的可能性，容易导致消费者错误认为享有涉案驰名商标权利的A公司与B公司之间，具有商标许可使用或者属于关联企业等特定联系，导致消费者作出两者品牌服务相同的错误判断和取舍。上述错误信息的显著展示以及消费者因此可能产生的错误认识，已经构成商标法律规定的“容易导致混淆”的情形。（3）B公司未经作为驰名商标权利人的A公司许可，在互联网上擅自使用与涉案驰名商标文字相同的搜索关键词，在A公司的信息搜索结果中加入其网站信息，足以导致消费者混淆两公司作为婚纱摄影服务的不同提供者。B公司的行为已经侵犯了A公司的注册商标专用权。

关于C公司的搜索竞价排名行为是否构成共同侵权，法院认为：(1) 网络搜索引擎服务商提供的关键词搜索竞价排名服务，因为完全具备了有偿性、目的性和媒介传播的显著特点，事实上属于一种广告发布行为，搜索引擎服务商实质上就是广告发布者。(2)“金夫人”关键词的搜索结果，不是搜索引擎自然排序的结果，而是C公司主动干预的竞价排名结果。C公司在展示竞价排名结果时没有尽到谨慎注意义务，在搜索页上没有同时作出明显的广告标注，使得消费者无法识别搜索结果的排列方式，容易让消费者将竞价排名结果理解为自然排名结果，将广告信息误认为正常信息。同时，由于搜索页所展示的结果信息，不仅包括A公司信息，还有与“金夫人”关键词没有任何关系的其他品牌婚纱摄影企业的信息，且其他企业的信息链接更是处于搜索页面的显著位置，因此大大提高了无关企业网站被消费者点击的概率和被关注的程度，相应地降低了A公司的婚纱摄影服务被消费者购买的可能性，致使其利益可能受到损害。所以，C公司在提供关键词搜索竞价排名服务时，未尽到充分提醒消费者的谨慎注意义务，通过主动干预为B公司的侵权行为提供了便利条件，在主观上存在明显的故意，C公司的行为已经侵犯了A公司享有的驰名商标权利，应当承担共同侵权责任。

C公司不服上述判决，向法院提起上诉。二审法院认定B公司、C公司的行为不构成商标侵权，也不构成不正当竞争。

A公司不服二审判决，提起再审申请，其主要理由有：(1) 对金夫人关键词的隐性使用应当认定为商标性使用。搜索者已经对混杂在“金夫人”网站链接之间的B公司的网站所代表的服务来源产生误认，错误以为与A公司存在关联，构成商标性使用。(2) 即使本案属于非商标性使用，也对商标功能造成了损害，A公司对商标的独占性使用权利确实受到损害，丧失了沉淀于“金夫人”品牌上的商誉利益，也使得A公司必须付出更高的广告成本才能保证其网站能够排在第一位。(3) B公司的行为，使A公司失去了部分潜在的商业交易机会，损害A公司的利益，“金夫人”广泛的知名度，潜在消费者搜索、寻找“金夫人”摄影服务，搜索结果就是商业场景；B公司故意干预自然搜索结果，增加其网站曝光率，通过其引导减少了A公司网站用户，违反诚实信用原则，损害了A公司的利益。

法院最终驳回了A公司的申请。

## 【主要法律问题】

(1) B公司使用他人注册商标作关键词广告是否构成不正当竞争？
(2) 如何判定具体行为违反《反不正当竞争法》中的一般条款？

## 【主要法律依据】

### 1993年《反不正当竞争法》[1]

第2条　经营者在市场交易中，应当遵循自愿、平等、公平、诚实信用的原则，

[1] 本案审理时适用1993年《反不正当竞争法》。

遵守公认的商业道德。本法所称的不正当竞争，是指经营者违反本法规定，损害其他经营者的合法权益，扰乱社会经济秩序的行为。本法所称的经营者，是指从事商品经营或者营利性服务（以下所称商品包括服务）的法人、其他经济组织和个人。

第9条　经营者不得利用广告或者其他方法，对商品的质量、制作成分、性能、用途、生产者、有效期限、产地等作引人误解的虚假宣传。广告的经营者不得在明知或者应知的情况下，代理、设计、制作、发布虚假广告。

**【理论分析】**

## 一、B公司使用他人注册商标作关键词广告是否构成不正当竞争

### （一）关键词广告的应用及其引起的法律纠纷

网络环境中的关键词广告，又称网络竞价排名，是随着互联网发展而诞生的新型广告，其本质上是以搜索引擎为工具的一种网络推广服务。基本运营模式为：市场经营者为了获得优势商业地位，向搜索引擎平台（或电商平台）购买关键词推广服务，进入搜索引擎系统后台，选择相应的关键词，将关键词与自己的网站相关联，对自己的网站进行推广。当网络用户以该关键词在搜索引擎中进行搜索时，市场经营者的网站链接便会出现在相对靠前的位置，甚至排在自然搜索链接之前。当一个关键词被多个市场经营者购买时，其网站链接以市场经营者对关键词出价高低依次排序。

商标具有广告功能，以商标做关键词广告是商家常用的广告形式，根据关键词广告商标使用的情形，可将其划分为两类：一类是显性使用行为，即市场经营者将关键词设置为与商标相同或近似的文字，并将该商标展示在其网站链接或网页中。另一类被称作隐性使用行为，即市场经营者只是在搜索引擎内部将商标作为关键词，并未在网站链接或网页中显示该关键词。隐性使用行为是否导致商标侵权或构成不正当竞争，目前理论界和司法实务界还没有定论。

关键词广告作为一种全新的商业模式，为搜索引擎平台带来了巨大利益，也使得市场经营者获得了更多的商业机会，成为一种新型的网络营销模式。市场经营者通过搜索引擎服务商的技术手段，为自己的产品或服务进行宣传本属正常。但实践中，一些商家却将为公众熟知的他人商标作为关键词，进行显性使用[1]或隐性使用，当用户输入该关键词时，自己的网站链接就排在自然搜索结果的前列或者醒目的位置，吸引了用户的关注或人为转移用户的注意力，无形中将竞争对手的潜在客户吸引到自己一方，这种获取竞争优势的做法引发了法律纠纷。

### （二）B公司行为不构成引人误解的虚假宣传

1993年《反不正当竞争法》第9条第1款规定，经营者不得利用广告或者其他方

[1] 现有的司法判例已经认定显性使用行为构成商标性使用。2020年国家知识产权局发布第一批知识产权行政执法指导案例，其中1号指导案例“邓白氏”商标侵权纠纷案认定，将他人注册商标作为广告搜索关键词使用并在结果页面显示他人注册商标的行为构成商标使用。

法，对商品的质量、制作成分、性能、用途、生产者、有效期限、产地等作引人误解的虚假宣传。《最高人民法院关于审理不正当竞争民事案件应用法律若干问题的解释》第 8 条第 1 款规定，经营者具有下列行为之一，足以造成相关公众误解的，可以认定为《反不正当竞争法》第 9 条第 1 款规定的引人误解的虚假宣传行为：（1）对商品作片面的宣传或者对比的；（2）将科学上未定论的观点、现象等当作定论的事实用于商品宣传的；（3）以歧义性语言或者其他引人误解的方式进行商品宣传的。

本案中，A 公司主张，即使 B 公司不构成商标侵权，也应是虚假宣传的不正当竞争行为，故可以适用上述条款来判断 B 公司的行为是否构成不正当竞争。B 公司将"金夫人"文字作为其参与竞价排名推广的关键词之一，使得其包括标题、描述、网址链接的推广内容在搜索后出现在结果页面中。B 公司的该行为既未对商品作片面的宣传或对比，也未以歧义性语言或其他引人误解的方式进行商品宣传，更不是将科学上未定论的观点、现象当作定论的事实用于商品宣传。故不符合法律、司法解释规定的虚假宣传的不正当竞争行为的构成要件。本案的关键词隐性使用行为没有包含在《反不正当竞争法》所列举的 11 种不正当竞争行为中，对于法律没有明确规定的竞争行为是否具有正当性，只能依据该法第 2 条判断其是否违反诚实信用原则和公认的商业道德。

（三）B 公司的行为未违反《反不正当竞争法》中的一般条款

A 公司与 B 公司系同行业竞争者，其在本案主张的合法权益均基于其注册、使用的涉案商标而产生。如前所述，B 公司设置推广链接的行为并未对涉案商标的功能产生损害，未损害 A 公司就涉案商标享有的权益。至于 A 公司所称的商业机会，虽然可以作为一种受到《反不正当竞争法》保护的利益，但其本身并非一种法定权利，而且交易的达成并非完全取决于单方的意愿而需要交易双方的合意，因此他人可以自由参与竞争来争夺交易机会。竞争对手之间对商业机会的争夺是竞争的常态，亦为市场竞争所鼓励和提倡。只有竞争对手在争夺商业机会时不遵循诚实信用原则，违反公认的商业道德，通过不正当的手段获取他人可以合理预期获得的商业机会，才为《反不正当竞争法》所禁止。网络用户用某一商标作为搜索词进行搜索的目的具有多重性。因搜索服务提供商同时提供自然搜索和关键词推广服务，以该商标设置推广链接关键词的行为并不影响商标权人的网页或广告同时出现在自然搜索结果（且通常位于第一位）中。只要设置的推广链接对其商品来源及相关信息作了清楚而不引人误解的描述，在面对自然搜索结果和推广链接中出现的多种商品或服务时，相关公众仍会从综合衡量各方提供商品或服务的价格、质量、功能等因素的基础上选择进行交易的对象，这也符合市场交易的常态。

本案中，B 公司设置的推广链接的标题、描述及其公司网站的内容足以表明其提供的服务的来源，并未故意造成与 A 公司的服务的混淆误认或使人认为二者有特定的联系。B 公司设置推广链接的行为亦未导致 A 公司的网络链接不能出现在搜索结果中或导致其排序处于不易被网络用户识别的位置。故 B 公司的行为未导致搜索"金夫人"

信息的网络用户因在搜索结果中不能发现或难以发现A公司的网站链接或者因对B公司的服务的混淆误认而错误地选择B公司的服务。虽然B公司以A公司涉案商标中的“金夫人”文字作为推广链接的关键词有借此增加其网站及服务广告出现在搜索结果中的机会的意图，但综合考虑其设置的推广链接的具体情形、关键词广告市场特性以及网络用户的认知水平等因素，其行为尚未达到违反诚实信用原则和公认的商业道德的程度。B公司所设推广链接及其公司网站并未借用A公司的名义，也未导致相关公众对服务来源产生混淆误认，其行为亦不属于利用了A公司的商誉。

因此，B公司设置关键词推广链接的行为并未对A公司的合法权益造成实际损害，其行为不构成不正当竞争。

### 二、违反一般条款的判定步骤

我国《反不正当竞争法》针对不正当竞争行为采取了“一般条款+具体事例”的立法技术。“一般条款”即为《反不正当竞争法》第2条，“具体事例”则是指《反不正当竞争法》中第二章所列举的虚假宣传、商业诋毁等具体的不正当竞争行为。在独立适用《反不正当竞争法》的一般条款时，应当严格遵守最高人民法院在“海带配额案”[1]中所明确的独立适用《反不正当竞争法》一般条款的严格条件，即“一是法律对该种竞争行为未作出特别规定，二是其他经营者的合法权益确因该竞争行为而受到了实际损害，三是该种竞争行为因确属违反诚实信用原则和公认的商业道德而具有不正当性或者说可责性”。本案中，B公司将A公司“金夫人”作为C公司推广服务的关键词的行为，其目的是增加该公司网站的点击量，增加该公司的知名度，希望为其带来潜在的商业交易机会，但这种商业交易机会并非法定权利，A公司也未提供证据证明B公司的行为实质性损害了A公司的正当利益或消费者利益。B公司仅在系统后台设置关键词，A公司官网链接仍排搜索结果第一位、B公司链接只排在第三位，B公司链接描述内容及点击打开后的网站中并无“金夫人”商标等相关内容，B公司的行为并未使相关公众产生混淆误认，也未误导消费者，A公司官网并未使用本案涉案商标，结合关键词广告市场特性以及网络用户的认知水平等因素，综合认定B公司的行为尚未达到违反诚实信用原则和公认的商业道德的程度，并无不当。

**【思考题】**

（1）关键词广告的概念。

（2）未经许可隐性使用他人注册商标作关键词广告是否构成不正当竞争？

---

[1] 参见最高人民法院（2009）民申字第1065号民事判决书。

# 第二节　仿冒行为

本节主要涉及商业标识的仿冒问题，1993年《反不正当竞争法》第5条专门规定了对知名商品特有的名称、装潢等的保护，2017年《反不正当竞争法》在此基础上进行了一定程度的修改，将其作为防止混淆，制止“搭便车”的条款，有效规制了日益扩大的不正当竞争行为。本节案例主要涉及对《反不正当竞争法》第6条的解释和适用。法院在该案中适用该条款对擅自使用他人有一定影响的装潢的不正当竞争行为进行规制，有效地遏制了经营者的仿冒行为，法院在该案中所阐述的“一定影响”“装潢”的认定过程，为以后该抽象条款的理解与适用指明了方向，对于此类案件的裁判也有着重要影响。

## 案例　A公司与B公司不正当竞争纠纷案[1]

### 【基本案情】

A公司是位于英国的著名汽车制造和销售商。2009年2月，A公司推出五门版“揽胜极光”车型汽车，并于2010年12月20日在第八届中国（广州）国际汽车展览会上首次亮相。“汽车之家”“新浪汽车”等网站公开多幅“揽胜极光”车型的照片，并报道称“此次是这款车首次在中国大陆地区发布”。2011年7月4日，该五门版“揽胜极光”车型汽车正式投入生产，并于2011年11月8日进入中国市场。2004年7月至2013年11月，“太平洋汽车网”“车主之家”“网易汽车”等网络媒体报道A公司的多款汽车荣获中国消费者最喜爱品牌、2009年度十佳车等荣誉。“揽胜极光”车型荣获我国《新快报》杂志评选的2011年最受关注SUV车型，荣获2011年BBC《Top Gear》杂志年度最佳车型，获评2011年英国《汽车快讯》杂志年度最佳车型，荣获2012年度世界汽车最佳设计及英国2013年最佳车型榜最佳豪华车等荣誉。根据中国汽车工业协会网站转载的新闻报道，“揽胜极光”车型的汽车“截至2014年12月，全球销量累计38万辆，其中中国市场累计销量超过8.5万辆，2014年在华销量更是突破3.4万辆”。中国大陆地区的经销商名录显示，截至2015年3月30日，A公司在中国大陆地区经销商近200家，遍布全国大部分省市。安徽、江苏、浙江、上海等地的部分经销商2011年至2015年，每年为“揽胜极光”车型支出广告宣传费17.5万元至78万元。

[1] 参见北京市朝阳区人民法院（2016）京0105民初10383号民事判决书、北京知识产权法院（2019）京73民终2033号民事判决书。

B公司为国内某汽车厂家，2013年11月6日，B公司将涉案“陆风X7”车型申请了第201330528×××.5号、名为“越野车（陆风E32车型）”的外观设计专利。2016年6月3日，专利复审委员会作出第29146号无效宣告请求审查决定，将“揽胜极光”车型设计作为对比设计后，认定从整体上观察，该专利与对比设计在整体视觉效果上没有明显区别，宣告该外观设计专利权全部无效。B公司不服，针对该决定提起行政诉讼。2018年3月26日，北京知识产权法院作出（2016）京73行初4497号一审行政判决书，撤销第29146号决定。2018年11月28日，北京市高级人民法院作出（2018）京行终4169号二审行政判决书，认定陆风E32车型专利与“揽胜极光”对比设计相比，二者之间的差异未达到“具有明显区别”的程度，该二审判决撤销一审判决，驳回B公司的诉讼请求。

2014年7月25日，A公司向B公司发送律师函，认为其即将发布的“陆风X7”车型与“揽胜极光”车型在外观上非常近似，侵害了A公司的著作权并构成不正当竞争，希望B公司至少对车身线条（轮廓线），特别是车身侧面设计等，作出实质性修改。后A公司发现B公司不仅在网站上宣传推广“陆风X7”车型，而且已经实际销售过万辆。A公司认为“揽胜极光”车型汽车在中国已具有相当的市场知名度，为相关公众所知悉。“揽胜极光”车型汽车采用了自身特有的下压式车顶、悬浮式车顶、上扬的特征线条、蚌壳式发动机盖、整车轮廓造型五大独特装潢设计。这些设计属于具有装饰作用的汽车整体和局部的外观构造，为形状构造类的商品装潢。经宣传和销售，“揽胜极光”车型的独特设计，已具有区别商品来源的作用，足以使相关公众将该独特装潢与A公司商品及服务联系在一起，属于受2017年《反不正当竞争法》保护的“有一定影响的装潢”。而B公司推出“陆风X7”车型的汽车，与“揽胜极光”车型在外观视觉上基本无差别，并具有“揽胜极光”车型上述五大独特装潢设计，易使相关公众将两车型混淆，B公司生产、展示、预售、销售“陆风X7”汽车的行为属于擅自使用与A公司有一定影响的装潢相同或近似标识的不正当竞争行为，上述行为同时也违背了诚实信用原则和应遵守的商业道德。A公司以不正当竞争为由向法院提起诉讼。

2018年3月26日，一审法院作出判决认为：首先，A公司请求保护的装潢为“揽胜极光”汽车外观，包括下压式车顶、悬浮式车顶、上扬的特征线条、蚌壳式发动机盖、整车轮廓造型等五点设计特征。根据（2018）京行终4169号二审行政判决书的认定，汽车外观的整体立体形状和各个组成部件的布局均存在较大的设计空间。根据A公司提交的证据显示“揽胜极光”汽车形状装潢与“揽胜极光”汽车及A公司已经建立起了稳定的市场联系，起到了区分不同经营者所经营的同类汽车的作用。经过A公司的长期宣传和使用，相关公众能够将“揽胜极光”汽车所使用的形状构造装潢，与A公司的特定型号汽车商品联系起来，从而起到识别商品来源的作用。其次，B公司的“陆风X7”汽车的形状装潢与“揽胜极光”汽车的形状装潢在包括悬浮式车顶、下压式车顶、上扬特征线条、发动机盖、整车轮廓等五点具体设计在内的整体视觉效果上构成近似，B公司的“陆风X7”汽车使用了A公司“揽胜极光”汽车的装潢。最后，网络用户在“汽车之家”网站的“陆风 X7”汽车帖子下的留言以及公证书中大量关于涉案两车型对比评论的新闻报道，可以证明 B 公司使用在“陆风 X7”汽车上的形状装潢，足以导致相关公众将其与 A 公司的“揽胜极光”汽车发生混淆和误认。

综上，一审法院认为，B 公司的涉案行为已违反 2017 年《反不正当竞争法》[1] 第 6 条第（1）项的规定，构成了擅自使用与他人有一定影响的商品装潢相同或近似的标识的不正当竞争行为，引起了市场混淆，损害了 A 公司的合法利益和商业信誉。

B 公司不服一审判决，向北京知识产权法院提起上诉，请求撤销一审判决。主要上诉理由为：（1）一审判决事实认定错误。A 公司所主张的“揽胜极光”车型设计不属于《反不正当竞争法》规定的具有显著性并有一定影响的装潢，也不属于知名商品特有的装潢。首先，车型本身不能成为形状构造类装潢。装潢的目的是装饰性的而非功能性的、附带性的，不能是产品本身，而涉案车型明显具有技术功能，系“由商品自身的性质产生形状，为获得技术效果而需有的商品形状以及使商品具有实质性价值的形状”。其次，A 公司的车型设计并非其独有的、排他性的，不具有区分产品来源的显著性。最后，一审判决对于 A 公司商品的“知名度”的认定证据不足。根据最高人民法院的司法解释，证明商品的知名度时必须对商品的销售时间、销售区域、销售额和销售对象、进行宣传的持续时间、程度和地域范围，作为知名商品受保护的情况等因素进行证明，但 A 公司并没有提供充足的证据给予证明，认定其“揽胜极光”车型具有知名度证据明显不足。（2）一审法院对于是否造成消费者混淆的认定存在严重错误。首先，构成混淆的判断主体应当是车辆的“购买者”，而不是评论者或者网民，A 公司没有证据证明涉案车型的购买者系基于混淆错误而购买的涉案车型。其次，在判断产品来源混淆性方面，汽车作为高价值商品，商标、销售渠道、销售价格、产品说明等在判断来源方面应当具有更多比重，更能区别不同的产品来源，A 公司没有任何证据证明消费者在购买时可能作出混淆。因此，即使 A 公司的涉案车型构成具有显著性并有一定影响的装潢，B 公司的涉案车型也与其不构成近似，不会造成相关消费者的混淆。

二审法院审理后作出判决：B 公司的涉案行为构成不正当竞争。

## 【主要法律问题】

（1）A 公司的“揽胜极光”车型设计是否属于有一定影响的装潢？

（2）B 公司的涉案行为是否构成不正当竞争？

---

[1] 本案中，A 公司主张的被控不正当竞争行为虽发生于 2017 年《反不正当竞争法》修订之前，但在案证据不能证明涉案行为已于该法修订并施行之前停止，故参照《最高人民法院关于商标法修改决定施行后商标案件管辖和法律适用问题的解释》第 6 条的规定以及法的溯及力理论，本案实体问题的审理应适用 2017 年《反不正当竞争法》。

## 【主要法律依据】

### 一、2019 年《反不正当竞争法》[1]

第 6 条 经营者不得实施下列混淆行为，引人误认为是他人商品或者与他人存在特定联系：（1）擅自使用与他人有一定影响的商品名称、包装、装潢等相同或者近似的标识；（2）擅自使用他人有一定影响的企业名称（包括简称、字号等）、社会组织名称（包括简称等）、姓名（包括笔名、艺名、译名等）；（3）擅自使用他人有一定影响的域名主体部分、网站名称、网页等；（4）其他足以引人误认为是他人商品或者与他人存在特定联系的混淆行为。

### 二、《最高人民法院关于审理不正当竞争民事案件应用法律若干问题的解释》

第 2 条 具有区别商品来源的显著特征的商品的名称、包装、装潢，应当认定为《反不正当竞争法》第 5 条第（2）项规定的“特有的名称、包装、装潢”……

第 4 条 足以使相关公众对商品的来源产生误认，包括误认为与知名商品的经营者具有许可使用、关联企业关系等特定联系的，应当认定为《反不正当竞争法》第 5 条第（2）项规定的“造成和他人的知名商品相混淆，使购买者误认为是该知名商品”。在相同商品上使用相同或者视觉上基本无差别的商品名称、包装、装潢，应当视为足以造成和他人知名商品相混淆。认定与知名商品特有名称、包装、装潢相同或者近似，可以参照商标相同或者近似的判断原则和方法。

## 【理论分析】

### 一、A 公司“揽胜极光”车型设计属于有一定影响的装潢

首先，最高人民法院在（2010）民提字第 16 号民事裁定书中指出：“商品的装潢的字面含义是指商品的装饰，它起着美化商品的作用。一般而言，凡是具有美化商品作用、外部可视的装饰，都属于装潢。在外延上，商品的装潢一般可以分为如下两种类型：一类是文字图案类装潢，即外在于商品之上的文字、图案、色彩及其排列组合；另一类是形状构造类装潢，即内在于物品之中，属于物品本体但具有装饰作用的物品的整体或者局部外观构造，但仅由商品自身的性质所决定的形状、为实现某种技术效果所必需的形状以及使商品具有实质性价值的形状除外。现实生活中大多数装潢都可归为这两种类型。尽管该两种类型的装潢在表现形态上存在差异，但都因其装饰美化作用而构成商品的装潢。如果把装潢仅仅理解为附加、附着在商品本体上的文字、图案、色彩及其排列组合，就会把商品自身的外观构造排除在外，从而不恰当地限缩了装潢的范围。”据此，《反不正当竞争法》所保护的商品装潢，不仅指为识别与美化商品而在商品或者其包装上附加的文字、图案、色彩及其排列组合，也包括属于物品本体但具有装饰作用的物品整体或者局部外观构造，但由商品自身的性质产生的形状，

---

[1] 本案审理时适用 2017 年《反不正当竞争法》。

为获得技术效果而具有的商品形状以及使商品具有实质性价值的形状除外。无论是文字图案类装潢还是形状构造类装潢，其之所以受《反不正当竞争法》保护，不在于其具有新颖性或者独创性，而在于该装潢具有显著性，能够起到区别商品来源的作用。通过对商品装潢的保护，能够制止市场混淆行为，防止消费者对不同经营者经营的同类商品产生混淆误认，从而保护该商品装潢上凝结的经营者商誉。本案中，A公司主张的“揽胜极光”汽车外观五个设计特点整体上具有区别于一般汽车外观常见设计的特征，具有商品装潢应有的显著性。而且，A公司所举证据可显示出，在“揽胜极光”汽车形状装潢与A公司分离时，相关公众依然将使用“揽胜极光”汽车形状装潢的汽车认为属于A公司出品。可见，“揽胜极光”汽车形状装潢已经具有显著性，且与A公司建立起稳定的市场联系。

其次，《反不正当竞争法》所保护的商品装潢还应该具有一定知名度、影响力。根据A公司提交的“揽胜极光”车型2010年至2015年在全国各地参加车展的报道，被外国知名汽车类平面或互联网媒体宣传推广，以及各地经销商对该汽车持续的广告宣传，均可以证明“揽胜极光”车型具备宣传持续时间长、宣传范围广的特征。同时，该车型还获得了国内外众多奖项，为国内外汽车行业及媒体知晓并认可，在相关公众中亦具有一定知晓度，足以证明该车型有一定市场声誉。此外，根据中国汽车工业协会网站转载的“揽胜极光”车型的销量报道，以及该车型经销商名录、声明等证据，可以证明该车型在我国销售时间较长、销售量较高、销售范围较广。

最后，虽然B公司提交了若干用以证明“揽胜极光”车型仅具有实用功能的论文，该组证据显示“楔形造型能有效地克服升力，改善汽车行驶稳定性”“增加棱线有利于提升抗凹性能”。但“楔形”系指数学中不规则的平面图形，不指向具体的角度、线条的组成和形状，论文中也未提及线条上扬具有任何功能性作用，故该证据尚不能证明涉案“揽胜极光”汽车外观的车窗形状及上扬的特征线条是由于功能性作用的实现而具有的形状构造，也不能证明“揽胜极光”汽车形状装潢系基于功能而设计。

因此，经过A公司的长期宣传和使用，相关公众能够将“揽胜极光”汽车所使用的形状构造装潢，与A公司的特定型号汽车商品联系起来，从而起到识别商品来源的作用。故涉案“揽胜极光”汽车外观作为形状装潢，符合2017年《反不正当竞争法》第6条第（1）项规定的“有一定影响的装潢”的情形。

## 二、B公司涉案行为构成不正当竞争

### （一）B公司的“陆风X7”汽车使用了A公司“揽胜极光”汽车的装潢

A公司的“揽胜极光”汽车实车与B公司的“陆风X7”汽车实车对比，两者在车身比例、车身上半部分侧面外轮廓、侧面线条及主要特征线条，以及前、后面外轮廓、部件位置关系及主要线条的分割等方面均基本相同，两者呈现的三维立体形状和整体造型基本相同。此外，“陆风X7”汽车实车在悬浮式车顶、下压式车顶、上扬特征线条、发动机盖、整车轮廓等设计方面，均与“揽胜极光”汽车实车基本一致。两者的不同点仅在细节上，如前面中部区域进气格栅内部栅条、贯穿车灯和进气格栅的金属条有无、辅助进气口的大小和形状、前雾灯的位置和形状等。根据（2018）京行终4169号二审行政判决的认定，“陆风X7”汽车外观设计专利与“揽胜极光”对比设计的不同点对整体视觉效果的影响权重明显较小，二者之间的差异未达到“具有明显区别”的程度。因此，B公司的“陆风X7”汽车的形状装潢与“揽胜极光”汽车的形状装潢在包括悬浮式车顶、下压式车顶、上扬特征线条、发动机盖、整车轮廓等五点具体设计在内的整体视觉效果上构成近似，B公司的“陆风X7”汽车使用了A公司“揽胜极光”汽车的装潢。

（二）B公司的“陆风X7”汽车装潢容易导致相关公众发生混淆误认

2017年《反不正当竞争法》中规定的造成混淆的后果为“引人误认为是他人商品或者与他人存在特定联系”。据此可知，判断混淆与否应指具有发生混淆或者误认的可能性，而非需要实际发生混淆或者误认。本案中，“揽胜极光”汽车装潢与“陆风X7”汽车装潢在整体视觉效果上相似，在五点独特设计上一致，相关公众施以一般注意力，容易对A公司及B公司提供的商品的来源发生混淆和误认。根据在案证据，网络用户在“汽车之家”网站的“陆风X7”汽车帖子下的留言以及公证书中大量关于涉案两车型对比评论的新闻报道，可以证明B公司使用在“陆风X7”汽车上的形状装潢，足以导致相关公众将其与A公司的“揽胜极光”汽车发生混淆和误认。B公司关于汽车商品具有特殊性，其品牌、销售场所及渠道、价格等决定了相关公众不会因汽车外观产生混淆误认的主张，均缺乏事实依据。

综上，B公司的涉案行为已违反2017年《反不正当竞争法》第6条第（1）项的规定，构成了擅自使用与他人有一定影响的商品装潢相同或近似的标识的不正当竞争行为，引起了市场混淆，损害了A公司的合法利益和商业信誉。

**【思考题】**

如何理解2019年《反不正当竞争法》第6条中的“有一定影响”？

## 第三节　侵犯商业秘密行为

1993年颁布的《反不正当竞争法》首次将“商业秘密”纳入其中。2017年修订的《反不正当竞争法》对商业秘密进行了重大修改，对商业秘密的侵权方式增加了“贿赂”“欺诈”等，并且在侵权责任承担上加大了对商业秘密的保护。2019年修正的《反不正当竞争法》主要是围绕商业秘密的保护进行的全面修改：（1）完善了商业秘密的定义，由原来的封闭式列举改为开放式列举：“本法所称商业秘密，是指不为公众所知悉、具有商业价值并经权利人采取相应保密措施的技术信息、经营信息等商业信息”。（2）扩大了侵权主体的范围，从立法层面对员工、前员工是否可以作为第9条的调整对象作出表态，[1] 明确规定，“经营者以外的其他自然人、法人和非法人组织实施前款所列违法行为的，视为侵犯商业秘密”。(3) 扩充了侵犯商业秘密行为的类型。将网络环境中的以“电子侵入”手段获取他人商业秘密的行为列为不正当竞争行为。同时还增加“教唆、引诱、帮助他人违反保密义务或者违反权利人有关保守商业秘密的要求，获取、披露、使用或者允许他人使用权利人的商业秘密”。(4) 提高了侵犯商业秘密的法定赔偿额，引入了侵犯商业秘密的惩罚性赔偿制度。(5) 新增商业秘密侵权诉讼中的举证责任转移条款，要求权利人提交商业信息构成商业秘密的初步证据及该商业秘密受侵犯的初步证据，而被诉侵权人则被要求证明该商业秘密不满足“三性”要件，或构成商业秘密但是并未侵犯该商业秘密，举证不能者承担由此带来的不利后果。

有鉴于此，本节案例主要涉及《反不正当竞争法》第 9 条的解释和适用。法院在该案中适用该条款对侵犯商业秘密的自然人、法人进行规制，有效遏制了不正当竞争行为。同时，法院在该案中对商业秘密的概念进行解读，详细阐述了实用性、秘密性、保密性的认定过程，对此类案件的裁判有着重要影响。

## 案例　A 公司与 B 公司等不正当竞争纠纷案[2]

### 【基本案情】

A 公司成立于 2014 年 1 月 2 日，经营范围为道路普通货物运输、汽车租赁等。谭某于 2014 年 1 月 15 日至 2015 年 3 月 26 日任 A 公司执行董事兼经理、法定代表人，陈某任该公司车辆调度。谭某、陈某 2014 年 11 月 26 日分别认缴出资额 125 万元，与尚某、刘某共同发起成立了 B 公司，注册资金 500 万元；陈某担任 B 公司监事；经营范围亦为普通货物运输、汽车租赁等。谭某、陈某 2015 年 7 月不再担任 A 公司职务，离开 A 公司。2015 年 8 月、9 月，二人先后返回 A 公司工作。2015 年 10 月 A 公司经理解某安排谭某、陈某办理本公司在 C 公司的投标工作，三人在投标前商定标底下浮 8% 的幅度。B 公司亦派法定代表人廖某参加了此次招投标，并以标底下浮 10% 取得 C 公司越野车服务合同评标审查第一名。B 公司 2016 年 1 月 1 日与招标单位签订值班车服务合同，中标工作量为第一标段；D 公司以暂定 25 辆车、暂定价款 730 万元中标，其工作量为第二标段；A 公司以暂定 20 辆车、暂定价款 610 万元签订值班车服务合同，中标工作量为第三标段。2016 年 1 月 19 日，招标单位 C 公司通知 B 公司不再使用该公司车辆服务。

---

[1] 北京市高级人民法院知识产权庭课题组.《反不正当竞争法》修改后商业秘密司法审判调研报告［J］. 电子知识产权，2019 (11)：65-85.

[2] 参见新疆维吾尔自治区克拉玛依市中级人民法院 (2016) 新 02 民初 87 号民事判决书、新疆维吾尔自治区高级人民法院 (2017) 新民终 53 号民事判决书、最高人民法院 (2018) 最高法民再 389 号民事判决书。

A公司认为谭某、陈某在为A公司办理招投标事宜的同时，还在同时负责B公司的招标工作，最终B公司取得了第一名。综上，A公司认为谭某、陈某在投标过程中，利用自己掌握A公司标底的便利条件，泄露A公司的经营秘密，B公司利用谭某、陈某泄露的A公司标底，进行不正当竞争，致使B公司以第一名中标，A公司仅得第三名，给A公司造成了巨大损失。A公司认为，B公司、谭某、陈某恶意串通，侵犯A公司商业秘密，构成不正当竞争，随即将其起诉至法院。

一审法院认为：(1) 商业秘密具有三性，即实用性、秘密性和保密性。在本案中，A公司为获取招标单位的车辆服务合同，而制作的降幅较大的投标标书的实用性、在开标之前具有的秘密性是不言而喻的。故本案A公司的投标标书具备实用性、秘密性和保密性，属于商业秘密。(2) 谭某、陈某虽是公司一般业务工作人员，A公司亦未与谭某、陈某签订保密协议，但A公司就招标单位C公司制作的投标文件及A公司经理解某与谭某、陈某三人商定的下浮8%的降价幅度均系A公司的经营秘密，标书的秘密属性要求任何知道标书内容的人都应负有保密的义务，标书所有人对标书进行封存即可看作是对标书采取了保密措施，而且这种保密措施也达到了法律要求的标准，具有保密性。如果标书知晓人泄露、使用了标书中的内容，给所有人带来损失，就应当承担侵害商业秘密的赔偿责任。谭某、陈某作为长期从事汽车租赁行业从业人员，对投标的标书及标底降幅为商业秘密应当明知。故谭某、陈某与B公司的行为侵犯A公司商业秘密。

A公司、B公司、谭某均不服一审判决，提起上诉。[1]

二审法院认为：1993年《反不正当竞争法》第10条第3款规定，本条所称的商业秘密，是指不为公众所知悉、能为权利人带来经济效益、具有实用性并经权利人采取保密措施的技术信息和经营信息。《最高人民法院关于审理不正当竞争民事案件应用法律若干问题的解释》第14条规定，当事人指称他人侵犯其商业秘密的，应当对其拥有的商业秘密符合法定条件、对方当事人的信息与其商业秘密相同或者实质相同以及对方当事人采取不正当手段的事实负举证责任。其中，商业秘密符合法定条件的证据，包括商业秘密的载体、具体内容、商业价值和对该项商业秘密所采取的具体保密措施等。本案中，A公司主张投标文件和涉案标底降幅作为本案的商业秘密范围，上述主张只有符合“不为公众所知悉”“能为权利人带来经济利益及竞争优势，具有实用性”“权利人采取相应的保密措施”三个法定条件，即符合秘密性、实用性和保密性，才构成法律保护的商业秘密。且A公司对其主张的投标文件和涉案标底降幅构成商业秘密的法定条件负有举证责任。A公司称谭某对其公司制作投标标书的内容完全知情，但根据其提供的证据仅能证明谭某知晓A公司的标底降幅比例，并不能证明其参与了A公司的全部投标文件制作工作，知晓投标标书的全部内容。关于涉案标底降幅是否构成商业秘密的问题。根据本案查明的事实，第一，A公司制作的含有涉案报价下浮比

[1] 二审期间，陈某因病去世，原审原告申请撤回对陈某的起诉，获得许可。

例的投标标书在开标之前都必须采取密封措施，不为公众及其他投标单位所知悉，因此具有秘密性。第二，《最高人民法院关于审理不正当竞争民事案件应用法律若干问题的解释》第10条规定，有关信息具有现实的或者潜在的商业价值，能为权利人带来竞争优势的，应当认定为《反不正当竞争法》第10条第3款规定的“能为权利人带来经济利益、具有实用性”。根据A公司在一审中提交的证据可以看出，涉案招标文件的评审标准分为技术部分和商务部分两部分，共包含九项评审项目。商务部分中的商务报价作为九项中的其中一项，占总评审分值构成的30%，该部分分值虽然较其他八项占有更大比例，但商务报价的分数高低，仍非决定投标单位是否中标的决定性因素，因此标底降幅在最终的评审结果中不一定会为投标单位带来竞争优势。此外，从《招标结果报审表》的结果来看，第二名D公司的报价标底降幅比A公司少，但名次仍排在A公司之前，由此亦可证明标底降幅并不一定会为A公司带来经济利益及竞争优势。且A公司亦不能向二审法院说明涉案投标文件和标底降幅存在的市场竞争优势等特殊内容，故不应认定涉案标底降幅具有符合法律规定的实用性。第三，《最高人民法院关于审理不正当竞争民事案件应用法律若干问题的解释》第11条规定，权利人为防止信息泄露所采取的与其商业价值等具体情况相适应的合理措施，应当认定为《反不正当竞争法》第10条第3款规定的“保密措施”。人民法院应当根据所涉信息载体的特性、权利人保密的意愿、保密措施的可识别程度、他人通过正当方式获得的难易程度等因素，认定权利人是否采取了保密措施。具有下列情形之一，在正常情况下足以防止涉密信息泄漏的，应当认定权利人采取了保密措施：(1) 限定涉密信息的知悉范围，只对必须知悉的相关人员告知其内容；(2) 对于涉密信息载体采取加锁等防范措施；(3) 在涉密信息的载体上标有保密标志；(4) 对于涉密信息采用密码或者代码等；(5) 签订保密协议；(6) 对于涉密的机器、厂房、车间等场所限制来访者或者提出保密要求；(7) 确保信息秘密的其他合理措施。A公司提交的证据不能证明A公司限定了涉案标底降幅的知悉范围只限于陈某、谭某，A公司亦未提供相关证据证明其与谭某签署了相关的保密协议或在单位内部对该标底降幅采取足以防止信息泄露的防范措施等。A公司现有证据不能证明其主张的涉案投标文件和标底降幅符合商业秘密的法定构成要件，故二审法院认定，A公司主张的商业秘密不成立。但谭某在任B公司股东期间，同时受雇于A公司，并在明知A公司与B公司在涉案招标活动中存在竞争关系的情况下，未向A公司如实说明情况，仍代表A公司参加招标活动，其上述行为违反了市场竞争中的诚实信用原则，属于违反竞业禁止的行为。不过，A公司诉请的基础系侵害商业秘密的不正当竞争行为，竞业禁止与不正当竞争系两种法律关系，A公司在本案中并不是主张竞业禁止法律关系，故二审法院对竞业禁止法律关系在本案中不予评判。

A公司不服上述判决，向最高人民法院申请再审，认为B公司、谭某的行为侵犯了A公司的商业秘密，构成不正当竞争。

最高人民法院再审作出如下判决：撤销一审判决和二审判决，B公司、谭某的行为侵犯 A 公司的商业秘密。

**【主要法律问题】**

（1）A 公司的投标文件、A 公司经理与谭某商议的标底降幅是否是商业秘密？
（2）B 公司、谭某的行为是否构成不正当竞争？

**【主要法律依据】**

**一、2019 年《反不正当竞争法》**[1]

第 9 条　经营者不得实施下列侵犯商业秘密的行为：（1）以盗窃、贿赂、欺诈、胁迫、电子侵入或者其他不正当手段获取权利人的商业秘密；（2）披露、使用或者允许他人使用以前项手段获取的权利人的商业秘密；（3）违反保密义务或者违反权利人有关保守商业秘密的要求，披露、使用或者允许他人使用其所掌握的商业秘密；（4）教唆、引诱、帮助他人违反保密义务或者违反权利人有关保守商业秘密的要求，获取、披露、使用或者允许他人使用权利人的商业秘密。经营者以外的其他自然人、法人和非法人组织实施前款所列违法行为的，视为侵犯商业秘密。第三人明知或者应知商业秘密权利人的员工、前员工或者其他单位、个人实施本条第一款所列违法行为，仍获取、披露、使用或者允许他人使用该商业秘密的，视为侵犯商业秘密。本法所称的商业秘密，是指不为公众所知悉、具有商业价值并经权利人采取相应保密措施的技术信息、经营信息等商业信息。

**二、《最高人民法院关于审理不正当竞争民事案件应用法律若干问题的解释》**

第 9 条　有关信息不为其所属领域的相关人员普遍知悉和容易获得，应当认定为《反不正当竞争法》第 10 条第 3 款规定的“不为公众所知悉”。具有下列情形之一的，可以认定有关信息不构成不为公众所知悉：（1）该信息为其所属技术或者经济领域的人的一般常识或者行业惯例；（2）该信息仅涉及产品的尺寸、结构、材料、部件的简单组合等内容，进入市场后相关公众通过观察产品即可直接获得；（3）该信息已经在公开出版物或者其他媒体上公开披露；（4）该信息已通过公开的报告会、展览等方式公开；（5）该信息从其他公开渠道可以获得；（6）该信息无需付出一定的代价而容易获得。

**【理论分析】**

**一、A 公司的投标文件、A 公司经理与谭某商议的标底降幅属于商业秘密**

（一）商业秘密的概念

根据 1993 年《反不正当竞争法》第 10 条第 3 款规定，商业秘密应当具有实用性、

[1] 本案审理时适用 1993 年《反不正当竞争法》。

秘密性和保密性。实用性是指能为权利人带来经济利益，它能使商业秘密的所有人因掌握商业秘密而获得竞争上的优势。秘密性是指不为公众所知悉，即不为社会公众包括通常处理所涉信息范围的人普遍知道或者容易获得。保密性是指采取保密措施，即所有人主观上将该信息视为秘密，并且采取适当的保密措施以维持信息的保密性。

（二）投标文件及标底降幅构成商业秘密

投标文件由投标人自行制作，在开标之前必然采取密封措施，这是招投标活动的应有之义。涉案标书内容中的标底降幅不为公众和其他投标单位所知晓，因此具有秘密性。《最高人民法院关于审理不正当竞争民事案件应用法律若干问题的解释》第 11 条规定，权利人为防止信息泄漏所采取的与其商业价值等具体情况相适应的合理保护措施，应当认定为《反不正当竞争法》第 10 条第 3 款规定的“保密措施”。人民法院应当根据所涉信息载体的特性、权利人保密的意愿、保密措施的可识别程度、他人通过正当方式获得的难易程度等因素，认定权利人是否采取了保密措施。本案中 A 公司主张的经营信息载体为投标标书，A 公司标书的制作限于参与投标活动的人员范围，并且标书的天然秘密属性要求任何知道标书内容的人都应负有保密的义务，标书所有人对标书进行封存即可看作是对标书采取了保密措施，而且这种保密措施也达到了法律要求的标准，因此具有保密性。《最高人民法院关于审理不正当竞争民事案件应用法律若干问题的解释》第 10 条规定，有关信息具有现实的或者潜在的商业价值，能为权利人带来竞争优势的，应当认定为《反不正当竞争法》第 10 条第 3 款规定的“能为权利人带来经济利益、具有实用性”。结合涉案的招标文件中评标办法的内容，商务报价占总评分分值的 30%，并且每下浮 1%，加 2 分。在百分制的评分中，标底降幅的作用是显而易见的。在标书开封之前，竞标者的标底降幅能使其保有一定的竞争优势，一旦中标就能给所有人带来经济利益。因此，虽然能否最终中标取决于竞标者的技术部分及商务部分的综合得分，但是不能据此否认标底降幅在竞标能力中的贡献。尤其在标底降幅为其他竞标者获悉的情况下，不仅将使该竞标人丧失竞争优势，更使其处于不利境地。A 公司主张的标底降幅符合商业秘密的构成要件，属于商业秘密中的经营信息，应当予以保护。

## 二、B 公司、谭某的行为构成不正当竞争

1993 年《反不正当竞争法》第 10 条规定，经营者不得采用下列手段侵犯商业秘密：……（3）违反约定或者违反权利人有关保守商业秘密的要求，披露、使用或者允许他人使用其所掌握的商业秘密。第三人明知或者应知前款所列违法行为，获取、使用或者披露他人的商业秘密，视为侵犯商业秘密。本案中，A 公司的标书中列明的联系人为谭某，在案证据能够证明谭某代表 A 公司参与了涉案招投标活动。谭某作为 A 公司参与投标的直接经办人员，理应尽到忠诚和保密义务，其作为 B 公司的发起人，明知 A 公司参与了此次招投标活动还让 B 公司参与竞标，难谓善意。A 公司 8% 的标底降幅为谭某知悉，考虑到谭某的双重身份，B 公司设定 10% 标底降幅，难谓巧合。B 公

司在标底降幅上获得了较大的竞争优势，最终以 86.43 分获得评标第一名，中标第一标段。A 公司以 82 分获得评标第三名，中标第三标段。B 公司对 A 公司的得分领先优势几乎是在标底降幅上产生的 4 分差距。谭某在 A 公司举报后不久即迅速转让了其在 B 公司的股权。结合本案的案情，可以认定谭某存在违反保密义务向 B 公司泄露标底的行为，B 公司亦存在明知谭某违法披露仍然获取并使用 A 公司商业秘密的行为。故认定谭某、B 公司的行为侵害了 A 公司的商业秘密，构成不正当竞争。

**【思考题】**

2019 年《反不正当竞争法》对商业秘密的相关规定作了哪些修改，起到了什么效果？

## 第四节　网络不正当竞争行为

伴随着电子商务的深入发展，互联网环境下的不正当竞争行为亟需规制，对此，《反不正当竞争法》第 12 条专门对互联网环境下的不正当竞争行为进行了规定，理论界统称为“互联网专条”。“互联网专条”是一种突破性尝试，无论是理论上还是司法实践上都存在进一步完善的必要。2021 年 8 月 17 日，国家市场监督管理总局公布了《禁止网络不正当竞争行为规定》（征求意见稿），该规定第 1 条开门见山地表达其宗旨是制止和预防网络不正当竞争行为，实质上是对“互联网专条”规定的进一步细化，这表明从总体上看，“互联网专条”的尝试符合我国目前经济发展现状，顺应时代发展需求，相信随着理论和实践的发展，该条在未来的法律修改中，会得到进一步的完善，发挥其应有之义。

“互联网专条”通过“概括+列举+兜底”的立法模式，尽可能对日益多样化和复杂化的互联网不正当竞争行为进行有限规制。本节案例涉及对《反不正当竞争法》第 12 条“兜底条款”的理解与适用。法院在该案中为判断软件插件是否构成不正当竞争行为提供了相对清晰和完整的分析框架，为未来法院处理类似案件提供了明确的指引。

### 案例　A 公司等与 B 公司等不正当竞争纠纷案[1]

**【基本案情】**

A 公司等是微信即时通信系统软件的开发商，其开发出微信即时通信系统软件并

[1] 参见深圳市中级人民法院（2017）粤 03 民初 773 号民事判决书、广东省高级人民法院（2019）粤民终 2093 号民事判决书。

经营微信即时通信服务，向用户提供服务，A公司享有核定使用在第9类计算机、计算机软件、计算机程序（可下载软件）等商品上“微信及图”的注册商标专用权，注册有效期自2013年3月28日至2023年3月27日。A公司于2014年10月30日向国家版权局就软件名称为“腾讯微信软件【简称：微信】V5.3”申请“软著登字第0332962号”著作权登记。该登记证书显示，著作权人为A公司，软件开发完成日期为2011年1月21日，首次发表日期为2011年1月21日，权利取得方式为原始取得，权利范围为全部权利，登记号为2014SR163722。A公司经营微信网站，该网站向网民提供微信即时通信软件的下载服务，包括微信网页版、微信MAC版和微信Windows版。网络用户要使用微信即时通信服务，需要先通过智能手机、电脑等用户终端登录A公司微信网站下载微信即时通信软件，然后按与A公司达成的微信即时通信软件安装协议注册成为微信用户，再登录时即可使用微信通信服务。A公司的微信即时通信系统有其特定操作界面和许多项特定使用功能，比如微信通信、通讯录、添加朋友、朋友圈、钱包等。

B公司于2015年7月21日成立，经营范围包括计算机软件的设计、销售、网络技术开发等。C公司于2016年6月1日成立，该公司的经营范围包括计算机软硬件的技术服务、技术开发、手机及软件的研发销售等。B公司、C公司开发、运营数据精灵软件，使用该软件并配合B公司、C公司提供的特定微信版软件、天下游软件（以上3个软件统称为数据精灵软件包），可以在手机终端上实现A公司正版微信软件服务不具有的“定点暴力加粉、公众号图文回复、关键词回复、一键点赞和评论、通讯录好友群发、微信群自动回复、定点摇一摇、微信群好友一键添加、微信群自动推广、多账号自由切换、通讯录好友群发、微信群群发、朋友圈内容一键转发”13项特殊功能。

A公司认为这13项特殊功能与A公司正版微信软件服务形成交互关系，干扰了A公司等微信服务的运行数据，破坏了A公司微信服务的系统运营环境和商业模式，损害了A公司利益，构成不正当竞争。遂将B公司、C公司起诉至深圳市中级人民法院。

一审法院认为，A公司研发并经营微信即时通信服务，根据B公司、C公司的经营业务，其亦从事互联网即时通信的研发与推广服务，二者之间存在竞争关系。A公司具有较高的市场知名度，已形成良好的商业信誉，为相关公众所熟知。B公司、C公司作为市场竞争者，其在主观上知道或应当知道A公司微信服务的市场知名度、经营模式、微信各项功能、用途以及服务协议。并且A公司提供的微信即时通信服务由A公司单独经营，A公司以外的其他网络服务经营者未经许可，不参与微信即时通信服务。B公司、C公司未经A公司许可，将其研发的数据精灵软件包以服务平台和分销平台方式向用户兜售，并擅自将数据精灵软件的功能与A公司微信软件在使用时形成交互关系，具体表现为两个方面：一方面，数据精灵软件上述13项特殊功能的实现需要不断向A公司微信软件的服务器发送数据，从而实现二者之间数据与信息交换；另一方面，当用户购买数据精灵软件后，其按购买目的通常会使用数据精灵软件的上述13项特殊功能，从而与A公司、微信用户之间实现信息交流。B公司、C公司的行为会大量增加A公司微信服务的数据量和数据流，进而导致A公司微信服务器的运营负担加大，为保持微信服务器运营的稳定性，A公司显然会加大微信服务器的运营投入，从而给A公司造成经济损失。当用户使用上述13项特殊功能时，极易诱使用户群发商品或服务广告，导致A公司微信服务充斥数据精灵用户发布的各类商业广告，这会降低A公司微信用户的用户体验；用户误以为这是A公司的行为，从而导致A公司微信用户对微信服务产生不满，进而损害A公司微信服务的商誉。综上，B公司、C公司研发、运营数据精灵软件的行为，妨碍、破坏了A公司等向用户合法提供微信服务，给A公司造成损害，构成不正当竞争。

B公司、C公司不服一审判决，向广东省高级人民法院提起上诉，其主要上诉理由为：B公司等与A公司不存在竞争关系。“数据精灵”宣传的特殊功能针对的是许多微信用户的痛点，不仅没有破坏A公司的竞争优势，反而增加了A公司的优势。

二审法院认为，本案A公司等起诉后，《反不正当竞争法》已修正。一审开庭中经当庭审查，被诉行为仍在持续，至一审判决作出时，无证据证明被诉行为已停止。本案适用2019年修正的《反不正当竞争法》。经审理，二审法院最终作出驳回上诉，维持原判的判决。

## 【主要法律问题】

（1）原被告双方是否存在竞争关系？

（2）B公司、C公司的行为是否构成不正当竞争？若构成，属于什么类型的不正当竞争行为？

## 【主要法律依据】

### 2019年《反不正当竞争法》

第1条　为了促进社会主义市场经济健康发展，鼓励和保护公平竞争，制止不正当竞争行为，保护经营者和消费者的合法权益，制定本法。

第2条　经营者在生产经营活动中，应当遵循自愿、平等、公平、诚信的原则，遵守法律和商业道德。本法所称的不正当竞争行为，是指经营者在生产经营活动中，违反本法规定，扰乱市场竞争秩序，损害其他经营者或者消费者的合法权益的行为。本法所称的经营者，是指从事商品生产、经营或者提供服务（以下所称商品包括服务）的自然人、法人和非法人组织。

第12条　经营者利用网络从事生产经营活动，应当遵守本法的各项规定。经营者不得利用技术手段，通过影响用户选择或者其他方式，实施下列妨碍、破坏其他经营者合法提供的网络产品或者服务正常运行的行为：（1）未经其他经营者同意，在其合法提供的网络产品或者服务中，插入链接、强制进行目标跳转；（2）误导、欺骗、强迫用户修改、关闭、卸载其他经营者合法提供的网络产品或者服务；（3）恶意对其他经营者合法提供的网络产品或者服务实施不兼容；（4）其他妨碍、破坏其他经营者合法提供的网络产品或者服务正常运行的行为。

## 【理论分析】

### 一、原被告双方存在竞争关系

#### (一) 竞争关系的概念

我国《反不正当竞争法》在规制不正当竞争行为时，通常需要考虑当事人双方是否存在竞争关系。竞争关系是认定不正当竞争的要件之一，[1] 对于竞争关系，学理上有狭义的竞争关系与广义的竞争关系之分。狭义的竞争关系，是指从事相同行业的经营者为了争夺交易机会而发生的关系。广义的竞争关系，是指只要经营者之间争夺交易机会，获取市场优势地位，就可以认定存在竞争关系，与是否从事相同行业无关。

#### (二) 竞争关系的认定

根据1993年《反不正当竞争法》第2条“经营者违反本法规定，损害其他经营者的合法权益”的文义解释，不正当竞争行为仅限于竞争者之间实施的行为，并且以行为人与受害人之间为同业竞争者为前提，也就是狭义的竞争关系，司法实践中也存在将同业竞争关系作为判定是否构成不正当竞争的前提。[2] 通常情况下，只有同业经营者之间存在竞争，不正当竞争行为主要体现在同业竞争者对于市场和顾客的争夺，不过，随着互联网的发展，市场经营者为了谋取市场优势地位，逐渐采用一些突破同业竞争的手段，即一些行为不是直接针对竞争对手，也无法通过扩张解释认定原被告之间具有同业竞争关系，但这些行为不正当性质明确，需要由《反不正当竞争法》规范，于是很多案件中法院明确抛弃了同业竞争关系的概念。由于同业竞争关系概念的打破，《反不正当竞争法》的调整范围也显示出扩大的趋势。2010年最高人民法院在百某公司诉奥某网络公司等不正当竞争案[3]曾指出竞争关系的主体应当限于市场经营者之间，经营者与非经营者，例如，经营者与消费者之间不存在竞争关系，因为经营者行为具有直接或间接的营利目的。竞争关系的范围包括但不限于狭义的竞争关系。也就是说不仅经营同类商品或服务的经营者之间存在竞争关系，只要竞争者的行为违反了《反不正当竞争法》的竞争原则，就可认定存在竞争关系。

这也表明，我国司法实践对于竞争关系的认识由狭义的竞争关系发展到广义的竞争关系。也就是说，只要市场经营者的行为对其他经营者的利益造成了损害或损害的可能性，并且该经营者可能由此获利，就可以认定两者之间的竞争关系，而不考虑双方是否为同业经营者。广义的竞争关系使得不正当竞争行为的外延扩展，《反不正当竞争法》规制对象不再局限于竞争对手之间的竞争行为，非竞争对手之间存在的不正当

---

[1] 吕方. 加大知识产权司法保护的法律适用问题——最高人民法院民事审判第三庭庭长蒋志培访谈［J］. 法律适用，2005（2）：33.

[2] 参见北京市高级人民法院（2000）高知初字第19号民事判决书。

[3] 参见山东省青岛市中级人民法院（2009）青民三初字第110号民事判决书。

损害其他经营者利益的情况，同样由《反不正当竞争法》来规范，有效地应对了互联网发展带来的一系列新型竞争行为。

（三）原被告双方存在竞争关系

从上述分析可知，竞争关系仍是判断不正当竞争行为的前提条件，并且随着我国新的反不正当竞争法对国际立法趋势的响应与借鉴，其可以施加的对象更加具体，也更具操作性。具体到本案中，B 公司、C 公司主张，“数据精灵”宣传的特殊功能针对的是许多微信用户的痛点，不仅没有破坏 A 公司的竞争优势，反而增加了其优势，不构成竞争关系，这些功能本身没有修改微信软件的任何操作，而是通过“越狱”行为修改手机底层软件系统实现，没有破坏微信软件的系统运行环境和商业模式，也没有对其交易对象进行争夺。但是，A 公司研发并经营微信即时通信服务，而 B 公司、C 公司亦从事互联网即时通信的研发与推广服务，并且 B 公司“数据精灵”的 13 项功能，客观上加大了微信服务器的运营投入，从而给 A 公司造成经济损失，降低了用户的使用体验，损害了 A 公司的商誉。故无论是以狭义的同业竞争关系判断，还是以广义的竞争关系判断，A 公司与 B 公司、C 公司之间都具有竞争关系。

## 二、B 公司、C 公司的行为构成不正当竞争

本案属于典型的软件插件类争议类型。B 公司、C 公司的“数据精灵”程序插件使微信用户获得微信程序原本并不具备的应用功能，例如，定点暴力加粉、公众号图文回复、关键词回复、一键点赞和评论等 13 项特殊功能。B 公司、C 公司的插件虽然有助于用户获取更多微信本身不具备的功能，但这是以牺牲其他用户的利益为前提的，13 项特殊功能会导致微信中广告推销、垃圾信息过多，损害其他用户的体验和对微信程序功能的信任，甚至会损害系统安全。法院最终认定，被告提供此类插件的行为构成 2019 年《反不正当竞争法》第 12 条中“其他妨碍、破坏其他经营者合法提供的网络产品或者服务正常运行的行为”。在具体认定上，主要从以下四点出发。

（一）其他经营者的合法权益受到侵害

作为直接参与市场竞争行为的主体，其他经营者的利益应受《反不正当竞争法》保护。本案中，A 公司在其合法、正常提供微信产品和服务中，享有商业机会和竞争利益，其民事利益应予保护。从《A 公司微信软件许可及服务协议》对微信软件产品及服务的介绍和声明内容，以及微信的实际运营情况来看，A 公司将微信作为以社交为基础的产品及服务，致力于为用户提供文明健康、规范有序的网络环境，追求客观真实、规范有序、安全稳定的社交信息交互。为此，A 公司不仅大量投入微信软件的研发设计，还长期进行产品和服务相关的运营维护，现有证据也反映出微信已拥有庞大的月活跃用户数，具有极高的市场知名度和影响力，A 公司也因此拥有了能为其带来良好商业利益和竞争优势的商业模式。“数据精灵”软件强行改变并增加功能，其高频次、大范围、自动发送、与不特定用户人群交互信息的功能特征，干扰了微信软件的使用和运行，甚至与正版软件的功能存在直接冲突，其后果很可能是用户体验下降、

使用率降低、评价降低、用户流失等，微信的市场知名度和美誉度将因此遭受影响。除了破坏微信的社交生态环境外，“数据精灵”还会引发服务器过载、信息内容不安全等风险，对信息系统和数据安全产生不良影响。以上，对A公司的商业模式、市场利益、竞争利益都造成了损害。

（二）消费者的合法权益受到损害

作为市场行为作用对象和结果承受者的消费者，其福利与竞争行为息息相关，在立法进程中，《反不正当竞争法》的调整范围和视野有所拓宽，现行《反不正当竞争法》已将消费者合法权益作为与保护经营者、保护不受扭曲的竞争同样重要的保护对象，予以明文规定。因此，消费者权益是否受到损害，亦作为衡量被诉行为是否构成不正当竞争行为的一个分析维度。本案如前所述，安装运行“数据精灵”软件的微信用户，可以利用“植入”功能与其他微信用户发生信息交互，这种信息交互频率高、范围广，可以向不特定人群发送信息，并且其他微信用户无法自动屏蔽或难以避免此类信息。这就意味着正常使用微信的用户可能遭受陌生信息骚扰，或受到频繁干扰，这不仅会降低微信用户体验，更可能埋藏安全隐患，例如，欺诈、隐私泄露等风险。由于微信用户数量庞大，日常生活中使用频繁，以上网络干扰行为将会对网络秩序和公众的生活秩序造成影响，损害广大消费者的利益。

（三）被诉行为扰乱了公平竞争的市场秩序

以效率和收益为取向的自由竞争，必须在确保公平的条件下运行，才能获得良好的竞争秩序和健康的资源配置市场，为确保市场竞争在公平之下实现竞争自由，《反不正当竞争法》开宗明义指出“鼓励和保护公平竞争，制止不正当竞争行为”。健康的竞争机制下，经营者应当通过努力提升自己的产品或服务的品质、价格吸引力等，争取更多的交易机会和商业利益，在此情况下，市场资源向提供更多优质、优价产品和服务的方向配置。而本案被诉行为则与之相反：涉案“数据精灵”是专门针对微信软件开发的，其“植入”功能的方式是以破解为技术手段的强行修改，未征得同意；“数据精灵”增加功能后的微信，可用于频繁地向正常运行的微信用户发送和交互信息，构成网络干扰；前述行为瞄准的正是微信已经积累下来的既有用户数量、市场份额、知名度等，被诉行为实质上是通过技术手段“搭便车”，是对其他经营者商业机会和竞争优势的窃夺，是对竞争机制的破坏，扰乱了市场秩序。

（四）被诉行为有违诚实信用和商业伦理

诚实信用原则是包括互联网领域经营者在内的，所有民事主体从事民事活动应遵循的基本原则。2019年《反不正当竞争法》第2条也明确规定，“经营者在生产经营活动中，应当遵循自愿、平等、公平、诚信的原则”。互联网领域的经营者应当秉持诚实，恪守承诺，以善意的方式行使权利、履行义务。此外，互联网行业协会制定的文件和相关行政部门颁布的部门规章，有关规定内容可作为认定互联网领域公认的商业道德的参考。中国互联网协会的《互联网终端软件服务行业自律公约》第18条，工业和信息化部《规范互联网信息服务市场秩序若干规定》第 4 条、第 5 条规定，互联网信息服务提供者应当遵循平等、自愿、公平、诚信的原则提供服务，不应恶意干扰其他互联网信息服务提供者的服务，或恶意干扰与互联网信息服务相关的软件等产品的下载、安装、运行和升级，不应恶意干扰或破坏其他合法终端软件用户的正常使用。本案被诉行为人在未获得许可，亦不属于微信预留给第三方开发合作的情况下，利用技术手段强行增加微信功能，造成网络干扰。不仅如此，在 A 公司通过大量持续开发运营，培育了良好的微信用户黏度、活跃度和市场份额的情况下，涉案软件有针对性地“植入”特定功能，正是意图快捷、方便地窃取他人的市场优势。可见，被诉行为人不具有善意，既没有尊重他人合法权益，也没有尊重消费者利益和社会公共利益，违背诚实信用原则和商业道德。

通过上述分析，B 公司、C 公司的网络干扰行为不仅损害了其他经营者的竞争利益，而且对网络秩序和公众的生活秩序造成影响，损害了广大消费者的利益，属于 2019 年《反不正当竞争法》第 12 条规定的“其他妨碍、破坏其他经营者合法提供的网络产品或者服务正常运行的行为”。

**【思考题】**

（1）互联网领域不正当竞争行为的特点。

（2）对互联网领域的新型不正当竞争行为，是否有必要设置“互联网专条”进行规制？